Das große Buch der Prophezeiungen

Das große Buch der Prophezeiungen

für das nächste Jahrtausend

Nostradamus

und andere bedeutende Seher der Welt

von Stephen Skinner

BASSERMANN

Bei Bassermann sind außerdem erschienen:
Das große Buch der Horoskope (0106)
Mein Astrobuch Tag für Tag (0149)
Das große Buch der magischen Kräfte (0151)

ISBN 3 8094 0180 3

Originaltitel: Millennium Prophecies. Predictions from Nostradamus and
the world's other great seers and mystics.

Umschlaggestaltung: Andreas Jacobsen
Fotos: Ancient Art & Architecture Collection; Andes Press Agency; Bettmann: UPI;
Bridgeman Art Library: Agnew & Sons/London, Bible Society/London, British Library/
London, British Museum/London, Carnavalet Museum/Paris, Cecil Higgins Art Gallery,
Bedford, Conde Museum/Chantilly, Christie's/London, Crozatier Museum/Le Puy en
Velay, Giraudon, Huntingdon Library & Art Gallery/San Marino, Index, Kunsthistorisches
Museum/Wien, Lambeth Palace Library/London, Louvre/Paris, Versailles Museum/Paris,
National Gallery/London, Pitti Palast/Florenz, Pierpont Morgan Library/New York, Prado/
Madrid, San Marco Dell Angelico Museum, Florenz, Tate Gallery/London, Uffizien/Florenz,
Bibliothek des Vatikan/Rom, Victoria & Albert Museum/London, City of York Art Gallery/
York; ET Archive: British Museum/London, Terry Engel Gallery; Mary Evans Picture Library;
Ronald Grant Photo Library; Sally and Richard Greenhill; Hulton Deutsch Collection; Images
Colour Library; Peter Newark Pictures; Popperfoto; Rex Features: Action Press, Archetti,
Brooker, Globe, LGI, Photo Associates, Prisma, SIPA, Stills, Today; Science Photo Library:
Anderson, NASA, Julian Baum, Sally Bensusen, John Bova, Dr. Fred Espenak, David Hardy,
Hank Morgan, NASA, NOAO, George Post, Rev.Ronald Royer, Roger Ressmeyer, Gregory
Sams, Sheila Terry; Tony Stone Worldwide: Anthony Cassidy, Chris Harvey, Hugh Sitton,
James Strachan, John Turner, John Warden, John Wyand.

Besonderen Dank an Lily Richards von The Bridgeman Art Library, Christina Morgan
von The Mary Evans Picture Library, Dermot Kavanagh von Rex Features und Andrew
Simmen von The Science Photo Library.

Layout: Cooper Wilson Design, London
Übersetzung: Hartmut Greiser, Elz
Redaktion: Herta Winkler
Herstellung: Königsdorfer Verlagsbüro, Frechen
Gesamtkonzeption: Bassermann'sche Verlagsbuchhandlung, D–65527 Niedernhausen/Ts.

817 2635 4453 62

INHALT

EINLEITUNG

Was erwartet uns in der Zukunft? In wenigen Jahren endet das Jahrtausend. Können wir über die bedeutsamen Ereignisse hinwegsehen, die für diesen Zeitpunkt angekündigt wurden?

Ein Bild aus dem frühen 16. Jahrhundert: Christus bei der Auferstehung von den Toten

Die Vorstellung vom Weltuntergang war für die Propheten seit je von großer Faszination; vielleicht sogar noch mehr für ihre Leser und Zuhörer. Wir erleben heute einen Vorgeschmack davon durch Katastrophen wie Erdbeben, Hungersnöte, Feuersbrünste, Kälteperioden und Umweltkatastrophen oder auch durch vermeintliche Strafen, die uns ein göttliches Wesen für unser Fehlverhalten auferlegt.

Was auch immer uns davon ereilen mag, der Gedanke an das Ende der Welt erscheint unvorstellbar: Wir, die Menschen, können plötzlich aufhören zu existieren, aber die Erde wird sich auch in Zukunft weiter um die Sonne drehen, so wie sie es schon immer getan hat. Oder etwa nicht?

Aus allen Völkern sind Überlieferungen von gigantischen Kollisionen zwischen der Erde und Materie aus dem tiefsten Weltraum bekannt. Einige der modernen Propheten, wie etwa Immanuel Velikovsky, stützen sich auf dieses alte Material und vermuten, daß es wieder einmal an der Zeit sein könne für einen Zusammenstoß in unserem Sonnensystem. Ein Meteorit bescheidener Größe wäre völlig ausreichend, um das Klima auf der Erde umkippen zu lassen. Die Erdbevölkerung könnte mit einem Schlag ausgelöscht werden, genauso, wie es vor Millionen von Jahren angeblich den Dinosauriern oder den Einwohnern von Atlantis widerfahren ist.

Es ist für Propheten von besonderem Reiz, egal ob es sich um bärtige Hohe Priester oder um bärtige Hippies handelt, den Tag der Apokalypse genau zu bestimmen. Darum blicken die Propheten in das Innere der großen kosmischen Uhr, um so dem Geheimnis der Zeit auf die Spur zu kommen. Man vermißt die Jahrhunderte und untersucht die Vergangenheit, um das Datum der Schöpfung zu bestimmen. Man unternimmt komplizierte geistige Klimmzüge aufgrund der Zahlen, die in der Bibel und in anderen heiligen Büchern erwähnt werden, und man beobachtet intensiv den Himmel.

Illustration der vier Apokalyptischen Reiter

Die ganzen Sorgen über Vernichtung und ewige Verdammnis könnten sich aber auch als unangebracht erweisen. Das riesige Maul der Apokalypse muß sich nicht um uns schließen.

Viele von uns werden das Martyrium vielleicht auch überstehen. Gleichwohl kann es sein, daß es niemals so weit kommen wird. Inzwischen sind nämlich die Kinder die 60er Jahre an der Macht. Sie stammen aus einer Zeit der Hoffnung und des Idealismus; mit ihrer Vision von einer besseren Welt können wir den schlimmsten aller möglichen Fälle vielleicht vermeiden.

Das Universum des Ptolemäus (1660)

Die Philosophen des New Age und ihre Vorgänger, hier sind vor allem Aleister Crowley und Madame Blavatsky zu nennen, haben die Türen für ein höheres Bewußtsein, das auf immateriellen Werten beruht, aufgestoßen. Ihr Einfluß kann dazu beitragen, die Menschheit daran zu hindern, sich selbst zu zerstören und sie statt dessen in ein irdisches Paradies zu führen – in ein Königreich der Gottesherrschaft mit 1 000jährigem Frieden.

Auch wenn die Welt die magischen 2 000 Jahre nach Christi Geburt überlebt, die 2 160 Jahre seit Beginn des Zeitalters des Fisches oder die nächste ungewöhnliche Planetenkonstellation, wenn sie die Zerstörung der schützenden Atmosphäre übersteht oder irgendeine der immer wieder auftretenden Naturkatastrophen, vor denen es kein Entrinnen gibt – eines ist jedoch sicher: Jeder Mensch, der dieses Buch liest, wird in weniger als 100 Jahren mit seinem eigenen Ende konfrontiert sein.

Wenn das vorliegende Buch nur bewirkt, daß es die Leser anhält, Vorbereitungen für diesen Tag zu treffen – und sei es auch nur, jetzt zu tun, was lange verschoben wurde – dann ist der Autor mit seiner Arbeit zufrieden.

CARPE DIEM
(NUTZE DEN TAG!)

Stephen Skinner

Die ANTIKE WELT

Bereits die antiken Völker beschäftigten sich ernsthaft mit der Zeitmessung. Dank Apollos Hilfe konnten die griechischen Prophetinnen weit in die Zukunft sehen. Zwischen Entstehung und Untergang des Universums wurden unvorstellbar lange Zeiträume gemessen: Nähern wir uns dessen Ende?

IN:RI

Die Zeit und ihre Berechnung

Wir müssen die Vorstellung von Zeit und ihrer Bedeutung untersuchen, um das Datum der Apokalypse zu bestimmen.

Die Zeit macht den Unterschied aus zwischen der Gegenwart und dem Reich der Propheten sowie dem der Geschichte. Bewußt erfahren können wir nur das winzige Etwas, das sich Gegenwart nennt. Die Vergangenheit erschließt sich uns nur mittelbar, durch Erinnerung oder durch die Geschichtsschreibung. Nur eine Handvoll Menschen – die wahren Propheten – scheinen in der Lage zu sein, einige flüchtige Blicke in die Zukunft zu werfen. Wir müssen die Chronologie beherrschen, um zu ermessen, was sie entdeckt haben.

Chronologie – das ist die Wissenschaft der Zeitrechnung für das alltägliche Leben ebenso wie für geschichtliche Abläufe. Sie unterscheidet sich insofern von der Wissenschaft der Geschichte, als sie keinerlei Wert auf einzelne Ereignisse oder auf ihre Beziehung zueinander legt. Viele frühe Zivilisationen nutzten die Veränderungen der Mondform während eines Monats dazu, sich in der Zeit zu orientieren. Man kam aber bald dahinter, daß es sich hier nur um ein sehr mangelhaftes System der Zeitmessung handelte, weil es z.B. nicht in der Lage war, die Jahreszeiten (und hier besonders die Zeit der Ernte) zu erfassen, von der Leben und Wohlergehen aller abhingen. Die Veränderungen der Jahreszeiten waren von der Bahn der Erde um die Sonne abhängig – für das unbewaffnete Auge nicht gerade leicht zu beobachten.

Anfang moslemischer Zeitrechnung

Weiter entwickelte Zivilisationen richteten sich nach dem Sonnenjahr und bezogen ihren Kalender auf bestimmte Hilfsdaten, die, wie der Beginn einer Königsherrschaft, von besonderer nationaler Bedeutung waren. Die Griechen nutzten diese »Epochenmethode«, um danach die Zeit zu bestimmen. Mit den Olympischen Spielen teilten sie ihre Zeitrechnung in Gruppen von vier Jahren ein.

Die Babylonier beispielsweise wählten den Tag der Gründung ihres Königreiches unter Nabonasser, den 26. Februar 747 v. Chr. als den Beginn ihrer Zeitrechnung.

Das römische System beruht auf ähnlichen Vorstellungen: Hier markiert die Gründung der Stadt Rom den Beginn der Zeitrechnung, das war irgendwann zwischen 747 und 753 v. Chr. Die Römer von damals würden das Jahr 2000 »2754 AUC« nennen (anno urbis conditae = ein Hinweis auf die Gründung der Stadt).

Der Islam bezieht seine Daten auf den Rückzug des Propheten Mohammed von Mekka nach Medina am 16. 7. 622 v. Chr. Im islamischen Kalender steht das Jahr 1378 für das gregorianische Jahr 2000 n. Chr.

Das Schlüsseldatum in christlichen Ländern ist natürlich die Geburt Christi. Dabei wurde die Bezeichnung »vor« bzw. »nach« Christi Geburt erst durch den Mönch Dionysius Exiguus im Jahre 533 n. Chr. vorgeschlagen.

Bevor dieser Gedanke übernommen wurde, bezog man sich in christlichen Ländern auf den angenommenen Beginn der Welt (»anno m undi«). Der irische protestantische Gelehrte und Erzbischof Ussher (1581–1656) verbreitete die Annahme, daß der Beginn der Welt und die Schöpfung des Menschen im Jahre 4 004 stattgefunden hätten – 5 502, 5 508 oder sogar 6 000 Jahre vor Christi Geburt, gerechnet nach der Septuaginta, der griechischen Bibelversion). Mit Hilfe moderner geologischer Techniken läßt sich leicht nachweisen, wie hoffnungslos ungenau diese Daten sind.

Diese fiktiven Daten vom Beginn der Welt, von der Geburt Christi oder von der Gründung Roms sind Hinweise auf das menschliche Bedürfnis, die Wirklichkeit so zu formen, daß sie in seine gedankliche Strukturen paßt. Da uns viel an einer »sauberen« Zeitrechnung liegt, haben wir eine erfunden, die zusammenzupassen scheint.

Epochen und gerade Zahlen sind für uns von besonderer Faszination. So werden 1 000 oder 2 000 Jahre nach der Geburt Christi plötzlich zu Marksteinen in der Geschichte. Die Chronologie wird zum Schlüssel für die Prophezeiungen: Um herauszufinden, was die Zukunft für uns vorsieht, müssen wir begreifen lernen, wo wir im Ablauf all der Geschehnisse stehen, die in ihrem Zusammenhang die Geschichte der Menschheit ausmachen. Die nächsten Jahre werden in jedem Fall zum Höhepunkt vieler Schlüsseldaten werden.

Ptolemäus, Vater der Astrologie

Wenn man sich von der Zeitrechnung des Erzbischofs Ussher leiten läßt, dann kommt dem Jahr 1995 eine besondere Bedeutung zu, weil es genau 6 000 Jahre nach dem »Anfang« der Welt liegt.

Vielleicht ist aber auch das Jahr 1999 ein besonderes – zählt man nämlich von 5 502 aus weiter (noch so ein »Weltengeburtstag«), dann kommen wir zum 7 500. Geburtstag der Welt bzw. sogar des Universums.

Für den zeitgenössischen Himmelsbeobachter Richard W. Noone ist der 5. Mai des Jahres 2 000 das Schlüsseldatum, für Christen wiederum das Weihnachtsfest 2 000. Ich habe mit Absicht keinen Tag genannt, da immer noch strittig ist, wann Christus genau geboren wurde.

DIE UHR DES SONNENSYSTEMS

Ussher nennt das Schöpfungsdatum

Zeit wird nach astronomischen Maßstäben, im Einklang mit der großen Uhr des Sonnensystems, gemessen. Das wichtigste kosmische Geschehen ist die Drehung der Erde um ihre eigene Achse, die die Dauer des 24-Stunden-Tages bestimmt. Der Weg der Erde um die Sonne entspricht einem Jahr, die Wanderung des Mondes um die Erde dauert einen Mondmonat bzw. – etwas ungenauer einen Kalendermonat. Leider hat der Schöpfer diese drei grundlegenden Kreisläufe der Natur nicht so ausgelegt, daß eins durch das andere teilbar wäre. Es gibt z.B. keine gerade Anzahl von Tagen in einem Jahr oder in einem Mondmonat. Deshalb hat sich der Mensch verschiedene Meßsysteme ausgedacht. Das sauberste Modell stammt von den Ägyptern: ihr Jahr hatte 360 Tage und zwölf Monate mit jeweils 30 Tagen. Es gab fünf, manchmal auch sechs zusätzliche Tage, die den Göttern gewidmet waren. Nach der Reform des römischen Kalenders durch Cäsar im Jahre 46 v. Chr. wurde der 1. Januar als der Tag bestimmt, der den Jahresanfang markiert. In England wurde er 1155 n. Chr. auf den 25. März gelegt, um eine Übereinstimmung mit der Frühlingstagundnachtgleiche herzustellen. Dies war im restlichen Europa schon länger üblich. 1582 reformierte Papst Gregor XIII. den Julianischen Kalender; der 1. Januar wurde wieder zum ersten Tag des Jahres, dafür ließ man den Brauch fallen, jedes 100. Jahr zum Schaltjahr zu bestimmen.

Die Bedeutung des Millenniums

»Millennium« ist ein lateinisches Wort, das etwa soviel wie »eine Periode von 1000 Jahren« bedeutet. Diese Zeitspanne – sie umfaßt etwa 40 Generationen – hat bei Juden und bei Christen eine besondere Bedeutung erlangt.

Die Anbetung der Heiligen Drei Könige kündigt 2000 Jahre Christentum an

Johannes sieht das Millenniumende

1000 Jahre – so lange wurde Satan verbannt, ebenso lange sollte die Abwesenheit Christi von der Welt dauern. Die frühen Christen glaubten daran, daß Christus während ihrer Lebenszeit zurückkehren würde. Da diese Erwartung enttäuscht wurde, hoffte man auf die Rückkehr in 1000 Jahren. Im Jahr 999 bereitete man sich in ganz Europa intensiv darauf vor. Als er wieder nicht kam, brachte man eine Reihe neuer Termine ins Spiel, bis man sich endlich auf das Jahr 2000 einigte.

Amerikanische fundamentalistische Christen bilden die Vorhut derjenigen, die heute die Ankunft Christi erwarten. Sie glauben, daß sie durch besondere Zeichen angekündigt wird, vor allem durch Kriege und Naturkatastrophen. Darauf soll eine Zeit der Herrschaft des Antichristen folgen. Nachdem die Menschheit diese Prüfungen überstanden hat, wird Christus wieder zurückkehren, um über die Lebenden und die Toten zu richten, und um sein Reich aufzubauen, in dem er dann weitere 1000 Jahre herrschen wird. Diese Periode seiner Herrschaft, eine Zeit unendlicher Freuden für diejenigen, die vor ihm Gnade gefunden haben, wird auch das »Millennium« genannt.

Der Begriff »Apokalypse« stammt aus dem Griechischen, und seine wörtliche Übersetzung bedeutet soviel wie »aufdecken«. Auch eine »Offenbarung«, so wie sie Gott einem auserwählten Propheten widerfahren läßt, kann damit gemeint sein. So z.B. die Offenbarung des heiligen Johannes, das letzte Buch der Bibel.

Es gibt noch eine Reihe anderer Offenbarungen, geschrieben von griechischen Juden und frühen Christen in der Form von Visionen. Der Zweig der Theologie, der sich mit dem Glauben an das Ende aller Zeiten beschäftigt, wird Eschatologie genannt. Die vier wichtigsten Ereignisse in diesem Bereich sind für Christen die Rückkehr Christi, die Wiederauferstehung der Toten, das Jüngste Gericht und schließlich die Vergebung der Sünden.

Der Glaube an die Bedeutung des Jahres 2000 n. Chr. ist auf die heiligen Schriften der Juden und Christen gegründet. Das seherische Gedankengut, das sich mit dem Ende des Jahrtausends beschäftigt, läßt sich auf Schriften und Visionen aus der Mitte des zweiten Jahrhunderts v. Chr. und auf das Ende des ersten Jahrhunderts n. Chr. zurückführen. Teile dieser Vorstellungen können auch aus anderen Kulturen stammen; der frühe persische Mystizismus enthielt beispielsweise sehr starke apokalyptische Elemente, und im weitesten Sinne behandeln auch Arbeiten anderer Herkunft eschatologische und endzeitliche Gedanken.

In vielen Überlieferungen wird der Tag des Gerichtes oder des Weltunterganges als der »Jüngste Tag« bezeichnet, an dem dem Gesetz genüge getan und die Strafe vollzogen wird.

Damit einher geht allgemein die Vorstellung, daß jeder Mensch das ihm angemessene Schicksal erleiden wird. Wer auch immer damals diese Glaubensgrundsätze formuliert haben mag – er schien es für völlig abwegig gehalten zu haben, daß das Universum auch ungerecht und völlig desinteressiert an den Gedanken sein könnte, die der Mensch sich über sein Schicksal und über die Weltordnung gemacht haben mag.

Zeus soll die Menschheit vernichten

Um das Datum für die Jahrtausendwende zu bestimmen, kann man nicht einfach 2 000 Jahre zu Christi Geburt hinzurechnen. So weiß z.B. niemand, wann Christus wirklich geboren wurde; die beste Schätzung besagt 4 v. Chr. Demnach müßte die Jahrtausendwende 1996 stattfinden.

Ein weiteres Problem besteht darin, daß wir eine einzelne Zahl benutzen, um ein ganzes Jahr zu bezeichnen. »1996« z.B. bezieht sich nicht auf einen bestimmten Zeitpunkt, sondern auf eine ganze Folge von zwölf Monaten. Was nehmen wir nun? Den Anfang? Die Mitte? Oder das Ende des Jahres?

WANN IST DIE JAHRTAUSENDWENDE?

Es ist nicht so einfach, den Beginn des 21. Jahrhunderts zu berechnen, wie es auf den ersten Blick scheint. Ganz offensichtlich ist es um Mitternacht am 31. 12. 1999. Wenn aber das 21. Jahrhundert beginnen soll, dann müssen 20 komplette Jahrhunderte seit der Geburt Christi vergangen sein. Betrachtet man aber das Jahr 20 n. Chr., dann wird man zugeben müssen, daß davor nur 19 Jahre vergangen sind. Ähnlich ist es mit dem Jahr 2000 – wenn es anfängt, sind erst 1999 Jahre verstrichen. Der genaue Zeitpunkt der Jahrtausendwende wird also Mitternacht am 31. 12. 2000 sein. Die Frage ist also: Folgen wir strikt dem mathematischen Weg, oder halten wir uns an den Moment, wenn die magische Zahl, das Jahr 2000, zum ersten Mal erscheint? Außerdem: Wenn man vom Zeitpunkt der Geburt Christi aus rechnet – nimmt man das Jahr 4 v. Chr. oder den ersten Augenblick des Jahres 1 n. Chr.? Soll man den 25. 12. oder einen anderen Tag zum Geburtstag bestimmen? Außerdem besteht immer noch die Möglichkeit, daß das Millennium sich verspätet!

In diesem Buch gehen wir von der Annahme aus, daß die Jahrtausendwende am 1. 1. 2000 n. Chr. stattfinden wird.

Daniel und die Zeitrechnung

Das Buch Daniel ist überaus umstritten. Es ist voll von Schlüsselzahlen und stellt damit vielleicht das wichtigste Buch der alttestamentarischen Prophezeiungen dar.

Die Verurteilung Daniels wegen der versuchten Verführung Susannas

Das Buch Daniel, entstanden etwa 580 v. Chr., wird als frühestes kanonisches Buch der Prophezeiungen angesehen. Einige Wissenschaftler datieren es auf das zweite Jahrhundert v. Chr., um so zum Teil die Genauigkeit der Vorhersagen zu erklären. Die historischen Ereignisse, auf die es sich bezieht, passierten zwischen 534 und 604 v. Chr.

Es ist ziemlich offensichtlich, daß das Buch Daniel aus einer Reihe verschiedener Quellen geschöpft hat. Aus dieser Zusammenstellung sind wiederum ganze Bücher entfernt worden, weil sie für nicht kanonisch, d.h. als nicht zur akzeptierten Heiligen Schrift gehörig gesehen wurden. Zu diesen sogenannten verdächtigen Schriften gehört die Geschichte der Susanna – eine versuchte Verführung.

Das Buch Daniel beginnt »im dritten Jahr der Regierung des Königs Jojakim von Juda«, nachdem Nebukadnezar, der König von Babylon, Jerusalem erobert und das jüdische Volk in die Sklaverei verschleppt hatte. Die besten der Kinder wurden nach Babylon gebracht, um dort die Sitten der Chaldäer zu erlernen. Man suchte vier Kinder aus und gab ihnen chaldäische statt ihrer hebräischen Namen. Daniel war unter ihnen, und er wurde Beltsazar genannt. Daniel und seine drei Kameraden baten aus religiösen Gründen um Wasser und vegetarische Diät anstelle der üblichen Fleisch- und Weinrationen.

Am Ende der drei Jahre »kannte Daniel sich in allen Visionen und Träumen aus«. Nebukadnezar rief die Kinder und sah, daß sie wegen ihrer vegetarischen Diät nicht nur besser aussahen, sondern sich auch viel mehr Kenntnisse und Weisheit angeeignet hatten und auch mehr von Magie verstanden als seine eigenen chaldäischen Astrologen. Es zeigte sich schnell, daß Daniel den Propheten und Hexenmeistern Nebukadnezars genauso ebenbürtig war wie Aaron, der die Magier des Pharaos besiegt hatte. Die besten Propheten scheinen in jedem Zeitalter auch die besten Magier gewesen zu sein, außerdem waren sie meist Juden.

In Kapitel 9, Vers 2, behauptet Daniel, daß »... Jerusalem siebzig Jahre in Trümmern liegen« solle. 70 Jahre entsprechen 25 550 Tagen, das ist (in Jahren ausgedrückt) in etwa die Zeitspanne des Laufes der Tierkreiszeichen. Im selben Kapitel, Vers 25 wird Daniel aufgefordert, »Nun mußt du wissen und beachten: Von der Zeit an, da das Wort ergangen ist, daß Jerusalem wieder aufgebaut werden soll, bis auf den Gesalbten, einen Fürsten, sind es sieben Wochen und 62 Wochen ...« Der Befehl stammt von Artaxerxes aus dem Jahr 457 v. Chr. Sieben und 62 Wochen entsprechen 483 »Tagen« oder, gerechnet von 457 v. Chr. aus, den 483 Jahren, die bis zur Kreuzigung Christi im Jahre 30 n. Chr. vergehen sollten. Die vierjährige Kalenderkorrektur aus dem Jahr 46 v. Chr. wurde dabei schon berücksichtigt.

Daniel hat also korrekt vorhergesagt, daß Christus als »Messias« zurückkommen würde.

Die Prophezeiung fährt fort: »Nach 62 Wochen wird der Messias gekreuzigt, aber nicht allein und es wird keine Jünger mehr geben«. So wird darauf verwiesen, daß die Juden Christus' Anspruch, der Messias zu sein, ablehnten.

Die Zerstörung des Tempels von Jerusalem wird ebenfalls prophezeit: »Die Stadt und das Heiligtum werden vernichtet von einem Fürsten, der heranzieht.« (Kapitel 9, Vers 26) Das geschah dann auch 70 n. Chr.

Daniel prophezeit die Kreuzigung

Im letzten Kapitel (12,6) fragt Daniel: »Wann will's denn ein Ende sein mit solchen Wundern?« Die unergründliche Antwort, die er darauf erhält, lautet: »In einer Zeit, (zwei) Zeiten und einer halben Zeit«. Daniel beklagt sich: »Ich hörte, aber ich verstand nicht.« Schließlich werden zwei Zahlen als Eckdaten für die letzte Apokalypse genannt: »Es wird 1 290 Tage dauern. Glücklich, wer ausharrt und 1 335 Tage erreicht. Du aber gehe deinen Weg bis zum Ende«.

Wie lassen sich diese Widersprüche miteinander vereinbaren? Ist es möglich, daß nach der Zerstörung des Tempels 70 n. Chr. 1 290 »Tage« mal 1,5 vergingen (eine Zeit und eine halbe)? Diese Rechnung würde 1935 + 70 ergeben, der Beginn der Apokalypse wäre mithin auf das Jahr 2005 n. Chr. zu datieren. Und »das Ende wird deshalb mit einer Flut einhergehen, und am Ende des Krieges wird die Trostlosigkeit herrschen«. Jetzt wird sich der Erzengel Michael, der Beschützer des Volkes Israel in Zeiten der Not, zeigen. Die Toten, d.h. »die, die im Staub der Straße geschlafen haben«, werden erwachen. Einige von ihnen werden auferstehen und ewiges Leben erhalten: sie werden wie Sterne am Firmament leuchten. Die weniger Glücklichen werden zu ewiger Verdammnis verurteilt sein. – Untersucht man die Zahl 1 335 näher, müßte die Auferstehung der Toten in der zweiten Hälfte des Jahres 2072 n. Chr. geschehen.

GOTTES RECHENMASCHINE: SCHLÜSSELZAHLEN IM BUCH DANIEL

Das Buch Daniel ist mit Zahlen gespickt, die helfen sollen, das genaue Datum der Apokalypse zu bestimmen. Zu den Grundprinzipien bei den Umrechnungen gehört, daß »Jahr« statt »Tag« gelesen wird. Im Kapitel 4, Vers 6 des Buchs Ezechiel ist dieser Weg beschrieben worden. Die Schlüsselbegriffe sind: die Multiplikatoren 1 und 1,5 oder manchmal auch 3,5 Jahre. Das gleiche wird auch durch eine Jahreszeit bzw. durch 1,5 Jahreszeiten ausgedrückt. 2 300 Abende und Morgen können beispielsweise für 2 300 Jahre stehen, ein wichtiger Begriff für die Adventisten des 7. Tages. 70, 7, 62 und 1 Woche entsprechen 490, 49, 434 und 7 Jahren. 1 290 Tage und 1 335 Tage x 1,5 stehen für das Datum der Apokalypse. Daniel trauerte drei Wochen. (Kapitel 10, Vers 2) Damit dürfte wohl ein Kummer gemeint sein, der 21 Jahre dauerte.

Der Feuerwagen

Hat Ezechiel tatsächlich die Ankunft Gottes in einem Streitwagen und in Begleitung von Cherubim gesehen?

Ezechiels Vision von Jehova und den vier Cherubim

Das Buch des Propheten Ezechiel Hesekiel wird meist auf die Zeit zwischen 595 und 597 v. Chr. datiert. Darin wird über eine Apokalypse berichtet, die aus der gleichen kritischen Periode in der jüdischen Geschichte stammt wie die im Buch Daniel geschilderte. Diese Krise wurde durch die Angriffe Nebukadnezars, des babylonischen Königs, ausgelöst. Während seines Krieges gegen Ägypten eroberte er Jerusalem und nahm König Jojakim mit seinem Hofstaat als Geiseln. Ezechiel, der in dieser Zeit lebte, war ein jüdischer Priester und Prophet.

Das erste Kapitel Ezechiel, besonders die Verse 4 bis 28, enthält eine der erstaunlichsten Beschreibungen einer Vision, die je zu Papier gebracht wurde. Im wesentlichen geht es dabei um folgendes:

Ezechiel saß am Fluß Chebar, als sich von Norden her ein ungeheurer Wirbelsturm aus gleißendem, bernsteinfarbigem Feuer näherte. Mitten in diesem Leuchten waren vier Wesen, die Cherubim, zu sehen. In mancher Hinsicht sahen sie den Menschen ähnlich (ihre Hände waren z.B. wie Menschenhände geformt), aber jeder hatte vier Gesichter: eins wie ein menschliches, eins wie ein Löwe, Ochse und und eins wie ein Adler. Jeder Cherub hatte vier lange Flügel, von denen sich zwei über seinem Kopf berührten und zwei um den Körper gelegt waren. Ihre Füße sahen aus wie die Rinderfüße, und sie schimmerten, als seien sie aus metallischem Erz. Diese Wesen glichen eher den geflügelten Bullen des alten Babylon als den viktorianischen Vorstellungen von Engeln. Fast 700 Jahre später hatte der heilige Johannes, eine

Vision der gleichen Cherubim. Ist in den nächsten Jahren wieder mit derartigem Besuch zu rechnen?

Die Cherubim bewegten sich sehr schnell vorwärts und rückwärts, ohne die Flügel einzusetzen. Dabei war ein Geräusch wie von fließendem Wasser oder wie vom Gemurmel einer großen Menschenmenge zu hören. Sie leuchteten bei ihren Bewegungen wie Blitze, und wenn sie verharrten, falteten sie ihre Flügel nach unten. Über ihren Köpfen schwebte ein smaragdgrüner Thron mit einem Feuergott, der wie ein alter Mann aussah, umgeben von einem großen, prunkvoll aussehenden Regenbogen.

Diese detaillierte Beschreibung soll den Leser zweifellos glauben machen, daß Ezechiel selbst Zeuge der unwahrscheinlichen Szene war. Es gibt nicht einmal den Versuch, die Bilder mit unbestimmten oder symbolischen Begriffen zu beschreiben. Ezechiel hat tatsächlich etwas ganz Phantastisches gesehen.

War dies erstaunliche Phänomen nun einer der »Feuerwagen« Gottes, eine Art frühes UFO, um Erich von Dänikens Meinung aufzugreifen? Oder handelte es sich um die Ankunft eines Gottes, vielleicht um die Ankunft Jahwes (Jehovas) selbst?

Jahwe fordert Ezechiel auf, sich vom Boden zu erheben, und gibt ihm Maßregeln für die Juden im Exil. Er beschreibt wie ein wahrer Prophet eine Reihe von Strafmaßnahmen, die Ezechiels Landsleute für ihre Herzlosigkeit und für die Anbetung von Götzen treffen sollen. Ezechiel aber ist zurückhaltend, wenn es darum geht, schlechte Nachrichten zu überbringen. Da seine Qualitäten eher auf dem Gebiet des Hellsehens liegen, muß Jahwe erst noch Überzeugungsarbeit leisten, ehe Ezechiel bereit ist, das Volk Israel wegen seines verantwortunglosen Verhaltens zu tadeln und einzuschüchtern. (Kapitel 3, Vers 17–22)

Nach der Unterredung steigt der Besucher in den Äther auf, oder – wie Ezechiel es beschreibt: »Es war das Geräusch der Flügel der Wesen, die aneinander schlugen und zugleich mit ihnen das Geräusch der Räder. Und der Geist hob mich empor und ergriff mich ...« (Kapitel 3, Vers 13–14). Falls Christus zur Jahrtausendwende zum zweiten Mal auf die Erde zurückkehrt – wird seine Ankunft dann ähnlich spektakulär sein?

Die Antwort wird wohl lauten: Wahrscheinlich nicht! Jahwe war schon immer mehr auf Showeffekte bedacht als Christus. Vielleicht wird Christus aber etwas vom Feuer und vom Ungestüm seines Vaters Jahwe mitbringen, wenn er zum Jüngsten Gericht zurückkehrt.

PSYCHEDELISCHE VISIONEN

Ezechiels Beschreibung von der Ankunft Jahwes hat etwas von der Unmittelbarkeit einer psychedelischen Vision. Die Vorstellung, der Prophet habe seine Visionen unter dem Einfluß von Drogen gehabt, ist nicht so unerhört, wie es auf den ersten Blick scheinen mag: »... eine Hand streckte sich mir entgegen und siehe, ein Brief war darin ... er sagte zu mir: Iß diesen Brief!« (Kapitel 2, Vers 9 bis Kapitel 3, Vers 1) Ezechiel tat, wie ihm geheißen: »Ich öffnete meinen Mund ... und aß.« Dieser Vorgang war Teil seiner Vision, die wiederum dadurch beflügelt wurde.

Auch der heilige Johannes wurde aufgefordert, ein Büchlein zu essen, was in seiner etwa 700 Jahre später entstandenen Offenbarung nachzulesen ist: »Gib mir das Büchlein. Und er sprach zu mir: Nimm und iß es. Es wird deinen Magen mit Bitterkeit füllen, in deinem Mund aber wird es süß wie Honig sein.« (Kapitel 10, Vers 9)

Die Vermutung, das »Essen« sei symbolisch gemeint, wird durch Ezechiel widerlegt. Er wurde aufgefordert: »Mensch, gib deinem Leib zu essen, und fülle sein Inneres mit diesem Brief, den ich dir gebe!« (Kapitel 3, Verse 2 und 3) Ezechiel und Johannes haben etwas zu sich genommen, das andere Dimensionen, andere Zeiten, ja sogar das Ende der Welt zu sehen ermöglichte.

Jahwes Thron, gesehen von Ezechiel

Verfolgung und Weissagungen

Propheten waren in ihrer Heimat oft nicht sehr beliebt. Der Mann, der am meisten verachtet und verfolgt wurde, war wohl der hebräische Prophet Jeremia.

Jeremias erstes Buch mit Prophezeiungen wurde von seinen Landsleuten in Stücke gerissen und verbrannt. Er wurde wegen seiner gelegentlich unpatriotischen Weissagungen unter sehr unerfreulichen Bedingungen gefangengehalten. Am Ende schloß er sich zu seiner Sicherheit dem babylonischen Gouverneur an, bevor er nach Ägypten floh, wo er schließlich grausam gesteinigt wurde.

Den meisten Propheten scheint ihre Berufung eher aufgezwungen worden zu sein, als daß sie sich aktiv darum bemüht hätten. Außer den bekannten Männern wie Jeremia scheint es ganze Horden umherziehender Propheten gegeben zu haben, die das Bild des Alltagslebens im alten Israel prägten. Wahrscheinlich hat es darunter auch Philister gegeben. In Samuel, Kapitel 10, Vers 5, erfährt Saul: »Dann kommst du zu dem Hügel Gottes. Beim Eintritt in die Stadt wirst du einer Schar Propheten begegnen, die von der Höhe herabsteigen. Vor ihnen her erklingen Harfen, Pauken, Flöten und Lauten, während sie selbst in prophetischer Begeisterung sind. Da wird nun der Geist Jahwes auf dich übergehen, so daß du mit ihnen in prophetische Begeisterung gerätst und in einen anderen Menschen verwandelt wirst.«

Es scheint, als wäre Saul rein zufällig in Begleitung dieser Wanderpropheten in die Geheimnisse der Prophetie eingewiesen worden.

Eines der immer wiederkehrenden Versprechen der Propheten betraf die Ankunft des Messias, der das jüdische Volk vor allen Verfolgern schützen würde, denen es ausgesetzt sein möge. Die Juden erwarten immer noch die Rückkehr des Erlösers, eines Heilands, der aus der königlichen Linie des Hauses David stammt. Christus rettete sie nicht vor den Römern; er wird deshalb von den meisten Juden als ein Pseudo-Messias abgetan.

Tief eingegraben in die jüdische Psyche scheint zu sein, diese Zeiten der Versklavung als Strafe dafür hinzunehmen, daß sie ihren Gott vernachlässigt haben. Diese Reaktion ist eine besonders extreme Variante der weltweiten religiösen Vorstellung, daß die Welt von einem Gott oder von Göttern beherrscht wird, die Recht sprechen.

Mehr als andere Religionen neigten die Juden dazu, Propheten hervorzubringen, deren Spezialität ständige Ermahnungen waren, das gegenwärtige Unglück als Strafe für Fehlverhalten in der Vergangenheit zu erkennen. Sie

Jeremia, der düsterste der hebräischen Juden. Gemalt von Michelangelo

versprachen dagegen eine glückliche Zukunft für die, die ihre Regeln beachteten. Die wiederholte Erniedrigung und Versklavung durch heidnische Nationen, die das jüdische Volk ertragen mußte, und die große Sehnsucht nach der Erfüllung uralter Weissagungen, die ewige Herrlichkeit ankündigten, ließen einen Reichtum an jüdischer Offenbarungsliteratur entstehen.
Die Erwartung der Ankunft oder der Rückkehr des Messias ist dabei immer sehr stark geblieben.

Den Gedanken an einen Messias, der kommen soll, erbten die Christen von den Juden. Das Christentum ging natürlich davon aus, daß der Messias bereits angekommen war und sich seinen Jüngern nach der Kreuzigung mehrmals offenbart hat. Allgemein glaubt man auch, daß er schon bald wiederkehren wird.

Viele Propheten meinten, daß er mit einem Heer zurückkommen wird, um als kriegerischer Retter über die Unterdrücker, die Römer, zu triumphieren. Vor der Mystifizierung durch Origen und dem heiligen Augustin glaubte man früher fest an ein irdisches Königreich Gottes. Im Laufe der Jahrhunderte richteten sich die Erwartungen immer mehr in die Zukunft, auf die Jahre 1000 oder 2000 n. Chr.

Aus militärischer Sicht waren die Ägypter, die Babylonier (die Perser) und schließlich die Römer die wichtigsten Feinde Israels und Judas, seines kleinen Schwesterkönigreichs. Christliche Kommentare, die sich mit der historischen Perspektive beschäftigen, sind immer seltener zu hören. Man setzte lange die Namen dieser Länder dem Übel gleich. Sogar die spätere protestantische Sicht des Katholizismus und seiner römischen Zentrale spiegelt die Gefühle wider, die die Juden im alten Israel den römischen Eroberern entgegenbrachten, die schließlich im Jahre 70 n. Chr. ihren Tempel zerstörten. Darum ist in der apokalyptischen Literatur der Juden und der Christen so oft von der Zerstörung Babylons die Rede und von der Ankunft des Messias als Retter. Dieser Messias wird nach einer Zeit des Kummers und der Sorgen in eine Schlacht mit den Feinden Gottes treten – meist in Armaggedon – und danach das 1000jährige Königreich auf Erden gründen.

Die letzten Tage und das drohende Ende Babylons

DIE ÄONE DER JUDEN

Die große Feier der 7000 Jahre ist ein immer wiederkehrendes Thema in der jüdischen apokalyptischen Literatur. (Ein vollständiger Zeitraum in der Entwicklung des Kosmos wird als sieben mal 7000 Jahre angesehen.) Im 50000. Jahr soll das Universum zu seinen Ursprüngen zurückkehren. Diese Ansicht wurde erst im Buch Temuna zum Ausdruck gebracht. Es ist um 1250 n. Chr. erschienen und gründet auf einem neuen Verständnis des Äons. Die aktuelle 7000-Jahr-Periode ist der Rechtsprechung gewidmet, die von Anweisungen und Verboten und vom Konflikt zwischen rein/unrein und heilig/unheilig begleitet wird. Im Äon wird die Thora keine Verbote mehr enthalten, die Kraft des Übels wird gebrochen sein, und Utopie wird ebenso Wirklichkeit werden wie die 1000jährige Herrschaft des Messias. Diese Vorstellung gleicht der des calabrischen christlichen Sehers Joachim von Fiore, der drei kosmische Perioden bestimmt hat – die des Vaters, des Sohnes und des Heiligen Geistes.

Die griechischen Prophetinnen

Prophetie (griechisch »Verkündigung« oder »Vorhersage«) ist nicht nur im Rahmen des Alten Testaments erwähnt; auch die Griechen haben eine große seherische Tradition.

»Prophetes« ist das griechische Wort für jemanden, »der für einen anderen spricht«, also eine genaue Beschreibung eines Sehers, der ja für einen Gott spricht.

Die Griechen versuchten in der Antike regelmäßig, den Willen der Götter zu ergründen, wenn es um wichtige Themen des öffentlichen und des privaten Lebens ging – sei es beim Sklavenverkauf, bei der Bestellung der Felder, bei Heiraten, Reisen, bei geschäftlichen Fragen und ähnlichem. Das Orakel diente dabei nicht primär dazu, durch Offenbarungen die Neugier zu stillen, sein Sinn war vielmehr, Entscheidungen von der Gottheit genehmigen zu lassen.

Kassandra sagte ihre Schändung und die Eroberung Trojas voraus

Kassandra, die Tochter des Priamos, hatte ihre seherischen Fähigkeiten von Apollo, dem Gott der Sonne, erhalten. Sie versuchte vergeblich, auf den Fall Trojas aufmerksam zu machen, wohin sie von Ajax verschleppt und wo sie von ihm vergewaltigt wurde. Niemand glaubte ihr, bis es schließlich zu spät war und die Prophezeiung sich erfüllte.

Außer denen, die ihre prophetische Begabung von den Göttern selbst als Geschenk erhalten hatten, gab es auch ausgebildete Priesterinnen des Apollo, genannt Pythia oder Sibylle. Die bekannteste war Sibylle von Cumä, von der man sagt, sie habe Äneas auf seiner Reise durch die Unterwelt geführt.

Das berühmteste aller Orakel war das Orakel des Apollo bei Delphi, genannt »Pytho«. Pytho bedeutet sowohl »um Rat bitten« als auch »verwesen«, ein Hinweis auf die Dämpfe, die in Delphi aus einer Erdspalte steigen. Man behauptet, daß es sich dabei um den Gestank der Leichen von Schlangen gehandelt habe, die diese Höhle einst bewohnten. Die Priesterinnen wurden durch die Dämpfe berauscht und stammelten dann in Trance die Warnungen der Götter. Vor einer goldenen Statue von Apollo, dem Sonnengott, im Inneren des Heiligtums saß die Priesterin auf einem hohen, goldenen Stuhl mit drei Beinen über der Spalte, aus der die bewußtseinsverändernden Dämpfe stiegen. Vor dem Götterbild brannte ein ewiges Feuer, das mit harzigem Tannenholz unterhalten wurde. Das Innere des Tempeldaches war mit Lorbeerkränzen behängt, und auf dem Altar wiederum wurde Lorbeer als Weihrauch verbrannt – fürwahr eine berauschende Mischung. Nachdem ihr eine Frage

Sibylle von Delphi, Apollos Prophetin

gestellt worden war, versetzte sich die Priesterin in einen rauschhaften Zustand. Dabei stieß sie eine Flut von Worten und Lauten aus, die einer der fünf Priester oder »prophetes« niederschrieb, um sie später zu interpretieren.

Manchmal litt die Priesterin so stark unter dem Rausch, daß sie vom Stuhl aufsprang oder in Krämpfen zu Boden stürzte. Einige sind dabei gestorben. Deshalb hielten sich später immer drei Priesterinnen in Bereitschaft.

Die Ratsuchenden mußten Lorbeerkränze tragen, die mit reiner Wolle gebunden waren, sie mußten eine Gebühr zahlen, und sie hatten eine Ziege, ein Rind oder ein Schaf zu opfern. Die Tiere mußten jeweils von bester Gesundheit sein.

Menschen aus der ganzen antiken Welt – nicht nur aus Griechenland – strömten herbei, um das Orakel um Rat zu fragen. Das Heiligtum verlor seine Anziehungskraft nicht, bis am Ende der christliche Kaiser Theodosius die Stätte im vierten Jahrhundert n. Chr. auflöste.

In der griechischen Welt gab es noch mindestens 20 weitere bekannte Orakel. Das für uns interessanteste ist das Orakel des Apollo bei Didyma. Sein Altar ist angeblich von Herakles erbaut worden, während Branchus, ein Sohn Apollos, für den Tempel verantwortlich ist. Der Kult hing in erster Linie von den Priesterinnen und ihrer Eingebung ab.

Die Techniken, die man anwandte, um einen rauschhaften Zustand zu erreichen, hat der Grieche Iamblichus von Chalkis beschrieben, der etwa 335 n. Chr. starb:

»Die Prophetin des Branchus sitzt entweder auf einer Säule, oder sie hält einen Stab in der Hand, den ihr eine Gottheit übergeben hat. Sie benetzt ihre Füße und den Saum ihres Kleides mit Wasser ... und so prophezeit sie.« Eine andere Passage aus dem gleichen antiken Text erwähnt den Gebrauch eines dreibeinigen Schemels während eines Ritus der Propheten.

Dieses Orakel ist von besonderem Interesse, weil hier Techniken der Prophetie angewendet werden, die später von Nostradamus übernommen wurden. Er benutzte sie 1555, um die dunkelsten Geheimnisse des Jahrtausends und die Ereignisse zu sehen, die zum Jahr 2000 hinführen.

WAS NOSTRADAMUS VON DEN GRIECHEN LERNTE

Nostradamus beschreibt seine Technik der Prophetie in »Siècle I«, Vierzeiler 1 und 2:

»Er sitzt allein des Nachts auf einem ehernen Schemel ... der Stab in seiner Hand steckt mitten in den ZWEIGEN. Er netzt seinen Fuß und seinen Kleidersaum mit Wasser. Furcht und eine Stimme lassen ihn zittern. Göttliche Pracht und die Gottheit sind nahe.«

Hier beschreibt Nostradamus den Weissagungsritus des Branchus. Das Wort »ZWEIGE« ist – wie beim Originaldruck – in Großbuchstaben geschrieben, ein klarer Hinweis darauf, daß es mehrdeutig verstanden werden soll. Nostradamus wollte hier mit Sicherheit auf die geheimen Techniken des Branchus und auf das Orakel von Didyma hinweisen, die das Geschenk seiner seherischen Fähigkeiten so sehr beeinflußt haben.

Es ist denkbar, daß Nostradamus mit diesem Werk schon früh vertraut war, weil es Grund zur Annahme gibt, daß Kopien der Übersetzung schon um 1500 unter den Studenten des Mystizismus zirkulierten. Um 1540 herum wurde es in Frankreich wieder veröffentlicht. Nicht viel später begann Nostradamus damit, seine Almanache herauszugeben. Es ist wahrscheinlich, daß er Methoden ähnlich denen verwandte, die in diesem Buch beschrieben wurden. Sie kombinierte er dann mit seinen Astrologiekenntnissen und erarbeitete auf diese Weise sein erstaunliches Wissen von der Zukunft.

UHREN *aus* STEIN

Der Grund, weshalb die Große Pyramide von Gise erbaut wurde, ist im Nebel der Geschichte verschwunden. Für die Viktorianer wurde sie zum Mittelpunkt enormer prophetischer Kräfte: für sie schien sich die ganze Welt im Königsgrab zu konzentrieren, um hier das Ende aller Zeiten anzukündigen.

ORBIS SATURNI
MARS
VENUS

Das Horoskop für 2000 n. Chr.

Die Astrologie kann uns sehr wichtige Hinweise auf die Zukunft liefern. Eines der zentralen Daten, die unmittelbar vor uns liegen, ist der 18. August 1999.

Bekannt wurde dieses Datum durch Hideo Itokawa, dem Pionier der japanischen Raketentechnologie, der es in seinem Buch und in einer Fernsehdokumentation 1980 erwähnt hat.

Wenn man die astrologische Konfiguration der ersten Minute dieses Datums untersucht, dann finden wir Sonne, Merkur und Venus im Sternzeichen des Löwen, den Löwen selbst im Skorpion, den Adler dicht bei Pluto im Schützen, Jupiter und Saturn im Stier, den Stier wiederum mit Uranus und Neptun im Wassermann. Die vier Zeichen, in die die Planeten sich aufteilen, sind die vier Bestien aus der Offenbarung des Johannes, es sind die vier Gesichter der Cherubimköpfe Ezechiels, und es sind die vier Symbole der letzten Tarock-Karte, der Welt. Sie sind die Symbole der sogenannten »vier letzten Dinge«.

Professor Itokawa und sein Team gleichgesinnter pessimistischer Zukunftsforscher waren von dem sogenannten Großen Kreuz der Planeten so fasziniert, daß sie weitreichende Umweltzerstörungen vorhersagten, die durch Konflikte um Energie- und Nahrungsquellen ausgelöst werden. Der Professor hat dabei möglicherweise übersehen, daß kurz vor dem Großen Kreuz – genau eine Woche vorher, am 11. 8. 1999 – eine Sonnenfinsternis stattfinden wird, und zwar die letzte im 20. Jahrhundert. Die Vermutung liegt nahe, daß diese Finsternis als Katalysator dafür dienen wird, die vernichtenden Energien des Großen Kreuzes zu entfesseln.

Mit der Konjunktion von Neptun und Uranus im März 1993 – einem äußerst seltenen Phänomen, das nur alle 171 Jahre zu sehen ist – haben wir einen ersten Vorgeschmack von dem erhalten, was uns das Große Kreuz bringen kann. In den USA wurde diese Konjunktion vom größten Schneesturm in diesem Jahrhundert begleitet. Er raste von Florida bis nach Maine und hinterließ dabei mehr Schnee, Hagel, Regen und Schneeregen als irgendein anderer Sturm seit 1888. Ihm folgte eine katastrophale Überschwemmung am Mississippi.

Nach dem Glauben der alten Römer und Griechen war Neptun (oder Poseidon) der Wassergott, zuständig vor

Die Große Konjunktion im Mai 2000 rückt immer näher

allem für Flüsse und Seen. Seine Frau Amphitrite hielt die Wasser der Meere in Bewegung, genau wie die Winde und die Erdbeben – es kann daher gut sein, daß wir noch vor dem Ende des Jahrhunderts wieder von ihr hören werden.

Am 4. 5. 2000 um genau 3.12 Uhr kommt es zu einer anderen außergewöhnlichen Planetenstellung, woran alle Planeten beteiligt sein werden. An diesem Tag wird die Erde in Opposition zu den Planeten stehen, genau im Winkel von 13 Grad 58 Minuten zum Sternbild des Skorpions. Nur der entfernte Pluto stemmt sich mit seiner Schwerkraft im Winkel von 11 Grad 21 Minuten zum Sternbild des Schützen dagegen.

Diese mächtige Plantenkonstellation wird mit dem bloßen Auge nicht zu sehen sein, und sie wird erst vorstellbar, wenn man sie auf Papier gezeichnet vor sich sieht. Im rechten Winkel zur Erde, und zwar in echten 90 Grad, stehen die beiden äußeren Planeten Uranus und Neptun. Uranus bei 17 Grad 46 Minuten und Neptun bei 4 Grad 40 Minuten jeweils zum Wassermann. Die inneren Planeten des Sonnensystems werden folgende Positionen besetzen: Venus bei 19 Grad 23 Minuten zum Widder, Merkur bei 20 Grad 8 Minuten zum Widder, der Mond bei 13 Grad 24 Minuten zum Stier, die Sonne bei 13 Grad 58 Minuten zu Stier, Jupiter bei 17 Grad 31 Minuten zum Stier, Saturn bei 20 Grad 12 Minuten zum Stier und Venus bei 10 Grad 56 Minuten zum Sternbild der Zwillinge.

Die Astrologen haben einen bestechenden Begriff für diese einzigartige Position gefunden: »Opposition«.

Amphitrites Triumph über Winde, Meere und Erdbeben

SCHMETTERLINGSFLÜGEL UND DIE ERDACHSE

Wer nun behauptet, daß die Planeten zu weit von der Erde entfernt seien, als daß sie hier Schaden anrichten könnten, sollte sich die Chaostheorie einmal näher betrachten.
Dann wird einsichtig, daß Veränderungen im sehr empfindlichen Gleichgewicht des Sonnensystems doch außerordentlich bedeutsam sein können.
Die Chaostheorie geht nämlich davon aus, daß alle Lebensformen auf der Erde miteinander in einem Zusammenhang stehen. Sogar das leichte Flügelschlagen eines Schmetterlings am Amazonas kann indirekt mit einem Taifun in Hongkong in Beziehung stehen – so lautet die Theorie.

Wenn man dieser Logik folgt, dann hat die vereinigte Schwerkraft der anderen Planeten im Sonnensystem – besonders die der mächtigsten, Jupiter und Saturn – einen Einfluß, den man nicht mehr als unbedeutend bezeichnen kann.

Die größtmögliche Katastrophe, die durch diese Planetenstellung ausgelöst werden könnte, ist eine Verschiebung der Position der Erdachse. Sie bewegt sich über lange Zeit gesehen ohnehin so, daß der magnetische und der geographische Nordpol immer weiter auseinanderdriften. Jede Erschütterung dieses instabilen Systems könnte dazu führen, daß die Erde irgendwann einmal ins Schlingern gerät.

Die Vorhersagen der Astrologen

Eine Verbindung zwischen Astrologie und Apokalypse mag unwahrscheinlich scheinen, die Geschichte zeigt aber, daß es zwischen den Kartenzeichnern und den kirchlichen Autoritäten eine Menge Übereinstimmung gegeben hat.

Tycho Brahe beim Studium der Planeten

Durch die Jahrhunderte hindurch haben Propheten genauso wie Astrologen die Bewegungen der Planeten, besonders die von Saturn und Jupiter, als bedeutsam angesehen. Nostradamus nutzte sie z.B. dafür, den Zeitpunkt künftiger Ereignisse zu bestimmen.

Der zyklische Charakter der Planetendrehungen führte frühe Astrologen zu der Annahme, daß alles Leben diesen Zyklen unterworfen sei. Sie können sogar ein Mehrfaches der Zeit in Anspruch nehmen, die die äußeren Planeten dafür benötigen, einmal die Sonne zu umkreisen: Jupiter, der dazu 11 862 Jahre und Saturn, der 29 458 Jahre braucht. Es ist kein Zufall, daß der römische Gott Saturn mit dem griechischen Gott Chronos, dem Herrscher über die Zeit und dem einstigen Herrscher des Himmels, in Beziehung steht.

Das »Annus Magnus« (großes Jahr) stellte man sich als die Zeit vor, die die Planeten benötigten, um ihren Ausgangspunkt vom ersten Tag der Schöpfung wieder zu erreichen. Man sagte sich, daß die Rückkehr zu diesem Punkt ganz sicherlich ein besonderes Datum markieren würde. Griechische Philosophen wie Zeno glaubten, daß die Ereignisse eines Abschnitts der Geschichte sich in einem anderen wiederholen würden, gerade so, wie auch menschliche Seelen wiedergeboren würden.

Ein anderer Grieche, der Astronom Aristarch von Samos, lehrte, daß die Erde sich um die Sonne drehe, und berechnete die Entfernung von der Sonne zur Erde. Seiner Meinung nach sollte das Große Jahr so lange dauern wie 2 484 gewöhnliche Jahre. Heraklit berechnete es auf 10 800 Jahre.

Im Europa des Mittelalters waren Versuche, die Wiederkehr Christus' zu bestimmen, sowohl auf astrologische als auch auf biblische Daten gegründet. Der berühmte Astronom Tycho Brahe bestimmte 1572 einen neu entdeckten Stern als den Boten der Rückkehr, eine Ansicht, die später von König James I. von England gutgeheißen wurde.

Brahe stellte zwischen dem Stern und dem Erscheinen eines großen nordischen Herrschers, der auch von Nostradamus erwähnt wurde, einen Zusammenhang her. Der neue Stern spielte auch bei den Überlegungen zur Jahrtausendwende, die Sir Christopher Heydon 1618 anstellte, eine Rolle.

Heydon prophezeite, daß die 7. Wiederkehr der Planeten Jupiter und Saturn ein »Feuertrigon« sein würde, der das Ende des Papsttums, den Sieg über die Türken und die Rückkehr der Juden in das neue Königreich Christi bedeute.

Von Gott selbst verursachte Ereignisse wurden auf ähnliche Art berechnet. Man schätzte z.B., daß die Sintflut 1656 Anno Mundi (das entspricht 2348 v. Chr.) stattgefunden haben müsse, also rechnete man für 1656 n. Chr. wieder mit einer ähnlich bedeutungsvollen Erschütterung der Weltordnung, wie es die zweite Ankuft Christi hätte sein können.

Nachdem Christus nach der Konjunktion von Saturn und Jupiter im Sternzeichen der Jungfrau geboren war, entschied der deutsche Astrologe Mussemius, daß die Geburt des Antichristen dann stattfinden würde, wenn sich diese Planeten 1544 auf der anderen Seite des Tierkreises unter dem Zeichen des Fisches wieder träfen. Der böhmische Astrologe Cyprian

Johannes Alsted, der Herr der Kreise

Leowitz machte später einen weiteren Versuch, mit Hilfe der Konjunktion von Saturn und Jupiter das Ende der Welt auf 1583 festzulegen.

Johannes Alsted, der einige seiner Ideen von Tycho Brahe und Johannes Kepler ableitete, betrachtete die Reformation lediglich als Vorspiel zur 1000jährigen Herrschaft, die Christus antreten würde.

Sein »Speculum Mundi« ist eine große Karte, auf der er die drei Epochen und die sieben Zeitalter des Elias zu den vier Königreichen des Daniel und den Umläufen von Saturn und Jupiter in Beziehung setzt.

DAS »VORRÜCKEN« DER TAGUNDNACHTGLEICHE

Der Schlüsselgedanke, der hinter der Theorie der Kreisläufe von Zeit und Ewigkeit steht, ist das »Vorrücken« der Tagundnachtgleiche. Die alten Ägypter haben diese astronomische Erscheinung als erste entdeckt. Hipparchus (etwa 120 v. Chr.) beobachtete, daß der Koordinatenwert des Längengrades regelmäßig jedes Jahr um 50,2 Sekunden zunahm. Anders gesagt – der scheinbar unbewegliche Gürtel der Sternzeichen bewegt sich, wenn auch sehr langsam. Der Grund dafür ist die Erdachse, die während der Erddrehung einen leichten Kreis nach hinten beschreibt, ungefähr so, wie die sehr wackelige Spitze eines Brummkreisels. Die Erdachse vollendet alle 25 725 Jahre eine vollkommene Umdrehung. Die rückwärts gerichtete Bewegung über die Sternzeichen bedeutet, daß sich ein bestimmtes Datum – z.B. das der Tagundnachtgleiche – im Laufe der Zeit (genauer alle 2 143 Jahre) von einem zum nächsten Zeichen bewegt. Das Wassermannzeitalter beginnt, wenn die Polarachse das Zeichen der Fische verläßt, wo sie seit über 2000 Jahren verharrt, und sich dann zum Sternbild des Wassermanns bewegt.

Horoskop des Schöpfungstages

Pyramiden und Prophezeiungen

Professor Piazzi Smyth, königlich/schottischer Astronom, verbrachte 1864 vier Monate im ägyptischen Gise, um den Zusammenhang zwischen den Prophezeiungen und den Abmessungen der Großen Pyramide zu ergründen.

Professor Smyths erstaunlichste Entdeckung war, daß das Verhältnis von Höhe zu Basisumfang ganz präzise 1/2 Pi entsprach. Er schloß daraus, daß die »heilige Elle«, die die Erbauer dieser riesigen Monumente als Maßstab benutzten, die gleiche Länge (0,64 m) hatte wie diejenige, die Moses für den Bau des Tabernakels verwandte. Nachdem dieser Zusammenhang hergestellt war, wurden die Maße der Großen Pyramide immer interessanter.

Ihre erdrückenden Gänge sind allein schon durch die Masse der Steine, durch die sie führen, überwältigend. Der viktorianische Forscher Christian Robert Menzies und seine Kollegen schlossen aus diesen wenigen Tunneln darüber hinaus auf einen Plan, der Hinweise auf einen viel größeren Bedeutungsgehalt liefern könnte. Jeder Zentimeter wurde vermessen, in Jahre umgerechnet und dann mit der biblischen Zeitfolge verglichen.

Der äußere Eingang zur Pyramide sollte die Schöpfung (etwa 4004 v. Chr.) und Adams Sündenfall darstellen. Der Eingang zum abwärts führenden Tunnel entsprach der Sintflut und die Kreuzung mit dem aufwärts führenden Tunnel dem Auszug aus Ägypten 1615 v. Chr. Der Punkt, an dem der aufwärts führende Gang sich zur Großen Galerie verbreitert, repräsentierte die Geburt Christi, die Schwelle an seinem Eingang symbolisierte Christi Leben und seine Kreuzigung 33 n. Chr.

Die Große Galerie selbst wurde als Symbol für den Fortschritt des Christentums über 2 000 Jahre hin angesehen, als »Gnadenerweis des Evangeliums«. Die Königskammer steht für den »Weg der Gerechten in die himmlische Glückseligkeit«. Der Eingang in die Königskammer und ihre Vorzimmer sind für uns heute von besonderer Bedeutung – dieser Teil der Pyramide soll nämlich in Beziehung zu dem Teil der Geschichte stehen, die unmittelbar vor uns liegt.

Morton Edgar, einer der Adepten Menzies, glaubte, daß die 1 000jährige Zeit des Glücks 1874 beginnen würde. Er kam dadurch auf diese Zahl, daß er das Jahr 4128 v. Chr. als Schöpfungsjahr ansah.

Davidson, Mitverfasser von »Die Große Pyramide – ihre göttliche Botschaft«, glaubte in dem unteren Durch-

Welche unerforschten Kammern haben die Pyramiden noch heute?

Sarkophag in der Großen Pyramide

gang zwischen der Vorkammer und der Königskammer ein Symbol der Periode von 1928 bis 1936 zu erkennen. Dabei spiegelt die Verengung des Durchgangs die Bedingungen für die große Weltwirtschaftskrise nach dem Zusammenbruch der Wall Street 1929 wider.

Max Toths Interpretation der Pyramidenmaße bezeichnet den Juli 1992 als das Ende des Durchgangs und den Beginn dessen, was er als »Endzeit« bezeichnet. Toth sagt für 1995 Feuerstürme und Vulkanausbrüche voraus. Er behauptet, daß ein »Königreich des Geistes« (nach Joachim von Fiore) entstehen wird, nachdem die Zeit der Sorgen mit dem Zusammenbruch der Zivilisation 2025 n. Chr. beendet sein wird. 2034 n. Chr. wird der Messias am Himmel erscheinen, sechs Jahre später wird er menschliche Gestalt annehmen und 76 Jahre lang auf Erden leben.

Flinders Petrie verwarf den angenommenen Zusammenhang zwischen der menschlichen Geschichte und den Gängen der Großen Pyramide, nachdem er sie ein weiteres Mal untersucht und die Irrtümer in Smyths Vermessung korrigiert hatte. Ein gewisser Colonel J. Garnier verlegte das Datum, das von den Maßen am äußeren Eingang zu den Vorkammern der Königskammer abgeleitet worden war, auf 1913. Den viktorianischen Jahrtausendforschern lag viel daran, das Datum der Rückkehr Christi in ihre eigene Lebenszeit zu datieren, und so änderten sie eben die Regeln, wenn es ihnen passend erschien. Die Vorgabe, daß ein Inch (= 3 cm) einem Jahr zu entsprechen habe, ergibt die folgende interessante Liste.

Ausgehend vom Eingangsdatum 1913 führen uns 51,95 Inches (= 1,30 m) durch den Eingang und in die Vorkammer. Dort befinden wir uns gewissermaßen im späten Jahr 1964. Die andere Seite der Vorkammer (= 2082) ist 116,26 Inches (= 2,95 m) entfernt. Von hier aus geht es wieder in einen niedrigen Gang, der vom Jahr 2082 zum Jahr 2182 führt. Der Eingang zur Königskammer steht für 2182, ihre Rückwand und damit das Ende der Königskammer liegen bei 2388.

EINE NEUE KAMMER IN DER GROSSEN PYRAMIDE

Verborgene Gänge deuten auf Sirius

Der deutsche Forscher Rudolf Gantenbrink entdeckte 1993 eine neue Kammer in der Großen Pyramide. Mit einem ferngesteuerten Gerät arbeitete er sich bis zum Ende eines 65 m langen und nur 20 cm breiten Luftkanals vor, der in einem Winkel von 45 Grad nach unten führte. Am Ende dieses Tunnels liegt eine winzige Steintür, die vielleicht in eine Rinne eingelassen wurde, um sie nach oben ziehen zu können.

Eine leichte schwarze Staubschicht deutet auf die Anwesenheit organischen Materials hin; eine größere Kammer daneben sorgt vermutlich für eine ausreichende Luftumwälzung.

Es ist nicht vorstellbar, daß Grabräuber diesen Zugang erreicht haben, deshalb müßte der Inhalt der Kammer eigentlich unversehrt sein. Die Kammer liegt tief im Inneren der Pyramide, etwa 21,5 m über dem Boden der Königskammer und 25 m von der Außenseite der Pyramide entfernt, in einer Anordnung, die dem mysteriösen Hundsstern Sirius, der zur Göttin Isis gehört, wahrscheinlich genau gegenüberliegt. Zufälligerweise (oder auch nicht) beträgt die vertikale Entfernung zwischen den Kammern des Königs und der Königin genau 21,5 m.

Der 60-Jahres-Kreislauf

1985 veröffentlichte Dr. Ravi Batra ein Buch, in dem er den Beginn der Rezession von 1989 vorhersagte.

Die chinesischen Tierkreiszeichen

Dr. Batra zufolge würde diese Rezession durch einen starken Anstieg der Arbeitslosenzahl gekennzeichnet sein, dazu durch sinkende Inflation, einen Verfall der Immobilienpreise und durch einen markanten Anstieg der Konkurse – all diese negativen Erscheinungen des Wirtschaftslebens sind in den meisten Ländern dieser Welt auch eingetreten.

Trotzdem gab er nie vor, ein Prophet zu sein; er sei nur ein genauer Beobachter der wirtschaftlichen Kreisläufe. Dr. Batra hatte die Ereignisse des Jahres 1990 mit denen von 1930 verglichen. Nach seiner Annahme wird die Rezession 1996 vorbei sein, genauso wie 1936 das Ende der damaligen Rezession markierte. Das Studium der Kreisläufe kann durchaus ein nützliches Werkzeug sein, um die Genauigkeit von Vorhersagen zu erhöhen.

60 Jahre – diese wiederkehrende Zeitspanne taucht in vielen Kulturen auf. Die Chinesen des Altertums haben mit genau dieser Periode z.B. die Dauer eines »Großen Jahres« beschrieben, in dessen Verlauf es zu allen möglichen Kombinationen von Ereignissen kommen kann, die durch die zehn himmlischen Stämme und die zwölf irdischen Zweige chinesischer Metaphysik bestimmt werden.

Nach 60 Jahren gilt für jeden wieder die Kombination von Stamm und Zweig des chinesischen Jahres, in dem man geboren wurde.

Die Zeichen, die eine chinesische 60-Jahres-Periode beschreiben, werden allgemein Drachen genannt. Zu jedem von ihnen gehört eines der chinesischen Elemente – Holz, Feuer, Erde, Metall oder Wasser – und eines der zwölf Sternkreistiere.

Für die Ägypter gab es bei der 60-Jahres-Periode eine Beziehung zu Osiris, dem Gott u.a. der Kreise, des Todes und der Wiederauferstehung. Die »Henti«-Periode seines Kreislaufes enthielt zwei Abschnitte, beide von jeweils 60jähriger Dauer.

Die antiken Griechen hatten guten Grund, den Kreislauf von 60 Jahren zu wählen. Der Neuplatoniker Olympiodorus aus Alexandria schrieb:

»... Saturn und Jupiter sind 60 Jahre lang in ihren Drehungen miteinander verbunden. Wenn nämlich Jupiter nach zwölf Jahren wieder auf den gleichen Platz am Himmel kommt, Saturn aber erst in 30 Jahren, dann ist klar, daß Jupiter fünf Umdrehungen in der Zeitspanne vollführt, in der Saturn zwei geschafft hat: 2 x 30 ergibt ebenso 60 wie 5 x 12. Ihre Umdrehungen werden also in 60 Jahren wieder übereinstimmen.«

Unter den Babyloniern erwähnt Berossus (der um 260 v. Chr. sehr berühmt war) drei längere Zeiträume: »Sossus« (60 Jahre) und ein Vielfaches davon, »neros« mit 600 Jahren und »sarus« mit 3600 Jahren oder 60 zum Quadrat. Zwei der letzten beiden ergeben zusammen etwas mehr als sieben Jahrtausende – oder eine Woche Gottes, ein Zeitraum, mit dem die Juden einen vollständigen Kreislauf beschrieben. Josephus Flavius, der im ersten Jahrhundert n. Chr. in Rom lebte, berichtet davon, daß das Altertum in Zeiträume von jeweils 600 Jahren eingeteilt gewesen sei. Im Manuskript »Liber Vaticinationem« ist die Zahl 60 ein Schlüsselbegriff, und Nostradamus hat einige seiner Vierzeiler nach der Methode der 60-Jahres-Konjunktion von Jupiter und Saturn datiert.

DER SAROSKREISLAUF

Beeinträchtigt der Saroskreislauf moderne Finanztransaktionen?

Ein besonders interessanter Teil der 60-Jahres-Perioden sind die Saroskreisläufe, die zuerst von den Chaldäern entdeckt wurden. Ein solcher Kreislauf dauert 6 585,32 Tage oder 18 Jahre und 10,7 Tage oder den Gegenwert von 19 ekliptischen Jahren. Die Beziehung zwischen diesem und dem 60-Jahres-Kreislauf ergibt sich durch Teilen von 60 durch 18. Wenn man das Ergebnis 3 333 wieder mit 60 multipliziert, ergibt sich genau das Jahr 2000 n. Chr., ein weiterer Hinweis auf die besondere prophetische Bedeutung der Jahrtausendwende.

Wir haben gesehen, wie der 60-Jahres-Kreislauf dabei helfen kann, wirtschaftliche Ereignisse vorherzusagen. Der Saroskreislauf hat möglicherweise ähnliche Kräfte. Einer der erfolgreichsten Finanziers und Währungsspekulanten der 90er Jahre heißt zufällig George Soros. Durch seine Spekulationen mit dem britischen Pfund zwang er das britische Finanzministerium im Herbst 1992, Millionen an Pfund in eine sinnlose Rettungsaktion zu pumpen. Am »Schwarzen Mittwoch«, einem trostlosen Tag für das britische Selbstwertgefühl, schied das Pfund aus dem europäischen Währungssystem aus. Man ließ es abwärts »floaten«, bis es in etwa seinen wahren Marktwert annahm. Man weiß nicht, ob Soros sich auf seinen Geschäftsinstinkt oder auf bodenständige Berechnungen verläßt.

Manche »Einsätze« auf dem Kapitalmarkt beziehen sich auf die Auswertung zyklischer Schwankungen. Vielleicht bestand ein Teil von George Soros' Berechnungen ja auch aus dem Saroskreislauf von etwas über 18 Jahren.

Sonnenflecken – Ein Kreislauf

Die Sonnenflecken gehören zu dem Teil der Sonnenoberfläche, der sich täglich ändert. Ihr Erscheinen entspricht einem Kreislauf, der dem Umlauf des Jupiter ähnelt.

Sonnenflecken sind Bereiche mit niedrigerer Temperatur, die sich im Gegensatz zur übrigen Sonnenoberfläche als dunkle Stellen zeigen. Sie sind den Menschen schon lange Zeit bekannt. Bei besonders großen Flecken, die mit bloßem Auge zu erkennen waren, glaubte man, daß sie wichtige Ereignisse ankündigten. In Europa wurden sie 1610 erstmals dokumentiert, detaillierte Aufzeichnungen gibt es aber erst seit dem 18. Jahrhundert. Samuel Schwabe hat ihre periodische Zu- und Abnahme 1843 entdeckt. In China wurden sie schon seit 188 n. Chr. beobachtet.

Sonnenflecken sind meist etwas nördlich oder etwas südlich vom Sonnenäquator zu sehen, ungefähr zwischen dem 10. und 30. Grad Nord oder Süd. An den Polen sind sie bislang nicht aufgetreten. Sie haben sehr starke, magnetische Felder, die ihre Polarität zyklisch ändern. Ein durchschnittlicher Fleck besteht eine Woche lang, bevor er »verfällt«; einige dauern nur einen Tag, andere wiederum mehrere Monate. Ein Fleck kann fünfmal so groß wie die Erde sein.

Aus unerklärlichen Gründen folgt die Aktivität der Sonnenflecken einem bestimmten Muster. Sie entstehen in regelmäßigen Abständen, die mit der 11,86jährigen Umlaufzeit des Jupiter völlig übereinstimmen. Zwischen 1947 und 1959 gab es einen Höhepunkt an Aktivität. Sie scheint sich in dem Maße zu verstärken, wie wir uns der Jahrtausendwende nähern. Vielleicht weist die große Zahl der Sonnenflecken darauf hin, daß es im Verhältnis zwischen Sonne und Erde und dem Rest des

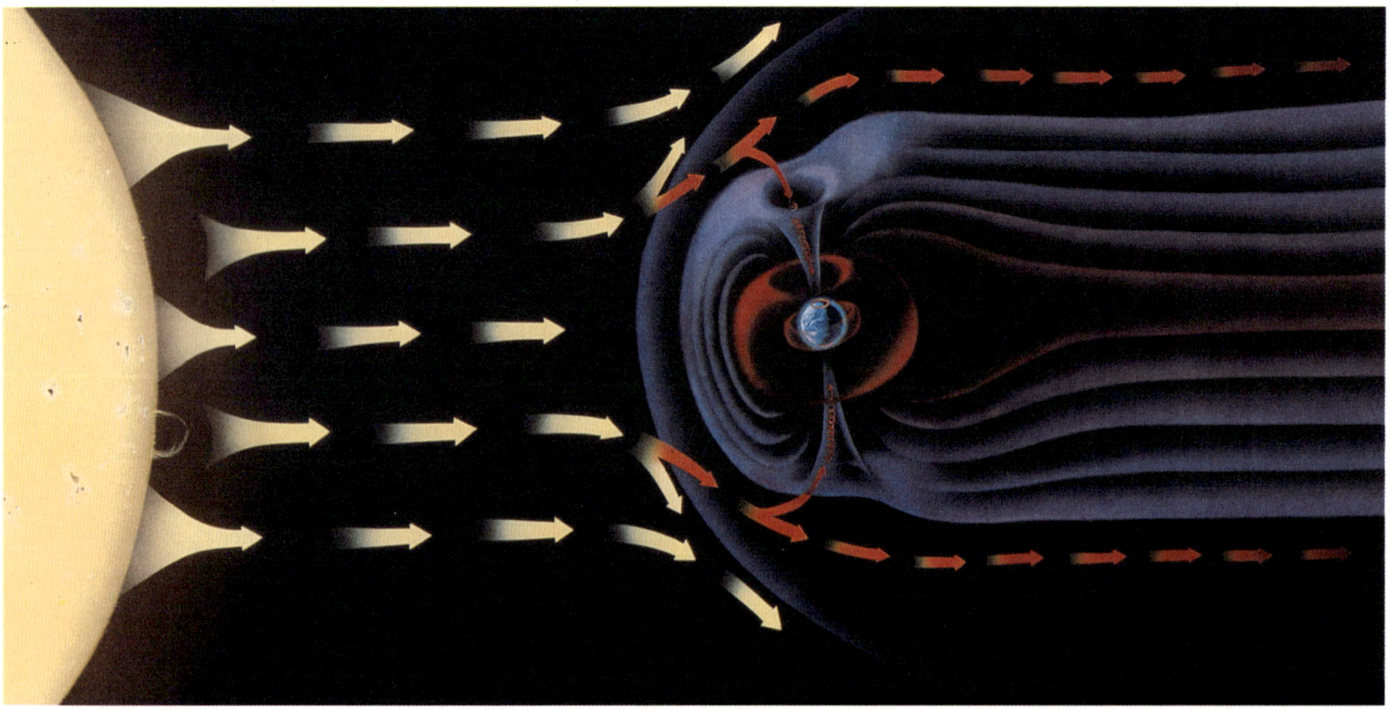

Sonnenwind (gelbe Pfeile) und Kraftfeld der Erde (rote Pfeile) stehen in einer Wechselbeziehung

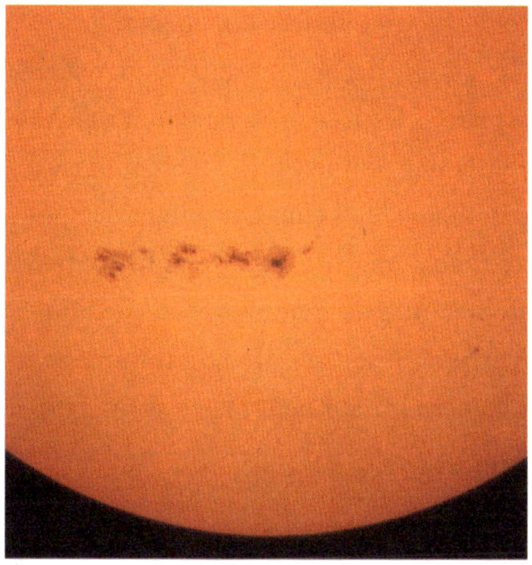

Eine Gruppe von Sonnenflecken

Sonnensystems zu einer grundlegenden Änderung kommen wird.

Es gibt einen Zusammenhang zwischen magnetischen Stürmen und großen Sonnenflecken, und seit mehr als 60 Jahren gilt es als sicher, daß klimatische Veränderungen auf der Erde, wie z.B. besonders starke Regenfälle oder schwere Trockenperioden, mit diesem Kreislauf zu tun haben. Klimatische Abweichungen sind um so häufiger zu beobachten, je näher wir der Jahrtausendwende kommen. Es kann durchaus sein, daß die Sonnenflecken am Scheitelpunkt, der beim Jahr 2000 n. Chr. erreicht sein wird, eine besondere Rolle spielen werden. Man nimmt an, daß die Planeten die Aktivität der Sonnenflecken beeinflussen – dieser Gedanke fügt sich in das Bild von den Veränderungen, die für Mai 2000 angekündigt sind, wenn die Planeten der Erde gegenüber in Stellung gehen.

Jeder Ausbruch von Sonnenflecken wird von einer Emissionssteigerung jeder Art von Sonnenenergie begleitet – von Röntgenstrahlen, ultravioletten oder Radiowellen und von sichtbarem Licht. Dieser Energieausstoß, auch Sonnenwind genannt, hat einen bedeutsamen Einfluß auf die Erde.

Es ist gut denkbar, daß diese Veränderungen ein verheerendes Ereignis für das Ende dieses Jahrhunderts ankündigen.

In den letzten Jahren wurden enorme Mühen darauf verwendet, die Sonnenfleckenaktivität mit einer Reihe anderer Erscheinungen in Zusammenhang zu bringen. Das reichte von Aktienkursbewegungen bis zu den Wachstumsringen der Bäume. Von Bäumen weiß man, daß die Ringe einen 11-Jahreszyklus zeigen; bisher gibt es aber keine Beweise, die einen Zusammenhang zwischen Sonnenflecken und Wirtschaftskreisläufen erhärteten.

SONNENFLECKEN, WETTER UND DIE PLANETEN

Verursachen Sonnenflecken Dürre?

Meteorologen kennen den Einfluß des 11,5-Jahres-Zyklus der Sonnenflecken auf das Wetter. Eine Steigerung der Sonnenfleckenaktivität erzeugt einen Sonnenwind, der in höchstem Maße ionisiert ist. Auf diese Weise entsteht auf der Erde schlechtes Wetter mit Mißernten und hohen Getreidepreisen. Der Zusammenhang zwischen einer großen Ausbreitung von Sonnenflecken und schweren Stürmen scheint auf jeden Fall für bestimmte Teile der Welt zu gelten, z.B. für Sibirien, Skandinavien und die Westindischen Inseln.

Es gibt auch einen Zusammenhang zwischen dem Kreislauf der Sonnenflecken und den Verschiebungen des Jetstreams. Die Wahrscheinlichkeit für schlechtes Wetter ist bei den Maxima und bei den Minima der Sonnenfleckenaktivität besonders hoch. Das nächste Minimum wird für 1999 erwartet, also kurz vor der Jahrtausendwende.

Die Zyklen der Sonnenflecken ermöglichen auch eine erfolgreiche Vorhersage von Trockenzeiten. In den 50er Jahren gab es Ankündigungen von schweren Dürreperioden, die für 1975/76 erwartet wurden; für Großbritannien wurden diese Jahre die heißesten und trockensten Sommer, die in diesem Jahrhundert jemals dokumentiert wurden. Nach diesem Zyklus müßten 1998 und 2021 wieder Jahre mit schweren Dürreperioden werden. Das erste Datum paßt zu anderen Prophezeiungen von Hunger und Trockenheit.

Professor Wood von der Universität in Colorado hat einen Megasonnenfleckenzyklus von 179 Jahren entdeckt. 1778 gab es eine Rekordzahl dokumentierter Sonnenflecken, und 1957, genau 179 Jahre später, stellte man wieder einen Höhepunkt der Aktivität fest.

Die Konjunktion der Planeten

Schon die Babylonier erkannten die Bedeutung der Konjunktion von Jupiter und Saturn. Diese Planeten halfen bei der Zeitmessung für den 60-Jahre-Zyklus.

Die Frage, inwieweit die Bewegungen der beiden Planeten unser irdisches Klima beeinflussen, stand erst vor kurzem im Mittelpunkt des Interesses.

Mit dem Buch »Der Jupitereffekt« eröffneten John Gribbin und Stephan Plagemann die Diskussion. Sie versuchten nachzuweisen, wie die Stellung der beiden Planeten indirekt die klimatischen und die geologischen Ereignisse auf der Erde beeinflußt. Die Autoren, der eine ein NASA-Wissenschaftler, der andere ein ehemaliger Redakteur der wissenschaftlichen Zeitschrift »Nature«, untersuchten die Aktivität der Sonnenflecken. Sie gingen davon aus, daß eine Häufung der Sonnenflecken in Beziehung zu Erdbeben stehen, und sie glaubten, daß die Sonnenflecken selbst von der Stellung der Planeten im Sonnensystem abhingen.

Diese Verbindungen könnten Licht auf einige antike Geheimnisse werfen, und sie könnten für die Ereignisse am Ende des Jahrtausends von Bedeutung sein. Der wichtigste Punkt bei diesen Überlegungen: die Sonne wird durch die Bewegungen aller Planeten im Sonnensystem beeinflußt.

Jupiter ist dabei der Planet, der von allen die größte Auswirkung auf die Sonne hat. Das hängt mit seiner Masse zusammen – sie ist 318mal größer als die der Erde. Saturn, 95mal »schwerer«

War Jupiter schuld an den massiven Verwüstungen, durch dieses Erdbeben in der Türkei?

als die Erde, ist der zweitgrößte Planet. Es ist offensichtlich, daß die Schwerkraft der beiden sich gegenseitig verstärkt, wenn beide Planeten an der gleichen Himmelsposition Stellung beziehen, in der Astrologie »Konjunktion« genannt.

Professor K.D. Wood von der Universität von Colorado hat nachgewiesen, wie die Schwerkraft Oberflächenveränderungen (Protuberanzen und verstärkte Flecken) auf der Sonne bewirken kann. Professor Woods Erkenntnisse geben einen Anhaltspunkt dafür, weshalb sich die durchschnittliche Dauer einer Sonnenfleckenperiode von 11,5 Jahren überhaupt verändert: die wechselnden Positionen der Planeten steigern oder vermindern die Aktivität der Flecken.

Sonnenflecken sind also ein Hinweis auf größere Änderungen im Magnetfeld der Sonne, was wiederum alle anderen Planeten im Sonnensystem betrifft. Sie können die üblicherweise ruhige Ionosphäre, eine Schicht der Atmosphäre, 320 km über der Erdoberfläche, die aus Ionen und aus geladenen Teilchen besteht, »kräuseln«.

Eine ruhige Ionosphäre reflektiert Radiostrahlen zur Erde. Es ist also kein Wunder, daß die Qualität von Radioübertragungen auf der Erde in Zeiten stärkerer Aktivität der Sonnenflecken leidet. Gleichzeitig wird dadurch eine Periode besonders ungemütlichen und unbeständigen Wetters eingeläutet.

Die Änderungen im elektromagnetischen Feld der Sonne können auch das Magma unter der Erdkruste (Lithosphäre) beeinflussen. Dadurch können zusätzliche Spannungen und Verzerrungen auftreten, die sich nur durch Erdbeben, durch vulkanische Aktivitäten oder durch ein Verschieben der tektonischen Platten gegeneinander entladen können.

Dafür reicht meist schon ein relativ kleiner Auslöser, weil die Spannungen sich dann schon so weit aufgebaut haben, daß eine winzige Menge zusätzlicher Energie ausreicht, um eine Katastrophe auszulösen.

Ein Beispiel dafür ist die Bewegung am San-Andreas-Gräben in Kalifornien am 18. 4. 1906, die nach einer Konjunktion von Jupiter und Pluto auftrat. Ein anderer Fall aus der jüngeren Geschichte ist das Erdbeben in der Türkei vom 22. 5. 1971, das sich im gleichen Monat entlud, in dem es auch zur Konjunktion der Planeten Jupiter und Neptun kam.

NATURKATASTROPHEN – VORHERSAGEN IN DER ANTIKE

Sintflut – Katastrophe der Antike

Einem Astrologen am Hof von Ninive waren die Zusammenhänge zwischen astrologischen Konjunktionen und Naturkatastrophen klar. Vor mehr als 2 600 Jahren schrieb er: »Wenn Mars sich Jupiter nähert, wird es zu großen Verwüstungen im Land kommen.« Ninive liegt in einem Gebiet, das erdbebengefährdet ist. Die Priester und Astrologen, die diese Naturerscheinungen beobachteten, hatten also einen großen Erfahrungsschatz. Um Konjunktionen aber für Vorhersagen nutzen zu können, bedarf es noch anderer astrologischer Zusammenhänge. Der babylonische Priester Berossus schreibt: »... alle irdischen Dinge werden verzehrt, wenn die Planeten, die jetzt auf verschiedenen Bahnen ziehen, sich im Zeichen des Krebses treffen (in eine Konjunktion eintreten) und eine Stellung einnehmen, daß man durch ihre Mittelpunkte eine gerade Linie ziehen könnte. Es wird Überschwemmungen geben, wenn die gleiche Konjunktion im Zeichen des Steinbocks eintritt. Der erste Fall wird im Sommer, der zweite Fall im Winter eintreten.« (Seneca, Nat. Quaest. III:29)

Censorinus geht noch einen Schritt weiter und meint, daß es sich hier um zwei Ereignisse handelt, die nichts miteinander zu tun haben. Wenn auf der Nordhalbkugel Sommer ist (die Sonne steht im Krebs), wird es eine Feuersbrunst (Ecpyrosis) geben, im Winter aber (die Sonne steht im Steinbock) wird es eine Sintflut oder eine Überschwemmung sein. Die biblische Sintflut gilt als Beispiel dafür.

Geheimnisse CHRISTI

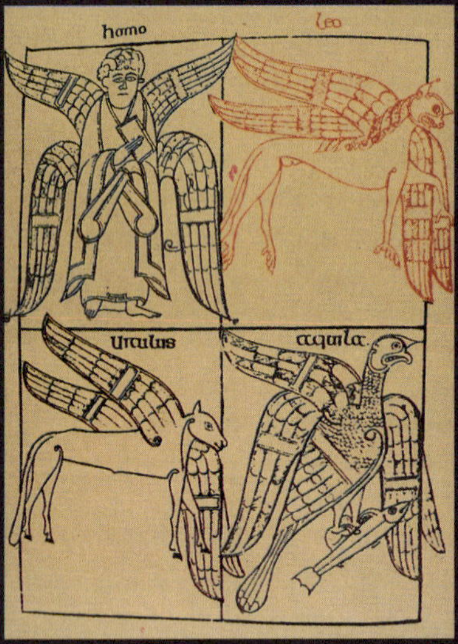

Einige der Lehren, die Christus an seine Jünger weitergegeben hat, bleiben für die meisten Menschen bis heute ein Rätsel. Wissenschaft und Kirche haben sie vereinnahmt, obwohl Dokumente Licht auf das werfen könnten, was uns am Ende dieses Jahrhunderts erwartet.

Frühchristliche Vorhersagen

Im Neuen Testament nennt man Johannes den Täufer und Jesus Propheten – Männer, die die Tradition der Nachrichtenübermittlung von Gott an sein Volk weiterführen.

Jesus wurde manchmal als Wiedergeburt eines der Propheten des Altertums gesehen. In Markus (Kapitel 8, Vers 27) fragt er: »Für wen halten mich die Menschen?« Man scheint sich darauf geeinigt zu haben, daß er die Wiedergeburt entweder Johannes des Täufers, des Elias oder eines der alttestamentarischen Propheten gewesen sein könnte. Allerdings ist schwer einzusehen, wie er die Wiedergeburt des Mannes gewesen sein kann, der ihn taufte – ein Schönheitsfehler, der die Anhänger dieser Theorie nicht störte.

War Jesus nur ein Prophet?

Im nächsten Kapitel des Markus (9,1) macht Jesus eine Vorhersage über das Königreich Gottes: »Wahrlich, ich sage euch: Unter denen, die hier stehen, sind einige, die den Tod nicht kosten werden, bis sie das Reich Gottes in Kraft gekommen sehen.«

Es ist daher nicht verwunderlich, daß viele frühe Christen das Ende der Welt und das Königreich Gottes während ihrer eigenen Lebenszeit erwarteten. Jesus mag es aus persönlicher Sicht als Art Aufnahme in die Geheimnisse des Gottesreiches vor dem Tod gesehen haben; für viele haben seine Worte aber so geklungen, als stünde das Ende der Welt unmittelbar bevor.

Diese Vorstellung wurde etwa 1000 Jahre später wiederbelebt, ebenso im Jahr 1033, ein Jahrtausend nach Christi Tod. Ein weiteres beliebtes Jahrtausenddatum war 1666, 1000 Jahre nach Christi Geburt plus 666 Jahre. Das ist die Zahl, die der zweiten Bestie aus der Offenbarung des Johannes zugeordnet ist. Die bevorstehende zweite Jahrtausendwende wird von astrologischen und sogar astronomisch bedeutsamen Signalen begleitet, die bei vielen Beobachtern die Frage aufgeworfen haben, ob wir nicht vielleicht doch in der Endzeit leben.

In der frühen Christenheit wurden solche Gemeindemitglieder Propheten genannt, die in Trance Worte (manchmal sogar in fremden Sprachen) stammelten. Die vorchristliche Vorstellung von besonders ausgebildeten und begnadeten Propheten erhielt hier neue Nahrung. Diese Menschen, manchmal auch »Charismatiker« genannt, wurden von Gott mit einer verständlichen Botschaft inspiriert. Sie unterschieden sich sehr deutlich von denen, »die mit Zungen reden«, also in einer Sprache murmelten, die keiner ihrer Zuhörer verstehen konnte.

Nach dem Tod seines Begründers focht das Christentum einen langen, schweren Kampf gegen die heidnischen Kulte. Bei den Griechen, von denen viele der Gebildeten zum Christentum übertraten, entstand manch merkwürdige Lehre. Man vergißt häufig, daß das Neue Testament ursprünglich in Griechisch verfaßt war – einer Sprache, die Jesus selbst gar nicht sprach.

Viele der frühen, sehr direkten Erfahrungen mit der Religion, wie die »Geistwanderung«, sind heute aus den offiziellen Glaubensrichtlinien herausgenommen worden. Auch andere gnostische Vorstellungen sind aus der christlichen Lehre gestrichen worden, kehrten aber in der Theosophie und im Okkultismus des zwanzigsten Jahrhunderts wieder ins Bewußtsein.

Man ist seit jeher über die wunderbaren und genauen Bilder in der Offenbarung des Johannes hergezogen. Meist waren die Kritiker Leute, die versuchten, den Schleier der Zukunft zu zerreißen.

Manche hielten Christus für die Wiedergeburt Johannes des Täufers

WAS IST ESCHATOLOGIE?

Eschatologie, ein griechisches Wort, das soviel wie »die letzten Dinge« bedeutet, ist die Lehre von den letzten vier Dingen. Sie beschäftigt sich mit den Ereignissen, die aus christlicher Sicht am Ende der Welt geschehen sollen. Die Eschatologie hat zwei Aspekte:

Die individuelle Eschatologie beschäftigt sich mit dem Schicksal des einzelnen nach seinem Tod. Für die meisten Menschen ist der Tod gleichbedeutend mit dem Ende ihres persönlichen Daseins. Einige Sekten glauben, daß die Menschen bis zum Tag des Jüngsten Gerichtes am Ende der Welt im Grab liegen. Die Adventisten des siebten Tages glauben z.B., daß »der Zustand der Menschen im Tod der einer Bewußtlosigkeit ist«.

Die allgemeine Eschatologie fragt, was der Welt am Ende aller Zeiten zustößt, und das wiederum ist auch das Thema der Apokalypse. Die vier »letzten Dinge«, die zu dieser Zeit angeblich passieren sollen, sind:

- Die Rückkehr oder die zweite Ankunft Christi.
- Die Auferstehung der Toten aus ihren Gräbern.
- Das letzte Gericht über die Toten und die, die zu der Zeit noch am Leben sind.
- Die letzte Belohnung oder die Aufteilung in diejenigen, die gerettet werden und die, die verdammt sind.

Auferstehung und Vampire

Fürst Dracula wurde zum Vampir

Die frühen Christen glaubten an die leibliche Auferstehung. Sie waren davon überzeugt, daß der Geist nicht vom Körper zu trennen ist: Wer von den Toten aufersteht, kommt in körperlicher Form zurück.

Die Auferstehung Christi

In der frühen Christenheit betonten die Mönche Irenäus und Tertullian die Erwartung der körperlichen Wiederauferstehung. Die gnostischen Christen dagegen machten sich über diese Vorstellung lustig, weil es für sie nur die Auferstehung des Geistes gab. Sie werteten den Körper häufig ab, weil es ihrer Meinung nach keinen wichtigen Zusammenhang zwischen dem physischen Körper und dem »spirituellen Leib« gab.

Die Auferstehung Christi ist ein zentraler Glaubensgrundsatz des Christentums. Wäre er nicht von den Toten auferstanden, dann hätte man in ihm nicht viel mehr als einen geistlichen Gelehrten gesehen. Manche Religionen feierten den Kreislauf von Leben, Tod und Wiedergeburt auf andere Weise; nur für die Christen gibt es die Wiederkehr eines bestimmten Wesens, nämlich Jesus Christus. Dieser Glaube stellt einen Wendepunkt in der Geschichte dar. Obwohl in den christlichen Schriften ausdrücklich davon die Rede ist, daß »Christus von Nazareth gekreuzigt, gestorben und begraben« und »am dritten Tage auferstanden« sei, scheinen viele moderne Theologen Schwierigkeiten mit der Vorstellung einer körperlichen Wiederauferstehung zu haben. In den Schriften steht, daß Christus etwas Fisch aß, um seinen Jüngern zu zeigen, daß er kein Geist sei, außerdem hat er Thomas aufgefordert, die Wunde an seiner Seite zu berühren.

Tertullian (etwa 190 n. Chr.) definiert dazu die strenge Lehrmeinung: »Da der Körper Christi vom Grabe auferstanden ist, soll jeder Christ an die Auferstehung des Fleisches glauben ... über die Rettung der Seelen kann es keine Diskussion geben ... was aufersteht ist Fleisch, durchflutet von Blut, auf Knochen erbaut, mit Nerven durchsponnen und durch Adern verbunden.«

Die Beschreibung »von Blut durchflutet« hat einen vertrauten Klang – sie ist fast in jeder Beschreibung zu finden, die sich mit Vampiren beschäftigt! Ein Vampir ist vor der allgemeinen Auferstehung der Toten aus dem Grab gestiegen und stört nun das Leben seiner Mitmenschen dadurch, daß er seinen Blutdurst auf ihre Kosten stillt. Wenn man, wie die frühen Christen, an die körperliche Auferstehung glaubt, dann ist ein Vampir eigentlich nur vor seiner Zeit zurückgekommen. Es gibt eine Reihe seltsamer Übereinstimmungen zwischen dem orthodoxen christlichen Glauben und dem Glauben an Vampire.

Die ersten Christen benutzten z.B. besondere Katakomben – unterirdische Beinhäuser – als Andachtsstätten (siehe Kasten). Seit Urzeiten gibt es, besonders in Osteuropa, Sagen und Geschichten von Vampiren, die aus solchen Grüften auferstanden sein sollen. Man wurde dadurch zum Vampir, daß ein anderer Vampir vom eigenen Blut trank. Interessanterweise ist ein zentrales Sakrament des Christentums der Trank vom Blut Christi beim Abendmahl verbunden mit dem Glauben, daß dieses Blut ewiges Leben spende. Nach den Überlieferungen leben Vampire, wenn nicht ewig, zumindest sehr lange. Die Rettung vor Vampiren kann aus einem Holzpflock bestehen, der durch ihr Herz getrieben wird. Eccarius weist darauf hin, daß die Lanze, die der Centurio Christus in die Seite gestoßen hat, dem Mann am Kreuz durch den Tod nicht nur weitere Leiden ersparen, sondern auch eine Wiederauferstehung verhindern sollte. Die Geschichte, daß Petrus seinen Herrn vor dem ersten Hahnenschrei dreimal verraten würde, findet ihre Entsprechung in der Vampirfolklore, in der ein Vampir vor dem Hahnenschrei wieder in seinen Sarg zurückgekehrt sein muß.

Eine Stelle aus dem Matthäusevangelium kann fast als Beweis für die Allgemeingültigkeit der körperlichen Wiederauferstehung genommen werden. Im Kapitel 27, Vers 50–53, ist davon die Rede, daß zu der Zeit, als Christus am Kreuz starb, eine Reihe Toter aus ihren Gräbern gestiegen und durch die Straßen gezogen seien.

Nosferatu, der gruselige Filmvampir

KATAKOMBEN UND CHRISTEN

Warum wurden so viele christliche Feiern in Katakomben, den alten römischen Totenstädten im Untergrund, abgehalten? Es kann nicht nur die Furcht vor Verfolgung gewesen sein, wie oft unterstellt wird. Im Gegenteil, die Menschen hätten hier von den römischen Soldaten besonders leicht gefaßt werden können. Es gibt auch keinen Beweis dafür, daß die Christen in den Katakomben lebten, um ihre Gottesdienste leichter feiern zu können. Auch in Zeiten der Verfolgung schafften die Gläubigen es, sich in Häusern zusammenzufinden. Der einleuchtendste Grund dafür, daß die Katakomben für Gottesdienste benutzt wurden, ist sehr eng mit dem Glauben an die leibliche Wiederauferstehung am Tag des jüngsten Gerichtes, der in den Augen der ersten Christen jederzeit eintreten konnte, verbunden.

Deshalb war es nur folgerichtig, daß die ganze Gemeinschaft der Lebenden und der Toten ihre Gottesdienste am selben Platz verrichteten. Noch bis in die jüngste Zeit wurden besonders berühmte Tote in Kirchen begraben; was einen weiteren Hinweis auf das sehr enge Verhältnis zwischen Lebenden und Toten im christlichen Denken gibt.

Die Offenbarung des Johannes

Die Offenbarung ist ein wichtiger Teil des vorliegenden Buches, denn sie enthüllt, was geschehen wird, wenn das Jahr 2000 tatsächlich das Jahr der Apokalypse ist.

Die Offenbarung des Johannes aus dem Jahre 96 n. Chr. (siehe Kasten) bezieht sich nicht weniger als 285mal auf die alttestamentarischen Bücher der Propheten, und sie ist in ihrem Wesensgehalt die Fortsetzung der apokalyptischen Werke Daniels und Ezechiels. Genau wie Ezechiel ißt auch Johannes von einem seltsamen kleinen Brief oder Buch (Kapitel 10, Vers 10), das ihm einen Blick in die Zukunft ermöglicht. Interessanterweise hat der Schriftsteller George Bernhard Shaw die Apokalypse einmal etwas salopp als Fiebertraum eines Drogenabhängigen abgetan!

Die Offenbarung des Johannes hat einen sehr strukturierten Aufbau. Sie hat 22 Kapitel (das hebräische Alphabet hat 22 Buchstaben), und die Gruppen von Symbolen und Ereignissen basieren oft auf der Zahl sieben. Das 7., 10., die Hälfte des 11. und das 14. Kapitel sind in Form einer Nebenhandlung zur Haupterzählung verfaßt. Die ersten drei Kapitel enthalten Johannes' Warnungen an die sieben Zweige der erwachenden christlichen Kirche in Kleinasien (heutige Türkei).

In seinen Visionen führt Johannes eine Unterhaltung mit dem Heiligen Geist, die er so beschreibt: »In seiner rechten Hand hielt er sieben Sterne, und aus seinem Mund ging ein scharfes, zweischneidiges Schwert hervor.« (Kapitel 1, Vers 16) Der Heilige Geist,

Eine Vision des heiligen Johannes vom gekrönten Lamm, umgeben von Harfenspielern

den er als »das Wort Gottes« erkannte (Kapitel 19, Vers 13), droht verschiedentlich, »sie (die Kirchen) mit dem Schwert meines Mundes zu bekämpfen« (2,16) oder die Namen ihrer Mitglieder aus dem Buch des Lebens zu löschen.

Etwas weiter hinten (19, 11–15) wird er als gekrönter Ritter auf einem weißen Pferd gezeigt. Keine dieser Beschreibungen ähnelt auch nur im entferntesten dem Christus, wie er für gewöhnlich dargestellt wird.

Der wirklich apokalyptische Teil des Buches beginnt im Kapitel 3. Hier öffnet sich eine Tür im Himmel, durch die Johannes »Einlaß im Geist« findet. Als er die Besinnung verliert und seinen Körper verläßt, ruft eine entfernte, eherne Stimme den Propheten, und es klingt wie eine Trompete. Sofort erscheint Johannes eine Gestalt auf einem Thron. Diese Gestalt, die von den meisten Exegeten als Christus angesehen wird, scheint aus Jaspis und sardonischem Stein zu sein, und sie ist von einem Regenbogen umgeben. Vor dem Thron sitzen sieben göttliche Geisteswesen, und 24 gekrönte Älteste versammeln sich um ihn. Wie in Ezechiels Vision von Jahwes fliegendem Thron wird er auch hier von Blitzen erleuchtet.

Wie zum Beweis gibt es in Johannes' Vision genau die Bestien oder Cherubim, die Ezechiel um Jahwe aufgereiht sah, umgeben von unzähligen Engeln. Die Figur des Christus hält ein geheimnisvolles Buch in einer Hand. Ein geschlachtetes Lamm, Symbol für Christus, bietet sich an, das Buch zu öffnen, wozu sonst niemand imstande ist. Das Lamm hat sieben Hörner und sieben Augen und ist mit den vielhörnigen Bestien verwandt, denen man später in der Offenbarung begegnet.

Das Lamm öffnet die sieben Siegel des Buches eins nach dem anderen. Mit jedem gebrochenen Siegel entlädt sich ein Teil des Gotteszornes auf die Menschheit. Dann hört Johannes die sieben Trompeten, die neue Schrecken ankündigen, nämlich verschiedene Bestien und Propheten. Dann ergießt sich der Inhalt von sieben Gefäßen über die seit langem leidende Menschheit. Schließlich kehrt das »Wort Gottes« zurück. Es reitet auf einem weißen Pferd und trägt viele Kronen, in seinem Mund hat es ein scharfes Schwert und es wird von himmlischen Heerscharen begleitet. Mit diesen Truppen bezwingt es die Bestien und die irdischen Könige. Johannes sagt, daß »die Zeit nahe sei« – Worte, die auch heute, Ende des 20. Jahrhunderts, gültig sind.

DAS GEHEIMNIS DER OFFENBARUNG

Die Offenbarung, die manchmal auch die Apokalypse des Johannes genannt wird, enthält eine der außergewöhnlichsten Visionen, die je dokumentiert wurde. Sie enthüllte Johannes, was am Ende der Welt, am Tage der Auferstehung und des Jüngsten Gerichtes geschehen würde, und er bekam eine Vorahnung von der tausendjährigen Herrschaft des Friedens danach.

Die Autorenschaft der Offenbarung ist umstritten, und es gibt Stimmen, die eine Person namens Cerinthus für den Verfasser halten, der den Namen Johannes »ausgeborgt« habe, um seiner Schrift Gewicht zu verleihen. Sicher ist auf jeden Fall, daß das Werk im Jahr 96 n. Chr. entstanden ist.

Die Offenbarung ist so voll von ausgeschmückten Bildern, daß man sie eher für ein heidnisches Buch aus der Frühzeit halten könnte als für eines aus dem Neuen Testament.

Um die Offenbarungen haben sich viele Legenden gebildet. Einer von ihnen zufolge hat Johannes seine Visionen auf der griechischen Vulkaninsel Patmos gehabt. Beigesetzt werden wollte Johannes in einer Grotte bei Ephesus, der letzten Ruhestätte der Jungfrau Maria. Er soll den Eingang selbst hinter sich geschlossen haben und dann für immer verschwunden sein. Man glaubt, daß er bis zur zweiten Ankunft Christi in seiner Grotte schlafen wird. Dann wird er von den Toten auferstehen und so die Wahrheit seiner Vision beweisen.

Ephesus

Unheilige Bestien

Seit vielen Jahrhunderten bringt man immer wieder verhaßte Personen mit dem Antichristen in Verbindung. Zu Zeiten der Römer waren es die Herrscher selbst, danach traf es verschiedene Männer aus Kirche und Politik.

War dieser assyrische Gott ein Vorbild für eine der Bestien?

Protestantische Antipathie gegenüber der römisch-katholischen Kirche war der Grund dafür, den Papst als Antichristen zu verleumden. Im 19. Jahrhundert übernahm Napoleon diese Rolle, und im 20. Jahrhundert war Hitler der Kandidat des Nostradamus für den zweiten Antichristen. Seltsamerweise wurde der Antichrist in der Apokalypse nie mit Namen genannt. Das griechische Wort »antichristos« erscheint auch nur im 1. und 2. Evangelium des Johannes.

Die Bestie ist eine weitere der verblüffenden Figuren in der Apokalypse. Sie ist mit vielen historischen Gestalten gleichgesetzt worden. In der Apokalypse taucht eine Reihe von Bestien auf, die immer wieder miteinander verwechselt werden. Im Griechischen gibt es für den Begriff »Bestie« die zwei Wörter »zoon« und »therion«.

»Zoon« , oder das Lebewesen, ist ein Wort, das für die vier heiligen Bestien benutzt wird, die Köpfe wie ein Löwe, ein Kalb, ein Mensch und ein Adler haben. Ähnlich wie die Cherubim haben sie sechs Flügel, die mit vielen Augen bedeckt sind. Sie sind die vier Bestien, die auf der letzten Tarockkarte abgebildet sind, und sie müssen Jahwes Thron oder den Eingang zum untersten Himmel bewachen. Sie können auch von den assyrischen Astralgöttern Marduk (geflügelter Bulle), Nebo (mit menschlichem Aussehen), Nergal (geflügelter Löwe) und Ninib (Adler) abstammen.

Das griechische Wort »therion« wird dagegen benutzt, um völlig wilde Bestien zu beschreiben. Die erste davon ist das »Biest, das aus der bodenlosen Tiefe heraufsteigt« (11,7). Damit ist möglicherweise auch die erste Bestie gemeint, die »aus dem Meer auftaucht, mit sieben Köpfen und zehn Hörnern und auf seinen Hörnern zehn Kronen und auf den Köpfen Lästernamen ...« (13, 1-8).

Diesem vielgestaltigen Biest, das die Füße eines Bären und das Maul eines Löwen hatte, gab »der Drache seine Kraft, seine Stellung und seine Macht«.

Im Buch Daniel, Kapitel 7 wird angemerkt, daß hier auf die drei großen nichtjüdischen Imperien hingewiesen wird: der Löwe von Babylon, der Bär von Persien und der Leopard von Griechenland.

Es gibt Kommentatoren, die das Wachsen einer neuen europäischen Macht, der Europäischen Union, für ein weiteres Zeichen einer unmittelbar bevorstehenden Apokalypse halten. Es wird behauptet, daß die Mitgliederzahl vor dem Eintreffen dieser Vorhersage erst auf 13 steigen und dann wieder auf 10 zurückfallen wird. Dazu gehört die Theorie, daß die erste Bestie sogar ein diktatorischer Führer der EU sein könne (siehe Kasten).

Die erste Bestie wird vom Drachen, üblicherweise als Satan definiert, inthronisiert und 42 Jahre lang regieren. Wenn seine Herrschaft 1995 beginnt, dann wird sie nach der Meinung einiger bis zum Jahr 2037 dauern. Während dieser Zeit werden der Drache und die Bestie angebetet.

Die zweite Bestie hat »zwei Hörner einem Lamm ähnlich, aber sie redete wie ein Drache ... und ließ Feuer vom Himmel auf die Erde regnen ... und ihre Zahl ist 666« (13,11-18). Diese Bestie ist von allen die niederträchtigste. Ihre Drachensprache verbindet sie mit Satan. Sie hat die Kraft der ersten Bestie und sie vollbringt vor Zeugen Wunder, indem sie Feuer vom Himmel regnen läßt.

Diese zweite Bestie ist die Antithese zum Lamm, das Christus symbolisiert, und sie wird auch als Antichrist verstanden. Sie läßt für die erste Bestie ein Standbild erstellen, das dann angebetet werden soll, und sie läßt diese Statue sprechen so wie Simon Magus Standbilder sprechen ließ und sie zum Leben erweckte. Die zweite Bestie wird bei Daniel wieder im Zusammenhang mit dem falschen Propheten erwähnt. Der heilige Johannes erkennt diese Bestie an der Nummer 666. Viele nehmen an, daß Johannes hiermit Nero gemeint haben könnte – eine sehr nebulöse Beziehung. Bedeutsamer ist, daß Johannes vorhersagt, keiner dürfe mehr etwas kaufen oder verkaufen, wenn die Bestie die Macht übernimmt, ohne sein Zeichen entweder an der rechten Hand oder auf der Stirn zu tragen.

Die zweite Bestie wird schließlich von einem Krieger auf einem weißen Roß, dem »Wort Gottes«, geschlagen und in einen See aus Feuer und Schwefel gestürzt. Seine Helfer werden von Rabenvögeln gefressen, die ein Engel speziell für diesen Zweck herbeiruft.

DIE HURE REITET AUF DER BESTIE

Scharlachrote Hure und Euro-Bestie

Die erste Bestie ist vermutlich die gleiche, die so beschrieben wird: »... ein scharlachrotes Tier, voller lästerlicher Namen und mit sieben Köpfen und zehn Hörnern« (17,3), das die Hure auf seinem Rücken trägt. Die Hure war »in Purpur und Scharlach gehüllt und überladen mit Schmuck aus Gold und Edelgestein und Perlen; sie hielt einen goldenen Becher in der Hand, voll von Abscheulichkeiten und vom Unrat ihrer Unzucht«, auf ihrer Stirn stand, sie sei »Babylon, die Große, die Mutter der Huren und der Greuel der Erde« (17,5). Die Hure trinkt das Blut der Heiligen und Märtyrer, die das Biest zertrampelt. Die sieben Köpfe der ersten Bestie werden im Kapitel 17,10 als sieben Könige erklärt, von denen »fünf fielen, einer kam und einer noch nicht kam«. Die zehn Hörner werden als »zehn Könige, die ihr Reich bisher noch nicht bekommen haben« interpretiert. Diese zehn Hörner oder Könige werden »die Hure hassen und sie bis zur Nacktheit ausplündern. Sie werden ihr Fleisch verzehren und sie im Feuer verbrennen« (17,16).

Die Bestie wird besser behandelt: sie bekommt alle zehn Königreiche überreicht. Diese Passage wurde als Aufgabe der Souveränität von 12 europäischen Ländern interpretiert.

Das Jüngste Gericht

Die Vorstellung von einem Gericht über die Seelen nach dem Tod ist schon sehr alt, und sie ist weit verbreitet.

Das Jüngste Gericht

Satan, Anführer aufständischer Engel

Die alten Ägypter glaubten, daß die Seele das Herz flehentlich gebeten habe, beim Jüngsten Gericht nicht gegen sie auszusagen. Im jüdischen Glauben gab es zunächst keine Gerichtsbarkeit für einzelne Personen, man nahm an, sie beschäftige sich am Ende der Zeit mit einem ganzen Volk. Der Nag-Hammadi-Kodex der gnostischen Christen aus dem 1. Jahrhundert n. Chr. unterstellt, daß der Körper beim Jüngsten Gericht Zeugnis gegen die Seele ablegen kann. Vergehen wurden mit der Vertreibung aus dem Himmel und mit der Reinkarnation in einem neuen Körper bestraft.

Im Neuplatonismus wurde die Idee von der Aufnahme in einen geheimen Kult entwickelt, der dem einzelnen dadurch einen Vorteil für das Leben nach dem Tode verschaffte, daß er in den Himmel gelassen wurde. Damit verabschiedete man sich von der homerischen Denkweise, derzufolge es kein Leben nach dem Tod gab. Die ersten Christen glaubten, daß Christus während ihres eigenen Lebens wieder zurückkehren, sie in eine bessere Welt führen und ihre Feinde bestrafen würde. Später nahm man an, daß die Toten sofort einem vorläufigen Gerichtsverfahren unterzogen würden und dann im Grab oder im Fegefeuer auf die endgültige Einschätzung ihres Lebens warten müßten. Bei diesem sogenannten Letzten Gericht sollten die Toten auferstehen, um ihren moralischen Wert prüfen zu lassen. Wenn Christus zurückkommt, muß er die Arbeit des Richters übernehmen. Dann werden die Toten in seiner Abwesenheit vor Gericht geladen, und dazu ertönt der Schall der Posaune.

Im England des Mittelalters ging man davon aus, daß der einzelne nur zwei Dinge erwarten konnte: himmlische Wonnen oder ewige Pein in den Feuerseen. Danach würde sich die Zeit ihrem Ende zuneigen, und die Geschichte würde Platz für die Ewigkeit machen, in der es keinen Tod, keine Sorgen und Schmerzen gibt. Bilder aus dieser Zeit zeigen oft die Szene, in der Erzengel Michael die Seelen der Toten wiegt. Ähnliches gab es im alten Ägypten – die Herzen wurden gegen die Feder der Wahrheit aufgewogen.

Das Zusammenspiel von Rechtsprechung und Auferstehung wurde mit der Zeit immer komplexer. Nach den Schriften des Johannes tritt das Gericht zum ersten Mal zusammen, wenn Christus zu den Menschen zurückkehrt.

Die Seelen der Märtyrer, die die zweite Bestie nicht angebetet haben, werden sofort begnadigt und dürfen mit Christus während seiner 1000jährigen Herrschaft im Paradies leben. Das ist die erste Auferstehung.

Die ersten Märtyrer hatten Gottes besondere Gnade auf jeden Fall verdient, wenn die vielen blutigen Bilder über ihr Leiden die Wahrheit sagen. Die Toten, die es nicht geschafft haben, ihrem großartigen Beispiel an Treue zu folgen, werden bis zum Ende der 1000jährigen Herrschaft Christi in ihren Gräbern liegen bleiben. Danach werden Satan oder der Drache wieder freigelassen, um die Lebenden zu täuschen und um Unheil zu verbreiten. Dann tritt das Gericht zum zweiten und damit zum letzten Mal zusammen. Grundlage für das Verfahren wird das Buch des Lebens sein, in dem alles niedergeschrieben ist, was die Toten getan haben. Wehe dem, der in diesem Buch nicht erwähnt wird; er wird auf ewig im Feuersee brennen.

VORAUSBUCHUNGEN FÜR DEN HIMMEL

Nach Kapitel 7 der Apokalypse werden alle, die aus der Verdammnis errettet werden sollen, vorgemerkt und einem der Stämme Israels zugeteilt. Die Passage, die sich mit diesem Aspekt des Jüngsten Gerichtes beschäftigt, hat viele christliche Sekten in ihrem Glauben bestärkt, daß schließlich nur 144 000 gerettet werden. In der Apokalypse zeichnet ein Engel die Stirn von jeweils 12 000 Mitgliedern jedes der Stämme Israels mit dem »Siegel des lebenden Gottes«; daher auch die Gesamtzahl von 144 000. Dieses Siegel gleicht der Markierung, die die Bestie ihren Anhängern zuteilt. Auch das Siegel der Joanna Sothcott, mit dem sie ihren Anhängern »himmlische Pässe« ausstellte, hat darin seinen Ursprung. Da zehn der israelischen Stämme heute verschwunden bzw. verstreut sind, ist leicht zu begreifen, warum der Drang, sie wieder zu vereinen, bei den Christen des 18. Jahrhunderts zu einer Jahrtausendfrage wurde. Wer das Zeichen erhalten hatte, war damit – um es neusprachlich auszudrücken – im Besitz einer festen Buchung für den Himmel.

Steht das Jüngste Gericht kurz bevor?

Jim Jones, ein falscher Messias

Die Wiederkehr der Hochstapler

Im zweiten Jahrhundert n. Chr. glaubten einige Christen, daß ein himmlisches Abbild der Stadt Jerusalem sich in den Wolken materialisieren und zur Erde sinken würde.

In Phrygien fand sich 156 n. Chr. eine Gruppe zusammen, die sich Montanisten nannte. Ihr Anführer, der Prophet Montanus, praktizierte eine Art ekstatischer Prophetie zusammen mit den Priesterinnen Prisca und Maximilla, die das nahe Ende der Welt predigten. Askese und freiwilliges Märtyrertum gehörten ebenso zu den Glaubensgrundsätzen der Montanisten. Im Grunde handelte es sich bei dieser Sekte um einen Rückfall in apokalyptische Glaubensformen und um Sehnsüchte der frühen Christenheit, die mit der Zeit aus der Lehre der orthodoxen Kirche eigentlich schon gestrichen waren. Tertullian war ihr vielleicht bekanntestes Mitglied.

Die Anhänger des Montanus errichteten eine große Siedlung bei der Stadt Pepuza in Syrien, weil sie dort die Wiederkehr Christi vermuteten. Man bezichtigte die Propheten der Montanisten einer Reihe von Lastern: sie würden ihr Haar färben, die Augenlider bemalen, sich dem Glücksspiel hingeben und heilige Tänze mit Jungfrauen aufführen. Die Montanisten verehrten besonders die Apokalypse des Johannes und behaupteten, daß sich sein Grab in ihrem Besitz befände, was jedoch auch die Stadt Ephesus für sich beanspruchte.

Im Jahre 550 n. Chr. ließ der Bischof von Ephesus die Gebeine von Montanus und seinen Priesterinnen exhumieren und rituell verbrennen. Er verband damit die Hoffnung, diese Störenfriede endlich mundtot zu machen. Trotz dieser Anstrengungen gelang es dem orthodoxen Christentum aber erst im sechsten Jahrhundert n. Chr., dieses Ziel zu erreichen.

Die Montanisten bildeten nicht die einzige Sekte, die das Wissen um die zweite Ankunft Christi für sich reklamierte. Manche Sekten haben diesen Anspruch mit dem Versprechen der Wiederauferstehung und einem ewigen Leben verbunden und dadurch gelegentlich Massenselbstmorde provoziert. Ein modernes Beispiel dafür sind die 900 Mitglieder des sogenannten

Maria Devi Christos, ein moderner russischer Messias

Volkstempels in Jonestown, Guyana. Ihr Anführer Jim Jones überredete sie, ihm ins Grab zu folgen.

Ein ähnlich bestürzender Fall ereignete sich im November 1993 in der ukrainischen Hauptstadt Kiew, als die 33jährige Marina Tsvyguna, die Führerin der Sekte »Große weiße Bruderschaft«, sich selbst zum Messias Maria Devi Christos ernannte. Ihre Aufgabe sei es, die Menschheit vor dem Verderben des näherkommenden Jahrtausends zu erretten. Wie schon andere Propheten zuvor, so behauptete auch Maria, daß nur 144 000 Auserwählte gerettet werden würden.

In ihrer Rolle als der wiedererschienene Christus kleidete Maria sich in weiße Gewänder, sie trug einen merkwürdig geformten Hut, einen Schäferstab wie die ägyptischen Pharaonen, dazu ein Kruzifix und Perlenschmuck. Zusammen mit ihrem zweiten Mann Krivonogov, einem ehemaligen Jugendführer mit Erfahrung in psychologischer Kriegsführung, gab sie ihrem Wunsch Ausdruck, daß ihre Anhänger ihr bis ins Grab und darüber hinaus folgen sollten. Das Paar benutzte eine Kombination aus altmodischen religiösen Ermahnungen und modernsten Gehirnwäschetechniken, um sein Ziel zu erreichen. Tausende von wohlerzogenen Kindern, die sich der Sekte angeschlossen hatten, wurden überredet, jeden Kontakt zu ihren Familien abzubrechen und sich langsam zu Tode zu hungern, um die Wiederauferstehung mit Maria im Himmel zu erreichen.

Posthypnotische Suggestionen hielten die Aufmerksamkeit der Kinder auf ein entferntes Reich des Lichtes konzentriert, das nur durch den Tod erreichbar war. Glücklicherweise schritten die ukrainischen Behörden ein und setzten den »Messias« fest, bevor eines ihrer Opfer Schaden erlitt.

In Rußland gibt es eine lange Tradition von religiös begründeten Massenselbstmorden, die in der Hoffnung auf bessere Zeiten begangen wurden. Für Marias Große Weiße Bruderschaft gibt in einen markanten und sehr ähnlichen Präzedenzfall: die obskure, russische Sekte der »Alten Gläubigen«.

Im späten 17. und auch im frühen 18. Jahrhundert verbrannten sich mindestens 20 000 von ihnen, um nicht die orthodoxe Staatsreligion annehmen zu müssen.

DIE ERSTE ANKUNFT CHRISTI

Johannes berichtet auch von der geheimen Geschichte der ersten Ankunft Christi, die offensichtlich Teil eines größeren Kampfes zwischen Gott, der seinen Sohn in einer sündigen Welt auferstehen lassen wollte, und Satan war, der genau dies unter allen Umständen verhindern wollte.

Die geistige Seite dieser Aktion spielt sich im Himmel ab. Ein Drachen und eine Frau erscheinen als »großes Wunder im Himmel« – sie stehen für Satan und die Jungfrau Maria. Der Drachen kann auch astrologische Verbindungen haben, sein Schwanz bedeckt nämlich »ein Drittel der himmlischen Gestirne« (12,4). Er verfolgt die Frau: Sie war »umkleidet mit der Sonne und hatte den Mond unter ihren Füßen und auf ihrem Haupt einen Kranz mit zwölf Sternen« (12,1). Sie ist schwanger und leidet unter Geburtswehen. Der Drache (er ist rot, trägt sieben Kronen auf seinem Kopf und zehn Hörner) wartet auf die Geburt des Kindes, um es zu töten und zu fressen. Gott aber rettet das Kind vor den Klauen des Drachen, damit es die ihm zugedachte Rolle des Erlösers übernehmen kann.

In der Apokalypse wird dann berichtet, daß die Frau in die Wildnis flieht, wo Gott sie 1260 Tage lang versorgt. Wenn es sich tatsächlich um Maria, die Mutter Christi, handelt und wenn man die Regel »1 Jahr = 1 Tag« gelten läßt, dann dauerte ihr Aufenthalt in der Wildnis bis zum Jahr 1260 n. Chr. In einem früheren Vers (11,3) werden zwei Zeugen mit der Fähigkeit ausgestattet, 1260 Tage lang zu prophezeien, bis sie schließlich von der Bestie aus der bodenlosen Grube getötet werden (11,7). Diese beiden werden später wiederauferstehen und die Auferstehung Christi nachvollziehen.

Satan, Sünde und Tod

Sieben Siegel, sieben Trompeten

Das Lamm, das Symbol Christi, wird die Siegel von Johannes' geheimem Buch der Apokalypse öffnen und damit alle möglichen Schrecken auf die Erde lassen.

Das Lamm – Symbol Christi in der Apokalypse

Die ersten vier Siegel des geheimen Buches über die Apokalypse von Johannes werden die legendären Apokalyptischen Reiter loslassen, die daraufhin die Menschheit quälen. (6, 1–8)

Das fünfte Siegel wird etwas völlig anderes enthüllen – die Seelen der Märtyrer, die unter einem Altar gefunden wurden und die jetzt nach Rache an ihren Mördern schreien. (6, 9–11) Die nächsten beiden Siegel haben mit Naturkatastrophen zu tun: Erdbeben, die Zerstörung der Ozonschicht (»der Himmel verschwindet wie ein Pergament, das aufgerollt wird ...«), Meteoriteneinschlag und vieles mehr werden beschrieben.

Durch die Öffnung des siebten Siegels wird die nächste Siebenerreihe, nämlich die Folge der sieben Trompetenstöße der Engel eröffnet. Diese sieben Signale werden dafür sorgen, daß Unheil auf diejenigen zukommt, die nicht durch Gottes Siegel geschützt werden. Ein Engel wird den Inhalt einer brennenden Räucherbüchse auf die Erde schleudern und dadurch Katastrophen auslösen, die ein Drittel aller Meerestiere und ein Drittel aller Flotten auslöschen.

Noch schlimmer wird der Niedergang eines Meteoriten sein, der alle Flüsse und viele Menschen vergiften wird; es ist aber durchaus möglich, daß es sich dabei um eine von Menschen geschaffene Bombe handelt. Durch den Absturz dieses Meteoriten, vom fünften Trompetenstoß angekündigt, öffnet sich die »bodenlose Grube«, aus der sich dann die Armeen des Engels Abaddon erheben, um die Menschheit zu vernichten.

Seine gräßlichen Soldaten sehen wie Heuschrecken mit menschlichen Ge-

Trompeter der Apokalypse

sichtern und Kronen aus. Sie sind geflügelt und tragen wie Skorpione Stacheln an ihren Schwänzen, die ihre Opfer mit andauernden Krankheiten infizieren.

Durch den sechsten Trompetenstoß werden vier Engel befreit, die bislang »im Euphrat gefangen« waren. Nach dieser Beschreibung können sie eigentlich nur Geister oder Dschinns gewesen sein, die oft von Zauberern in Bleiflaschen gesperrt und dann in einen Fluß oder ins Meer geworfen worden waren. Die vier Engel werden von 200 Millionen Reitern begleitet, die ein Drittel der noch übrigen Menschen umbringen – ein ziemlich blutrünstiger Haufen, dafür, daß es Engel sind.

Der siebte und letzte Trompetenstoß wird zu hören sein, wenn »die Königreiche dieser Welt zu Königreichen unseres Herrn und seines Sohnes Christus werden«. Dies kündigt die Auferstehung der Toten und das Gottesurteil an.

Eine letzte Schreckensserie steht aber noch aus: Die sieben Engel, mit weißem Leinen und goldenen Gürteln bekleidet, werden sieben goldene Fläschchen ausgießen. In jedem steckt eine Plage: In der ersten Flasche sind Geschwüre für die mit dem Zeichen der Bestie; die nächste wird jede Lebensform im oder am Wasser töten; die dritte wird die Flüsse in Blutströme verwandeln und alle Wasservorräte vergiften; die vierte wird die Menschen mit der Kraft der Sonne wie Fackeln brennen lassen; die fünfte Flasche wird das dunkle Reich der Bestie rufen; die sechste wird den Euphrat austrocknen und so den Königen des Ostens den Einmarsch nach Israel und vielleicht auch nach Europa ermöglichen. Die letzte Flasche wird die Atmosphäre mit Krankheiten vergiften, die bislang noch niemand kennt. So sind nun die sieben Siegel geöffnet, die sieben Trompeten haben ihre Botschaft hinausgeblasen. All diese Leiden werden nur den Menschen erspart bleiben, die vom Siegel Gottes beschützt werden.

DIE VIER APOKALYPTISCHEN REITER

Der Tod, vierter Reiter der Apokalypse, entsteigt dem Rachen der Hölle

Der erste Reiter sitzt auf einem Schimmel, er hat einen Bogen und trägt eine Krone: sein Name ist Unterwerfung. Der zweite reitet ein blutrotes Pferd, er schwingt ein großes Schwert und wird manchmal in einer schwarzen Rüstung abgebildet: sein Name ist Krieg. Der dritte Reiter sitzt auf einem schwarzen Pferd und hält eine Waage in der Hand. Er steht für die Hungersnot: In den Visionen des Johannes wird dieses Bild dadurch unterstrichen, daß eine Stimme die Preise für die Hauptnahrungsmittel Weizen und Gerste ausruft, die achtmal höher als gewöhnlich sind. Wie bei Nostradamus werden mit ihm für die letzten Tage ernsthafte Mängel in der Versorgung mit den Grundnahrungsmitteln vorausgesagt. Der vierte Reiter, auf einem hell gefärbten Pferd, ist der Tod. Er wird meist als Skelett gezeichnet und auch Plage oder Pest genannt. Hinter ihm liegt die Hölle, hin und wieder als der feuerspuckende Rachen eines abgeschlagenen Drachenkopfes dargestellt.

Die Apokalypse des Markus

Das Markusevangelium enthält eine Endzeitvision, die der des Johannes an Schrecken in nichts nachsteht.

Auf dem Ölberg erklärt Jesus den Jüngern Petrus, Jakobus, Johannes und Andreas die Bedingungen für seine zweite Wiederkehr und den Weltuntergang. Diese Prophezeiung gliedert sich in drei klare Teile.

Zunächst warnt Jesus vor sozialen und politischen Änderungen, die auf die Erde zukommen. Er sieht voraus, daß es viele falsche Messiasse geben wird, vor denen man sich hüten muß. Noch vor der Jahrtausendwende wird es viele Kriege und Kriegsgeschrei geben, »Volk wird sich gegen Volk erheben und Königreich gegen Königreich«. Erdbeben, Hungersnöte und soziale Unruhen werden zunehmen.

Dann folgt eine Passage, die viele Deuter verwirrt hat: dann wird »der Greuel der Verwüstung, von dem schon der Prophet Daniel spricht, dort stehen, wo sie nicht sein darf« (Markus 13,14). Man sagt, dies beziehe sich auf das Aufstellen der Statue des Zeus im heiligsten Tempel Jerusalems. Antioch von Epiphanes (er herrschte von 175 bis 164 v. Chr.) habe dies veranlaßt, um zu versuchen, die Juden zu hellenisieren.

Der Hinweis auf den Propheten Daniel ist ebenso interessant, weil die numerischen Hinweise auf die Ankunft der Apokalypse von ihm stammen. Sekten wie die Zeugen Jehovas und die Adventisten des Siebten Tages benutzen Daniels Datumsangaben.

Jesus rät seinen Jüngern dann, in die Berge zu fliehen, ein Ratschlag, der von den Essenern befolgt wurde, als sie Jerusalem verließen und nach Qumran gingen. Die Milleniten warteten 1843 auf den Hügeln auf die zweite Ankunft, ebenso die Mormonen und die Mitglieder anderer Gruppen, die das Ende der Welt erwarteten.

Die Zeit der großen Sorgen mit falschen Propheten und Messiassen wird durch ein Elend ganz anderer Art abgelöst werden. »Die Sonne wird sich verfinstern, und der Mond wird kein Licht mehr geben«. (13,24) Jesus' Beschreibung dieser kosmischen Ereignisse erinnert sehr an die Öffnung des sechsten Siegels in der Offenbarung des Johannes. Auch die Erklärung von Immanuel Velikovsky klingt ähnlich, wenn er das kosmische Geschehen von 1502 und 1450 v. Chr. erklärt, als ein riesiger Himmelskörper der Erde so nah kam, daß die Erdumdrehung ins Stocken geriet. Es scheint, als würde sich dieses Ereignis bald wiederholen: »Und die Sterne werden vom Himmel fallen«, vielleicht ein Hinweis auf ein Bombardement der Erde durch Kometen oder Meteoriten.

Christus betet im Garten, bevor er den Weltuntergang prophezeit

Der heilige Markus

Nach diesem kosmischen Geschehen wird es zu einer übernatürlichen Erscheinung kommen, und man wird Christus selbst sehen, wie er »in großer Macht und Herrlichkeit aus den Wolken herniederkommt«.

Christus und seine Engel werden die Auserwählten aus allen vier »Winden« um sich versammeln, womit vermutlich alle vier Himmelsrichtungen dieser Welt gemeint sind. Dieser Abschnitt hat besonders die Propheten beeindruckt, die überzeugt waren, daß es sich bei den »Auserwählten« nur um Mitglieder ihrer Glaubensgemeinschaften handeln könne. In der Apokalypse wird angedeutet, daß es um niemanden mehr als um die 144 000 Auserwählten gehen wird.

Der entsprechende Abschnitt dort schließt mit der Aufforderung, wachsam zu sein, falls die zweite Ankunft Christi unvermittelt eintreten sollte, damit die Gläubigen dann nicht unvorbereitet seien.

Die verwirrendste Aussage macht Jesus schließlich mit folgendem:

»Wahrlich ich sage euch, dieses Geschlecht wird nicht vergehen, bis dies alles geschehen sein wird.« (13,10) Heißt dies, daß Christus sich geirrt hat, weil doch keines dieser Ereignisse in der angegebenen Zeit eingetreten ist? Andererseits kann sich der Begriff »Geschlecht« aber auch auf die Nachkommen derer beziehen, die an diesem Tag dabei waren.

All diese Prophezeiungen haben bei den ersten Christen einen sehr tiefen Eindruck hinterlassen. Sie wurden im Matthäusevangelium in den Kapiteln 24 bis 25 und ebenso im Lukasevangelium Kapitel 21 fast Wort für Wort wiederholt, und sie bildeten einen wichtigen Teil des frühen Glaubens.

JOEL SAGT KRIEG VORHER

Auch der alttestamentarische Prophet Joel hatte Visionen vom Ende der Welt, das er den »Tag des Herrn« nannte. In Joel 2,30–32 schreibt er von den ersten himmlischen Zeichen, die das Ende der Zeit ankündigen:

»Ich werde Himmel und Erde bewegen, und es werden sein Blut und Feuer und Rauchsäulen. Die Sonne wird sich verdunkeln, und der Mond wird blutrot, ehe der schreckliche Tag des Herrn naht.« In 3,15 fährt er fort: »Sonne und Mond werden erlöschen, und die Sterne werden aufhören zu scheinen.«

Das gleicht den Beschreibungen vom Ende aller Zeiten, die wir schon an anderer Stelle gelesen haben, außer daß Joel eine Nuance optimistischer als die anderen Propheten klingt: »Wer auch immer den Namen des Herrn ruft, soll errettet werden.« Die Erlösung, so scheint es, ist ohne große Opfer zu haben. Auf der anderen Seite geht Joel mit den Ungläubigen weniger großzügig um, wenn er damit droht, die Kinder der nichtjüdischen und heidnischen Völker in die Sklaverei zu schicken. Er gebärdet sich auch ziemlich kriegslüstern. Zur Zeit von Gottes Urteil plant er, »alle Völker im Tal Josaphat zu versammeln«. »Weckt die Helden, es sollen anrücken und heraufsteigen alle Männer des Krieges! Schmiedet eure Pflugscharen um zu Schwertern und eure Winzermesser zu Lanzen.«

Die Sonne wird dunkel

Geheimnisse der GNOSTIKER

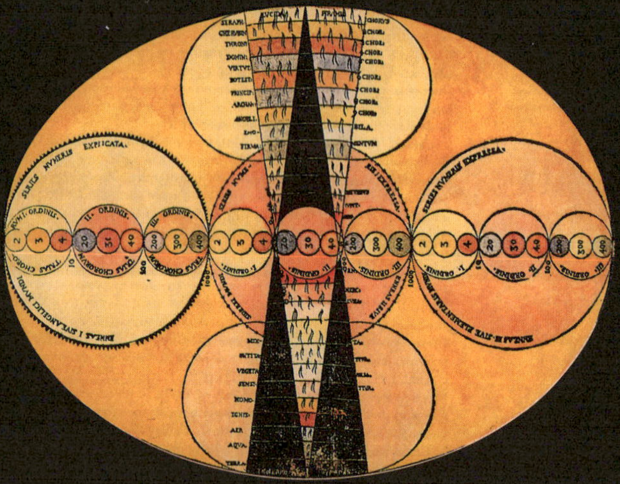

Hätten Gnostiker die Glaubensrichtung bestimmt, wäre das Christentum heute mehr vom Wissen und den Anstrengungen des einzelnen geprägt als vom Glauben und der Fürsprache durch die Kirche. Einige ihrer Geheimnisse sind für uns heute, wo das Ende dieses Jahrtausends bevorsteht, wieder von überraschend aktueller Bedeutung.

Die Apokalypse der Gnostiker

Die ersten Christen wurden von einigen als neue, jüdische Sekte betrachtet, die glaubte, sie hätte endlich den langerwarteten Messias gefunden und nicht eine neue Religion.

Clemens von Alexandria

Die ersten jüdischen Gnostiker wurden von griechischen Konvertiten zusammengeführt, die ihr philosophisches Erbe in die neue christliche Religion einbrachten. Das Neue Testament war ja auf Griechisch verfaßt, und das Alte Testament, das die ersten Christen benutzten, ist eine der ältesten griechischen Übersetzungen überhaupt. Sie ist als Septuaginta bekannt und wurde etwa 255 v. Chr. in Alexandria verfaßt. Das Christentum ist im Grunde eine jüdische Sekte mit griechischer Einfärbung. Die Zentren der Juden griechischer Sprache, wie z.B. Alexandria, bekamen ihre religiösen Eingebungen aus griechischen, judaischen und aus ägyptischen Quellen.

Symbole sagen mehr als Worte

Die Gnostik (wörtlich »das Wissen«) war mit dem frühen Christentum verflochten und betonte, daß es auf dem Weg zur Rettung mehr auf die Kenntnisse des Geistes ankäme als auf den reinen Glauben. Viele Gnostiker betrachteten sich als Christen.

Philo von Alexandria (etwa 20 v. bis 50 n. Chr.) war ein typischer Gnostiker. Als Mitglied einer angesehenen Familie in der Stadt wurde er in der jüdischen Lehre unterwiesen und in die Werke der griechischen Philosophen wie Plato eingeführt. Von ihm stammt die Lehre vom »Logos«, die auch Johannes in seinem Evangelium erwähnt: »Im Anfang war das Wort (»Logos« in der griechischen Urfassung), und das Wort war mit Gott, und das Wort war Gott.«

Ein wesentlicher Teil der christlichen Lehre stammt somit aus dem Gnostizismus. Viele von Philos' Ideen erscheinen in den Evangelien, besonders im vierten Evangelium und in Paulus' Brief an die Hebräer.

Viele frühe Christen wie Clemens von Alexandria, einer der ersten christlichen Mönche, und einige der Apostel waren Gnostiker. Eigentlich hätte das Christentum sich sehr gut zu einer gnostischen Religion entwickeln können, die das Wissen über blindes Vertrauen stellt. Was war geschehen?

Wie bei jeder Religion oder geistigen Bewegung bestimmten auch hier die Nachfolger der Gründer, woran festgehalten wird und welche Elemente aufgegeben werden sollten.

Sie verwarfen das geistige Wissen des Gnostizismus als zu gefährlich und hielten sich an kirchliche Vorgaben als Richtschnur. Dann erklärten sie die Gnostik zur Irrlehre. Wäre dies nicht geschehen, dann wäre das Mittelalter, das dunkle Zeitalter, vielleicht nicht ganz so dunkel geworden, und die klassischen Texte, die man zu Tausenden zerstörte, hätten überlebt und Eingang in das Denken der Zivilisation gefunden. Die Unduldsamkeit früher Kirchenväter, die die gnostischen Wurzeln des Christentums verdecken wollten, sollte Europa in das »Zeitalter der Dunkelheit« werfen.

Die klassischen Texte der griechischen Philosophen und ihrer Zivilisation sind inzwischen entweder zu Staub zerfallen oder wurden teilweise in arabischen Übersetzungen gerettet.

Ein Ergebnis der maurischen Eroberung Spaniens war, daß schließlich einige der klassischen Texte der griechischen Zivilisation wieder in die lateinische Sprache übersetzt wurden, und daß die antike Kultur allmählich ihren Weg in das Europa des 13. Jahrhunderts fand.

Europa und das Christentum mußten mehr als 1000 Jahre auf diese Rückübersetzung warten. Im Licht der Renaissance entstand ein modernes Europa, in dessen Denken etwas zurückkehrte, was seit der Frühgeschichte des Christentums verloren schien.

Vor diesem Hintergrund und mit einem viel weiteren Glaubenshorizont erschien die Wiederentdeckung der düsteren Lehren vom Ende der Welt, von Gericht und Verdammnis in einem anderen Licht. Allmählich lernten die Menschen die unendliche Literatur der Antike kennen, in der über unzählige Ideen von der Rolle des Menschen im Kosmos zu lesen war.

Das meiste Schriftgut der Gnostiker war aber erst im 19. Jahrhundert verfügbar (siehe Kasten). Diese Texte standen nach ihrer Entdeckung und nachdem ihre Echtheit zweifelsfrei nachgewiesen war, nur den Gelehrten für ihre Studien zur Verfügung; der allgemeinen Öffentlichkeit waren sie nicht zugänglich. Das Christentum und seine Oberhäupter führten das Versteckspiel weiter, obwohl viele der wiederentdeckten Texte aus einer Zeit stammen, die Jesus näher ist als andere, die offiziell als Teil der Bibel anerkannt wurden.

Archon, ein Gnostiker des 4. Jh.

BERGUNG DER VERLORENEN GEHEIMNISSE DER GNOSTIKER

Vieles von dem, was die Gnostiker verfaßt haben, wurde von den ersten christlichen Kirchenvätern unterdrückt. Einige der unterdrückten gnostischen Texte wurden 1769 von dem schottischen Reisenden James Bruce in Luxor und 1773 in einer Londoner Buchhandlung entdeckt, aber erst 1851 wurde einer der berühmtesten davon, die »Pistis Sophia«, tatsächlich veröffentlicht.

»Die Apokalypse des Petrus«, »Evangelium des Petrus« und eines der drei »Bücher des Enoch« wurden 1884 im Grabmal des Akhmim in Oberägypten ausgegraben. 1896–97 folgten dann das »Evangelium der Maria« und das »Evangelium des Thomas«.

Ein arabischer Bauer, der 1945 im Begriff war, einen Feind umzubringen, fand den Nag-Hammadi-Kodex, der als die wichtigste Quelle gnostischen Wissens angesehen wird, die je entdeckt wurde. Es dauerte 45 Jahre, bis englische Wissenschaftler ihn übersetzt und der Allgemeinheit zugänglich machen konnten.

Bruce, Entdecker des »Pistis Sophia«

Schlangen und fliegende Zauberer

Das sich entwickelnde Christentum lehrte seine Anhänger, daß sie durch ihren Glauben gerettet würden, oder wenn sich ein Heiliger oder Jesus selbst für sie einsetzte.

Der Astralleib verläßt den Körper im Schlaf und nach dem Tod

Gnostische Christen glaubten, daß die Menschen im großen und ganzen über ihr Schicksal frei bestimmen könnten, und zwar in geistlichem wie in weltlichem Sinn. Nach dem Tod sollte die Seele dann aus dem Körper durch verschiedene Himmel aufsteigen. Der Punkt, der in dieser Hierarchie erreicht werden kann, hängt vom Wissen und der Erkenntnis des jeweiligen Toten ab. Heute wird es zwar abgestritten, aber einer der zentralen Punkte der christlichen Lehre betraf einmal den mehrgeteilten Himmel. Im zweiten Korinther (12,2) spricht Paulus z.B. von jemandem, »der in den dritten Himmel eingezogen ist«.

Der Glaube der christlichen Gnostiker bezieht auch die Vorstellung mit ein, daß die menschliche Seele den Körper im Schlaf verläßt und ihren Weg sogar bis in den Himmel findet, bevor sie in den Körper zurückkehrt.

Philo von Alexandria bezieht sich auf eine Leiter aus Worten oder »Namen, die sich von der Erde in den Himmel« erstreckte, dorthin, wo das Letzte Wort, Logos, herrscht. Auf jeder Ebene wird die Seele von Wächtern angehalten, die ihr den Zutritt zu dieser Abteilung des Himmels so lange versperren, bis sie nachgewiesen hat, daß sie die notwendige Reinheit hat und das geistige Wissen vorweisen kann, das den Zutritt erst ermöglicht. Der Gnostiker steigt von einem Himmel in den nächsten, weil er die Geheimnisse der Sphären und ihre Wächter kennt.

Am Ende des zweiten Jahrhunderts wurde dieser Glaube verdammt. Irenäus, der damalige Bischof von Lyon, sprach verächtlich von dem Wissen der Gnostiker: »Sie benutzen Zauberei,

Simon Magus und Kaiser Nero

Bilder, Zaubersprüche und Beschwörungen. Dann erfinden sie bestimmte Namen, als ob sie Engeln gehörten, und sie behaupten, daß einige von ihnen im ersten Himmel seien, andere dagegen im zweiten, und sie nennen die Namen, die Fürsten, die Engel und die Himmelsmächte.«

Irenäus war sich vielleicht der Tatsache nicht bewußt, daß kein Geringerer als Paulus selbst ähnliche Anweisungen in seiner eigenen Apokalypse formuliert hat.

Simon Magus (der Zauberer) aus Samaria (15 v. Chr. bis 53 n. Chr.), Sohn eines jüdischen Hexenmeisters, wurde in Alexandria, der Wiege des Gnostizismus, erzogen. Er war Anhänger des Disotheus, der wiederum ein Jünger von Johannes dem Täufer war und mit Christus um den Titel des Messias stritt. Simon reiste viel in Persien, Arabien und Ägypten umher, um so viel wie möglich über die magischen Überlieferungen zu lernen. Eine Hexenmeisterin namens Helena begleitete ihn. Von ihr behauptete Simon, daß sie eine Wiedergeburt der Helena von Troja sei. In Samaria sprachen sogar die Christen von ihm als der »großen Macht Gottes«.

Simon Magus vollbrachte zahlreiche Wunder. Er heilte Kranke, erweckte Tote, ging durchs Feuer, flog in der Luft und verwandelte Steine in Brot. Er richtete Geisterfestmahle aus, er machte sich unsichtbar, belebte steinerne Statuen, wechselte seine eigene Form und befahl, so nimmt man an, elementaren Geistern oder sogar Dämonen, seinen Weisungen zu folgen. Clemens von Alexandria nannte ihn den »einzig Aufrechten«.

Eine alte Rivalität zwischen ihm und dem Apostel Petrus führte dazu, daß Simon ihn in Rom herausforderte, ihre magischen Kräfte vor dem Kaiser miteinander zu messen. Simon schwebte und hing in der Luft, während Petrus sich zu einem Gebet niederkniete. Dieses Gebet muß erhört worden sein, denn Simon stürzte ab und brach sich ein Bein – ein ziemlich schlüssiger Beweis dafür, daß der Samarier tatsächlich geschwebt sein muß.

SCHLANGENVEREHRER

Dämonische Wächter

Den Ophiten, einer frühen gnostischen Sekte, zufolge gab es sieben verderbenbringende Tierdämonen, die den Seelen ihren Weg in die unteren Himmelsbereiche versperrten. Die Namen der ersten vier waren Michael (ein Löwe), Souriel (ein Bulle), Raphael (eine zischende Schlange) und Gabriel (ein Adler).

Drei dieser Tiere sind sofort als die Bestien zu erkennen, die den Thron Gottes in der Offenbarung des Johannes bewachen: »... die erste Bestie glich einem Löwen, die zweite einem Kalb, die dritte hatte ein Gesicht wie ein Mensch und die vierte Bestie war ein Adler«. (5,7)

Das Wesen, das hervorsticht, ist der Schlangenmensch. Für die Ophiten (abgeleitet vom griechischen Wort »ophis« für Schlange) war die Schlange heilig. Das Tier repräsentierte auch einen ganz besonderen Teil des Menschen.

Zur Zahl sieben fehlen noch drei Tierdämonen: Thautabaoth (Bär), Erathaoth (Hund oder Affe, wie der ägyptische Gott Thoth) und Oneol oder Thartharoath (Esel). Es mag einen Zusammenhang geben zwischen diesen Tieren und den Bestien, die die Welt vor der Jahrtausendwende beherrschen sollen.

Da die Bestie mit der Nummer 666 die Füße eines Bären hat (13,2) und da die Bestie, auf der die Hure von Babylon reitet (17,3), mit dem Esel verwandt ist, ist dies durchaus möglich.

Das Nag-Hammadi-Versteckspiel

Im Dezember des Jahres 1945 fand der arabische Bauer Mohammed Ali al-Samman in der Nähe der oberägyptischen Stadt Nag Hammadi Bücher, die viele Geheimnisse der christlichen Religion enthielten.

2000 Jahre lagen die Manuskripte ungestört in ihrem Versteck bei Nag Hammadi. Ihr Fund ist fast gleichbedeutend mit der Entdeckung der Rollen vom Toten Meer. Der Text ist fast vollständig und umfaßt den Zeitraum kurz vor der Geburt bis kurz nach dem Tod Christi.

Fast noch erstaunlicher ist, wie lange die Wissenschaftler benötigten, um diese wichtigen Dokumente zu übersetzen. Die erste umfassende Übertragung ins Englische erschien erst 1977. Der verantwortliche Herausgeber sagt: »Die Veröffentlichung der Traktate hatte mit Schwierigkeiten politischer und wissenschaftlicher Art zu kämpfen. Obwohl seit ihrer Entdeckung über dreißig Jahre vergangen sind, war es bislang nicht möglich, die Nag-Hammadi-Traktate vollständig in irgendeiner modernen Sprache zur Verfügung zu stellen.«

Innerhalb der 13 Handschriften wurden 53 verschiedene Arbeiten identifiziert, die auf über 1000 Papyrusseiten geschrieben wurden. Man kann nur ahnen, um wieviel mehr Material es sich gehandelt haben muß, wenn Mohammeds findige Mutter es nicht als Feuerungshilfe mißbraucht hätte (siehe Kasten).

Das Martyrium des heiligen Jakob

Unter diesen 53 Werken sind einige der frühen Evangelien. Dazu gehören auch geheime Texte, die im Neuen Testament nicht überliefert sind. Ferner sind enthalten: griechische Literatur und Philosophie wie z.B. Teile aus Platos »Republik«, Lehrstücke über das Weltall, Gedichte, mystische Übungen, magische Sexualtechniken und nicht weniger als fünf einzelne Apokalypsen.

Die Apokalypse des Paulus ist ein Bericht über den Aufstieg des Apostels in den Himmel und darüber, was er dort gefunden hat, zusammen mit Hinweisen für andere Seelen darüber, wie sie sich während des Gerichts verhalten sollen.

Die erste Apokalypse des Jakob enthält die geheimen Lehren von Christus, die an seinen Bruder Jakob den Gerechten weitergegeben wurden. Jakob erwähnt Jesus hier als »Rabbi« oder als Lehrer, aber nicht als Gottes Sohn. Jesus fordert Jakob auf, Jerusalem zu verlassen, das als die Stadt gebrandmarkt wird, »die immer den bitteren Becher an die Söhne des Lichtes weiterreicht«. Jesus übt mit Jakob, vor Gericht richtig zu antworten und auch dem himmlischen »Zöllner« so zu begegnen, daß er das Himmelstor passieren kann.

Die zweite Apokalypse des Jakob und die Apokalypse des Adam sind von geringerem Interesse, obwohl auch diese beiden die geheimen Kenntnisse der Gnostiker unterstreichen.

Die Apokalypse des Petrus ist die Wiedergabe seiner Vision, während der er mit Christus im Geiste spricht. Hier wird Petrus deutlich als der wahre Nachfolger Christi und als Gründer der gnostischen Gemeinschaft dargestellt. In seiner Version erscheinen Petrus einst feindliche Priester, die entschlossen scheinen, ihn und Christus zu steinigen.

Als nächstes erinnert sich Petrus an die Kreuzigung, während der Jesus neben ihm stand und mit ihm redete. Petrus fragt: »Wer sitzt dort froh und lachend im Baum [Kreuz]? Ist dort nicht ein anderer, dessen Füße und Hände angeschlagen werden?« Christus antwortet: »Der, den du glücklich und lachend auf dem Baum [am Kreuz] sahst, ist der lebendige Jesus. Dieser andere aber, in dessen Hände und Füße Nägel getrieben werden – das ist eine andere Art, Schande über jemandem zu bringen –, ist sein körperlicher Teil, etwas, was in seiner Form und mit seinem Aussehen lebt. Aber vergleiche doch ihn und mich.«

Für eine Kirche, deren Lehren über die zentrale Bedeutung des christlichen Glaubens in den vergangenen Jahrhunderten entscheidenden Veränderungen unterworfen waren, ist diese Version der Kreuzigung beunruhigend. Deshalb ist es auch nicht überraschend, daß sogar in der heutigen, recht liberalen Zeit einiger Druck ausgeübt wurde, um dieses Geheimnis noch etwas länger zu bewahren. Petrus scheint geahnt zu haben, daß bis zur Lektüre und bis zum Verständnis seines Buches eine lange Zeit vergehen würde. Er schreibt: »Du wirst die Dinge, die du hier sahst, anderen Menschen weitergeben, die nicht unser Alter haben.«

Feindliche Priester steinigen Christus und seine Jünger

DIE ENTDECKUNG DER MANUSKRIPTE

Mohammed Ali al-Samman und sein Bruder wollten den Tod ihres Vaters rächen. Kurz vor der Ausführung ihres Planes ritten sie zum Berg Jabal-al-Tarif nahe der Stadt Nag Hammadi, um nach »Sabakh« zu graben, einer weichen Erde, die als Dünger genutzt wurde.

Der Berg war von Höhlen durchlöchert, von denen einige schon seit 4 000 Jahren als Gräber benutzt werden. Bei ihren Grabungen an einem großen Felsblock fanden sie einen knapp einen Meter hohen, roten Lehmtopf, der sorgfältig verschlossen war.

Zuerst glaubten sie, sie hätten einen der Krüge gefunden, in denen Salomon oder ein anderer Zauberer in grauer Vorzeit einen Dschinn oder Flaschengeist eingesperrt hatte. Ihre Furcht, eines dieser Wesen zu befreien, war sehr groß und wurde nur durch den Gedanken an Gold gemildert, das sie in dem Krug vermuteten. Mohammed faßte sich ein Herz, hob seine Hacke und zertrümmerte den Krug. Man kann sich die Enttäuschung ausmalen, als 13 in Leder gebundene Papyri herausfielen.

Die Brüder trugen die Bände nach Hause und warfen sie neben den Ofen. Ihre Mutter verbrannte einige davon zusammen mit Stroh, um das Haus zu heizen. Die restlichen Bücher verkaufte man für eine ganz geringe Summe, ohne zu ahnen, daß eine der größten Sammlungen »geistigen Sprengstoffes» in ihren Besitz gekommen war, die die Welt seit Beginn des Christentums zu Gesicht bekommen hatte.

Neuplatonismus

Nach Christi Tod begann für das Christentum ein langer Kampf gegen die etablierten heidnischen Kulte. Um 50 n. Chr. war es in Rom eingeführt, aber erst 313 n. Chr. wurde es die offizielle Religion des Imperiums.

Der Zauberer Iamblichus von Chalkis

Im Laufe des Kampfes, der entbrannte, um Heidenkulte zu verdrängen, entstanden manch merkwürdige Lehrmeinungen, wovon viele von den lese- und schreibkundigen Griechen stammten, die damals die meisten Mitglieder der noch jungen Christenschar stellten. Die Neuplatoniker sind ein besonders interessantes Beispiel.

Plutarch (46–120 n. Chr.), einer der führenden neuplatonischen Philosophen, beklagte das Sterben der alten Orakel und erklärte gleichzeitig, warum sie seiner Meinung nach zurückgegangen seien. Er wußte, daß Dämonen und Geister die Erde zusammen mit Mensch und Tier bewohnten, etwas, was die meisten von uns schon lange vergessen haben.

Er erklärte die Gabe der Prophetie damit, daß diese spirituellen Wesen eine solche Gedankenstärke besäßen, daß sie Schwingungen in der Luft auslösten, die von anderen spirituellen Wesen und besonders sensiblen Menschen empfangen werden können.

So wenig es sich bei den Dämonen um Götter handelte, so oft stellte sich bei den Informationen, die sie den Propheten zukommen ließen, heraus, daß sie nur einen äußerst kleinen Wahrheitsgehalt haben. In seinem Buch »Das Ende der Orakel« erklärte Plutarch, daß die Dämonen – anders als die unsterblichen Götter – älter würden und schließlich sterben müßten, wenn auch erst nach vielen Jahrhunderten. So erklärt er den Umstand, daß die Bedeutung der großen Orakel aus der Antike langsam nachläßt; deren Dämonen waren eben alt geworden und eigentlich schon fast tot.

Der Philosoph, der von den meisten als Gründungsvater des Neuplatonismus angesehen wird, ist der Grieche Plotin (204–270 n. Chr.). Seine Anhänger glaubten, daß er von den Göttern inspiriert sei (siehe Kasten), seine Kritiker sahen in ihm einen Feind der Astrologie.

Porphyrius (223–305 n. Chr.) war ein Schüler Plotins. Unter seinen Büchern sind viele, die sich mit Magie beschäftigen, und in etwa 15 davon greift er den christlichen Glauben und die christliche Einstellung zur zweiten Rückkehr Christi an. Eines seiner Werke, eine Kritik des Buches Daniel, wurde von Kaiser Theodosius öffentlich verbrannt. Durch erhalten gebliebene Zitate wissen wir, daß Porphyrius das Buch Daniel zum Werk eines palästinensischen Juden erklärt, das in der Periode 175–64 v. Chr. in griechischer Sprache verfaßt wurde. Porphyrius behauptet, daß die Vorhersagen in diesem Buch mit den tatsächlichen Ereignissen so genau übereinstimmen, daß sie eigentlich nur im nachhinein gemacht worden sein können. Damit hat er zwar das höchste Lob gezollt, das man einer Vorhersage überhaupt machen kann, es erklärt aber die Vorhersagen noch nicht zufriedenstellend, die sich nach ihrer Entstehung als wahr herausgestellt haben.

Das Buch Daniel wurde jedoch tatsächlich – wie auch der Text selbst behauptet – während der babylonischen Gefangenschaft geschrieben. Dieser Zeitpunkt korrespondiert mit seiner Übernahme in den Kanon, der kein Werk enthält, das vor dem Jahr 400 v. Chr. erschien. Außerdem hat Jesus selbst es als ein Werk wahrer Prophetie empfohlen.

Der Syrer Iamblichus (gestorben 333 n. Chr.), der in einigen Dingen mit Porphyrius übereinstimmte, verwandelte den Neuplatonismus aus einer theoretischen und religiösen Spekulation in ein magisches System. Er erklärte besondere, von den alten Griechen überlieferte Vorgänge, die dann an Seher wie Nostradamus weitergereicht wurden.

Weder Porphyrius noch Iamblichus sprach von »Zauberei«, bei ihnen ging es eher um die Kunst der Götterbeschwörung. Diese Neuplatoniker haben sich wie die Gnostiker sehr detailliert über den Gebrauch von Talismanen, Siegeln, Zaubersprüchen, Beschwörungen von Engeln und Wachtposten an den Toren der unteren Himmelsebenen und von Göttern (als dämonische Erscheinungen) ausgelassen. Sie näherten sich den magischen Techniken aus einer religiösen Sicht und erlangten auf diese Weise ihre Bedeutung für Pseudo-Messiasse wie Simon Magus.

In der christlichen Theologie gab es auch eine Hierarchie von geistigen und dämonischen Wesen, obwohl man die Magie unterdrückte, die mit ihnen untrennbar verbunden war. Diese Unterdrückung war der Anlaß für einen unendlichen Kampf, der wohl bis in die Unendlichkeit weitergeführt werden wird – angeblich zwischen Gut und Böse, in Wirklichkeit aber zwischen dem Heidentum und seinem Bezwinger, dem Christentum.

Venus-, Merkur- und Mondgeist

DIE ANRUFUNG DES DÄMONS

Der Neuplatonist Plotin behauptete, daß nur der physische und vernunftlose Teil der menschlichen Natur durch Drogen oder Hexerei beeinflußt werden könne. Die vernunftbegabte Seele, so erklärte er, könne sich vom Einfluß der Magie befreien.

Trotzdem hatte ein ägyptischer Priester nur geringe Schwierigkeiten, Plotin zu der Erlaubnis zu bewegen, in einer Demonstration seiner Kräfte den Dämon der Familie zu beschwören. Plotin, der zu dieser Zeit schon seit 26 Jahren in Rom lebte und unterrichtete, entschied, daß der einzig reine Ort, der für dieses Experiment überhaupt in Frage komme, der Tempel der Isis sei.

Eines Abends begaben sich die beiden mit einigen Freunden Plotins in den Tempel; dort begann man dann mit der Beschwörung. Statt eines Engels oder eines Geistes erschien ihnen aber ein Gott. Man kann sich vorstellen, welchen Eindruck dieses Erlebnis auf die Anwesenden machte.

Die Geheimnisse der zehn Himmel

Ein großer Teil der Bücher des Neuen Testaments wurden vom Apostel Paulus geschrieben. Einige dieser Manuskripte wurden erst vor kurzem entdeckt.

»Die Apokalypse des Paulus« wurde 1945 zusammen mit einer Reihe anderer Manuskripte in der Nähe der Siedlung Nag Hammadi in Ägypten entdeckt. Diese Arbeit umreißt die Vorstellungen, die die ersten christlichen Gnostiker von der Zeit nach dem Tod hatten, wenn über die Seelen zu Gericht gesessen wird. Das Buch konzentriert sich auf den Aufstieg des Paulus bis in den zehnten und höchsten Himmel. Die Reise beginnt mit einem Treffen zwischen Paulus und einem Kind auf dem Berg von Jericho auf dem Weg zum Himmel. Bei dem Kind handelt es sich um den Heiligen Geist, der Paulus erst in den dritten Himmel führt.

Der Heilige Geist rät Paulus, auf der Hut zu sein; sie seien dabei, das »Reich der Fürsten, der Erzengel, der Mächte und aller Dämonen« zu betreten. Er erwähnt auch, sie würden an einem Wesen vorbeikommen, das Seelen abfängt, um sie zur Wiedergeburt in neue Körper einzusetzen. Die Seele muß sich also vor der Wiedergeburt hüten, wenn sie in den höchsten Himmel aufsteigen will. Bis 533 n. Chr. war dies ein Bestandteil christlichen Glaubens; danach wurde es unterdrückt.

Die Vision des Paulus

Nachdem Paulus den vierten Himmel erreicht hat, ermuntert ihn der Heilige Geist, auf seinen Körper zurückzuschauen, den er unten auf dem Berg von Jericho zurückgelassen hat. Bei seinem Aufstieg beobachtet Paulus im vierten Himmel die Verurteilung und die Bestrafung einer anderen Seele. Er sagt: »Ich sah, wie die gottgleichen Engel eine Seele aus dem Land der Toten holten.« Die Seele wurde wieder zum Leben erweckt, um über sie zu Gericht zu sitzen – eines der vier Dinge, die für das Ende der Welt vorhergesagt sind. Die Engel waren damit beschäftigt, die Seele auszupeitschen, eine Vorstellung, die mit den zuckersüßen, viktorianischen Engelsbildern wenig gemein hat!

Die Seele fragte: »Was habe ich mir auf Erden zuschulden kommen lassen?« Der zuständige »Zöllner« vom Himmelseingang klagt die Seele an. Sie antwortet: »Wo sind die Zeugen? Laß sie aussagen, in welchem Körper ich ungesetzlich gehandelt habe.« Drei der Körper melden sich als Zeugen und klagen die Seele wegen Ärger und Neid und schließlich wegen Mordes an. »Als die Seele dies hörte, senkte sie niedergeschlagen ihr Haupt.« Hier erwartet man eigentlich, daß die Seele wie in der späteren christlichen Lehre in die Hölle verstoßen wird, aber nein: »Die bedrückte Seele ging in einen Körper, der dafür vorbereitet war« und wurde wiedererweckt.

Paulus, etwas mitgenommen von seinem Erlebnis, wird vom Heiligen Geist weitergeleitet und kann das Tor in den fünften Himmel passieren. Hier trifft er die anderen Apostel und »einen großen Engel im fünften Himmel, der einen eisernen Stab in seiner Hand hielt«.

Dieser Engel und drei andere mit Ruten in den Händen geißeln die Seelen der Toten und treiben sie voran zum Gericht. Paulus bleibt beim Hei-

Einer der Himmel des Jüngsten Gerichtes

ligen Geist, und die Tore des sechsten Himmels öffnen sich wie von selbst.

Auf der sechsten Ebene sieht Paulus ein helles Licht, das aus dem Himmel über ihm auf ihn scheint. Der »Zöllner« führt ihn durch das Tor des siebten Himmels. Hier sieht er »einen weißgekleideten, alten Mann in hellem Licht. Sein Thron, der siebte Himmel, ist siebenmal heller als die Sonne.« Der alte Mann hat eine verblüffende Ähnlichkeit mit Jahwe. Er fragt: »Wohin gehst du, Paulus?« Paulus zögert und wird erst durch den Heiligen Geist ermuntert, mit ihm zu sprechen und das gnostische Zeichen zu geben, das er gelernt hat. Danach öffnet sich der achte Himmel, und Paulus steigt auf. Hier umarmt er die zwölf Jünger, die er zum Teil noch gar nicht kennt und steigt mit ihnen in den neunten Himmel auf. Schließlich erreicht Paulus den zehnten und damit letzten Himmel, in dem er dann verwandelt wird.

GEHEIMES GEISTIGES WISSEN

Es ist nicht verwunderlich, daß die ersten Kirchenväter des Christentums die praktischen geistigen Erfahrungen strichen, die früher ein wesentlicher Bestandteil des Christentums waren und die auch der Apostel Paulus kannte und für sich nutzte. Für diese Männer war es viel bequemer, und es tat ihrer Selbsteinschätzung gut, wenn sie behaupteten, daß geistlicher Segen nur von ihnen als den Stellvertretern Christi auf Erden zu haben sei. Wahrscheinlich hatte auch Jesus es gutgeheißen, wenn – wie hier – das weltliche Trachten einiger weniger sich über die geistige Erleuchtung von vielen stellt.

So kurz vor der Jahrtausendwende, wenn mancher damit rechnet, daß die Apokalypse Wirklichkeit wird, ist es nur natürlich, daß diese frühen christlichen Perspektiven jetzt erkannt und verstanden werden. Nach 2000 Jahren des Schweigens steht uns nun der wesentliche Gehalt der frühen Lehren des Paulus zur Verfügung.

Ironischerweise könnte man die zweite Ankunft Christi eher als einen Beweis für die Unvollkommenheit Gottes denn als ein Zeichen seiner Allmacht sehen.

Paulus zufolge war die Wiedergeburt das Los all derjenigen, die auf dem Weg in den zehnten Himmel scheiterten.

Hexenmeister, **GEISTER** *&* KRISTALL-KUGELN

Die Geschichte wurde als Weg durch die Jahrhunderte gesehen, der im Weltende und in der Herrschaft Christi seinen Höhepunkt findet. Kristallkugelleser riefen die Engel um Rat, um die Geheimnisse der Zukunft zu entschlüsseln. Der Papst am Ende des ersten Jahrtausends war ein Hexenmeister.

Gerbert und das erste Jahrtausend

999 n. Chr., kurz vor dem Ende des ersten Jahrtausends, glaubten viele Christen in Europa, das Ende der Welt sei nahe und die Wiederkehr Christi stünde kurz bevor.

Papst Silvester II. wurde nachgesagt, er sei ein Hexenmeister

Für einige Monate im Jahr 999 n. Chr. gab es für die Menschen nur ein Gesprächsthema: die zweite Wiederkehr Christi. Der Papst, der zum Ende des ersten Jahrtausends regierte, war eine der faszinierendsten Persönlichkeiten der päpstlichen Geschichte. Nach dem Tode des Papstes Gregor V. im zarten Alter von 27 Jahren (Gerüchten zufolge durch Gift) wurde ein gelehrter Prälat namens Gerbert erwählt, der den Heiligen Stuhl als Silvester II. bestieg.

Gerbert war der erste Franzose, der Papst wurde. Er stammte aus einem bescheidenen Haus in Aurillac in der Auvergne. Es ist überliefert, daß er ein sehr fortgeschrittener Student der schwarzen Künste gewesen sei, die er zuerst während seines dreijährigen Aufenthaltes in arabischen Schulen in Spanien kennengelernt hatte. Man sagt, er habe regelmäßig mit dem Teufel gesprochen, und manche der Kardinäle hätten ihn sogar für den Teufel persönlich gehalten.

Die offizielle Version des Hintergrundes dieses Schäfers, der seine katholische Herde in das zweite Jahrtausend führen sollte, war natürlich etwas anders. Sie unterstrich seine Liebe zur Mathematik und den Naturwissenschaften, die in jenen Tagen nicht genau voneinander zu trennen waren. Gerbert unterrichtete Grammatik, Dialektik, Rhetorik, Arithmetik, Musik, Astronomie und Geometrie. Die Klassik war für ihn ein besonders wichtiger Teil der Erziehung.

Als sich das Jahrtausend seinem Ende zuneigte, glaubten viele Gemeindemitglieder in den germanischen und slawischen Ländern, daß die Welt im Feuer untergehen werde. In den Mittelmeerländern war die gängigste Vorstellung die von einem gewaltigen Ton aus Gabriels Trompete, der die Toten aus ihren Gräbern ruft, damit sie gemeinsam mit den Lebenden vor das Jüngste Gericht treten.

In ganz Europa machte sich eine Art Massenhysterie breit, je näher das Jahresende rückte. In dieser Atmosphäre kam es zu einigen merkwürdigen Vorkommnissen. Männer strichen sich gegenseitig die Schulden; Eheleute gestanden sich überstürzt ihre Fehltritte, Verurteilte wurden aus den Gefängnissen entlassen; Wilderer schlossen mit ihren Lehnsherren Waffenstillstand; Felder wurden brach gelassen und Eigentümer ließen ihre Häuser verfallen. Warum, so argumentierten sie, sollte man ein Haus instand halten, das in ein paar Monaten sowieso niemand mehr zu nutz sein würde?

In den Beichtstühlen herrschte Hochbetrieb, weil jedermann daran lag, seinen Seelenfrieden zu finden und sich auf das Leben nach dem Tode vorzubereiten, so gut es irgend ging. Die Bitten um Absolution waren so zahlreich, daß die Priester fast ans Ende ihrer Kräfte gelangten. Der Ansturm war so groß, daß man schließlich in eigenen Messen dazu überging, die Massenabsolution zu erteilen. Viele, die »in Sünde lebten« heirateten noch schnell. Riesige Pilgerscharen machten sich in der Hoffnung auf den Weg in das Gelobte Land, so rechtzeitig dort anzukommen, um Christus in Jerusalem noch selbst zu treffen. Auf dem Weg dorthin geißelten sie sich entweder als Büßer, oder sie sangen Hymnen, während sie in der Nacht den Himmel beobachteten und auf ein Zeichen seiner Ankunft hofften.

Im Dezember erreichte der Fanatismus neue Höhepunkte – Gemeinden machten sich auf die Suche nach Gottlosen, um sie aus dem Weg zu schaffen, damit der Engel der Gerechtigkeit nicht selbst eingreifen mußte: Banden von Flagellanten durchstreiften das Land; der Pöbel rief nach der Exekutierung angeblicher Hexenmeister und unbeliebter Bürger, und auf den Bauernhöfen wurde zum Teil sogar das Vieh befreit, das dann herrenlos durch die Städte zog. In der Nacht des 31. Dezember zelebrierte Silvester II. im Petersdom zu Rom die Heilige Messe. Die dicht gedrängte Versammlung glaubte, dies sei die letzte Messe, die sie jemals erleben würde. Nach der Messe fiel tiefes Schweigen über die Anwesenden – und sie warteten vergebens.

Das Leben fand bald zu seinem gewohnten Rhythmus zurück. Die einzigen, bei denen sich die Enttäuschung wahrscheinlich in Grenzen gehalten hat, waren die, die glaubten, daß sie es niemals durch das Tor des Petrus geschafft hätten.

WAS GERBERT VON DEN MAUREN LERNTE

Dem Historiker William von Malmesbury aus dem 12. Jahrhundert zufolge floh Gerbert nachts aus seinem Kloster nach Spanien, um Astrologie und »die anderen Künste der Sarazenen« zu studieren. Die muslimischen Eroberer Spaniens hatten zu der Zeit bereits ein höheres Zivilisationsniveau erreicht als Nordeuropa. Unter muslimischer Anweisung lernte Gerbert, »was das Lied und der Flug der Vögel bedeuten (Omen), Geisterwesen aus der Unterwelt zu rufen (Geisterbeschwörung), und alles, mit dem die menschliche Neugier jemals zu tun hatte, sei es schädlich oder nützlich« (also andere Künste und andere Wissenschaften). Michael Scott, der ihn Meister Gilbertus nannte, behauptet, er sei der größte Zauberer Frankreichs gewesen, »dem die Dämonen wegen seiner großen Opfergaben und wegen seiner Gebete, seiner Fastengewohnheiten, seiner magischen Bücher und wegen der Vielfalt seiner Ringe und Kerzen Tag und Nacht zu Diensten waren«. Vor diesem Hintergrund überrascht es wenig, daß Gerbert von seinen Zeitgenossen favorisiert wurde, am Ende der Welt Papst zu werden.

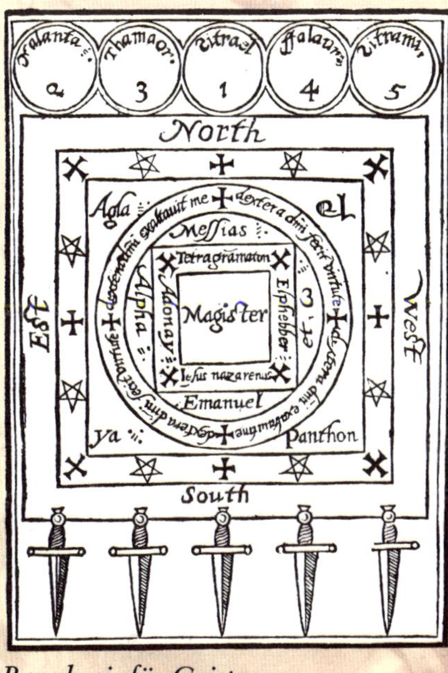

Bannkreis für Geister

Die Apokalypse des Joachim

Die klassische apokalyptische Prophezeiung des 13. Jahrhunderts stammt von Joachim von Fiore (1145–1202), einem Abt aus der Provinz Kalabrien. Drei Päpste baten ihn, ein Werk über die Apokalypse zu schreiben.

Joachims Antwort auf die Bitte dreier Päpste, eine Arbeit über die Apokalypse zu verfassen, war die »Expositio in Apokalypsin«. Er teilte die Geschichte in drei Perioden ein.

Joachim beschreibt, wie er in einer Osternacht meditiert und wie sich dabei ein Strom hellen Lichtes in seine Seele ergießt. Die Bedeutung der Apokalypse lag klar vor ihm. Er prophezeite die Ankunft des Antichristen und er erklärte Richard Löwenherz, der sich von ihm beraten ließ, daß der Antichrist den Thron des Papstes bald für sich selbst beanspruchen würde. Er sagte, daß der Papst all seine weltliche Macht verlieren würde – eine Weissagung, die erst 1870, sieben Jahrhunderte später Wirklichkeit wurde.

Joachims Buch sorgte für viele Spekulationen um die nächste Jahrtausendwende, ein Thema, das der heilige Augustin während seines ganzen Lebens hartnäckig zu verhindern suchte. Das Reich Gottes, so wiederholte Augustin immer wieder, sei längst schon Wirklichkeit.

In den 500 Jahren nach Joachims Tod wurde die Expositio als neue Eschatologie neben dem Buch Daniel, der Apokalypse des Johannes und der falschen sibyllinischen Orakel verehrt.

Werfen wir doch einen Blick auf Joachims drei Perioden der Geschichte. Die erste Periode war das Zeitalter des Vaters, das Zeitalter des mosaischen Rechtes des Alten Testaments.

Die zweite Periode war das Zeitalter des Sohnes, in dem das Evangelium des Neuen Testaments herrschte. Diese beiden Abschnitte waren bereits vergangen, und Joachim behauptete nun, am Anfang des dritten Zeitalters zu stehen. Er sollte nun in das Zeitalter des Heiligen Geistes führen, das irgendwann zwischen 1200 und 1260 beginnen und bis zur Jahrtausendwende und bis zum Jüngsten Gericht dauern sollte.

Das erste Zeitalter wurde von Furcht und Knechtschaft beherrscht, das zweite von Glaube und brüderlichem Gehorsam. Für das dritte Zeitalter sagte Joachim voraus, daß es eines

Augustin kündigt das 3. Zeitalter an

der Liebe und der Freude und des geistigen Wissens sein würde.

Joachim erwartete einen neuen Lehrer, der, wie Christus, zwölf Apostel haben würde, die den Grundstein eines neuen Mönchsordens bilden würden. Auch der Antichrist wurde vor dem Ende erwartet, der nach Meinung der meisten Fachleute wahrscheinlich ein ganz gewöhnlicher Herrscher mit außergewöhnlich großer Macht sein würde. Seine Herrschaft sollte nur dreieinhalb Jahre dauern, in dieser Zeit würde er aber die Kirche entmachten und den Papst vertreiben. Hier gibt es Parallelen zu einer Vision eines Papstes aus dem 20. Jahrhundert, der glaubte, daß sein Nachfolger aus dem Vatikan geworfen würde. Nach dem Sieg über den Antichristen sollte es eine Periode des allgemeinen Friedens geben. Ihr würden Naturkatastrophen und Ausschreitungen folgen, die den zweiten Antichristen ankündigten, dem bald das Jüngste Gericht folgen sollte.

Dank Joachim wurde ein Herrscher zu einer fast mythischen Gestalt. Friedrich II., Herrscher des Heiligen Römischen Reiches (1194–1250), der wegen Meineides, Gotteslästerung und Ketzerei mindestens dreimal exkommuniziert wurde, wurde von seinen Gegnern für den Antichristen gehalten. Seine Anhänger dagegen sahen in ihm den Herrscher über die letzten Tage.

Während der Kreuzzüge eroberte Friedrich Jerusalem, Bethlehem und Nazareth, dazu den heutigen Libanon. Er wurde zum König von Jerusalem gekrönt, und es ging das Gerücht um, er habe Jerusalem eingenommen, weil Christus dort in Kürze zur Erde zurückkommen werde.

Nachdem Friedrich 1250 gestorben war, erwarteten seine Freunde, daß er auferstehen und sie wieder anführen würde. Als das Jahr 1260 näherrückte, von Joachim als Beginn des Zeitalters des Geistes angekündigt, bildeten sich die »Armeen der Heiligen«. Diese Menschen geißelten sich öffentlich, um dadurch noch schwerere Strafen am Tage des Jüngsten Gerichtes zu umgehen. Die Hungersnot von 1258 und das Seuchenjahr 1259 bestätigten, daß 1260 das richtige Datum war. Dieses Jahr kam und ging dann aber wie jedes andere auch, und das Leben ging weiter wie gewohnt.

Die »Armeen der Heiligen« geißelten sich, um Buße zu tun

DIE GESETZESTAFELN

Der irische Dichter W. B. Yeats erwähnt in seinen Mythologien ein fast unbekanntes Buch von Joachim, das »Liber Inducens in Evangelium Aeternum«. Er fragte sich, ob es in diesem Buch nur darum ging »mittelalterliche Haarspaltereien zu betreiben, die heute nur dazu dienen, uns zu zeigen, wie viele Dinge inzwischen unwichtig geworden sind, die früher einmal die Welt erzittern ließen«. Nach der Lektüre von Joachims Buch beschreibt Yeats seine Erfahrungen: »Staub soll für viele Jahre auf dieses Buch fallen (es war in einem Kasten verwahrt, den der Renaissancegoldschmied Benvenuto Cellini geschaffen hatte). Dann werde ich es öffnen und aus seinen Seiten wird Aufruhr kommen, der vielleicht wie die Flamme des jüngsten Tages sein wird.« Yeats' poetische Vision richtet sich auch auf das Ende dieses Jahrhunderts und auf die zweite Ankunft Christi. Ein anderes Buch von Joachim, »Adversus Judaeos« (»Gegen die Juden«) beschäftigt sich damit, daß die Juden zum Christentum übertreten werden, nachdem sie zunächst (mit vielen Christen) dem Antichristen gefolgt sind und damit großes Leid über sich und die Welt gebracht haben. Damit sie diesem Schicksal entgehen, drang Joachim darauf, sie vor dem Erscheinen des Antichristen zu bekehren. Dieser Vorschlag war dafür verantwortlich, daß es später zu großem Haß und Leid kam, obwohl er in guter Absicht gehandelt hatte.

Der Abt Trithemius

Trithemius, Herr der Engel

Trithemius, der als ein Meister der Geheimschrift und der Magie gilt, sagte 1508 Ereignisse und himmlische Herrscher der Welt bis zum Jahr 2233 voraus.

Ende des 16. Jahrhunderts hatte Kolumbus auf dem Weg nach China und dem Fernen Osten gerade zufällig Amerika entdeckt. Der Papst war der korrupte und weltliche Rodrigo Borgia (Alexander VI.), der den Vatikan von 1492 bis 1503 mit seiner Mätresse und seinen vier Kindern bewohnte. Es war kein Geheimnis, daß er seine Wahl durch erhebliche Bestechungsgelder an die anderen Kardinäle sichergestellt hatte. Er war also kein überzeugender Vertreter Christi auf Erden. In dieser Zeit lebte auch der geheimnisvolle Johannes Trithemius (1462–1516), ein Mann, der mit den Engeln reden und – fast vier Jahrhunderte vor der Erfindung des Telefons – Botschaften in kürzester Zeit über weite Strecken senden konnte. Trithemius war ein brillanter Gelehrter und Lehrer von Cornelius Agrippa und Paracelsus (zwei der besten Kenner europäischer Magie in dieser Zeit), und er wurde im Alter von 23 Jahren zum Abt von Sponheim berufen.

Trithemius interessierte sich auch für »magische Alphabete« und war damit in gewissem Sinn der Vater der Kryptographie, das ist die Wissenschaft der verschlüsselten Nachrichten.

Sieben Engel stehen für die sieben Zeitzyklen des Trithemius

Die Prophezeiungen des Trithemius sind in einem seltsamen kleinen Buch zusammengefaßt. Es heißt »De Septem Secundeis, id est, Intelligentiis, sive Spiritibus Orbes post Deum moventibus« (»Über die sieben Geister oder himmlischen Intelligenzen, die die himmlischen Kreise unter Gottes Regeln beherrschen«). Trotz des schwer verständlichen Titels enthält das Buch sehr genaue Erklärungen einer Folge von Zeitabschnitten und Engeln, die über diese Zyklen herrschen. Trithemius beschreibt die gesamte Geschichte der Welt von der Schöpfung bis zum Ende aller Zeiten. Er teilt das gewaltige Spektrum in Zeitalter ein, die jeweils aus 354 Jahren und vier Monaten bestehen.

Über jedes Zeitalter herrscht ein bestimmter Engel. Der erste in dieser Folge ist Orisiel (dem Saturn verantwortlich), dann kommen Anael (Venus), Zachariel (Jupiter), Raphael (Merkur), Samael (Mars), Gabriel (Mond) und am Ende Michael (Sonne).

Über das erste Zeitalter nach der Schöpfung, das nach Trithemius am 15. März 5207 v. Chr.) begann, herrschte Orisiel. Zu dieser Zeit, so notiert Trithemius, »waren die Menschen roh. Sie lebten in Sünde zusammen in der Wildnis und an unreinen Orten, wie die wilden Bestien«.

Vom Jahr 354 bis zum Jahr 708 (gerechnet ab der Schöpfung) ermutig-

Leo Trotzki, geboren unter Michael

te Anael unter dem Einfluß der Venus die Menschen, Häuser zu bauen, Städte zu gründen und Kleider herzustellen und die Kunst des Spinnens und Webens zu entwickeln. Der Venuseinfluß machte die Menschen lüstern, und so begannen die Männer »blonde Frauen zum Weib zu nehmen und Gott zu vernachlässigen«.

Trithemius selbst lebte im 19. Zeitalter, in dem die Welt zum dritten Mal von Samael beherrscht wurde, der Mars, den Gott des Krieges, vertrat. Seine Herrschaft dauerte von Anno Mundi 6378 (gerechnet ab der Schöpfung, ansonsten auch als 1171 n. Chr. bekannt) bis Anno Mundi 6732 (1525 n. Chr.). Eines der wichtigsten Ereignisse in diesem Abschnitt der Geschichte war der sogenannte 100jährige Krieg zwischen England und Frankreich.

Auf die Herrschaft Samaels folgte der Engel Gabriel, der vom Mond geführt wurde, von Anno Mundi 6732 (1525 n. Chr.) bis Anno Mundi 7086 (November 1879 n. Chr.). Im folgenden Zeitalter wurde die Herrschaft vom Engel Michael übernommen, der bis 2233 n. Chr. an der Macht bleiben wird. Michael ist der Erzengel, der die Kräfte des Lichtes zum Sieg über den Teufel im ersten Krieg des Himmels führte.

Damit werden die Ereignisse der Jahrtausendwende unter der Kontrolle dieses Sonnenengels sein. Hier spiegelt sich die Vorstellung von der zweiten Ankunft wider, da Christus manchmal mit der Sonne gleichgestellt (und von einigen Exegeten sogar Michael genannt) wird. Es ist, als ob Christus zur Erde zurückkehren soll, um zu vollenden, was er während seiner irdischen Zeit begonnen hatte. Interessanterweise wurden die kommunistischen Führer Joseph Stalin und Leo Trotzki im Jahr 1879, am Beginn des Zeitalters der Sonne, geboren.

Unter der Herrschaft Michaels »sind die Könige die ersten unter den Sterblichen«, aber er ist in erster Linie damit beschäftigt, so viele Könige wie möglich aus dem Wege zu schaffen. Wir können also davon ausgehen, daß es bis zum Jahre 2233 in keinem Land mehr eine Monarchie geben wird.

Michael war auch an der Geburt einiger Wissenschaften wie der Mathematik, der Astronomie und der Magie beteiligt. So erscheint es passend, daß Albert Einstein ebenfalls im Schlüsseljahr 1879 geboren wurde. Mathematik und Astronomie haben in den ersten zwei Dritteln von Michaels Herrschaft große Fortschritte gemacht. Die Wiedergeburt der dritten Kunst, der Magie, ist für den letzten Teil dieser Periode angesagt, der im Jahr 2115 beginnt. Dadurch, daß Michael von Trithemius im Zyklus der Engel an die letzte Stelle gesetzt wurde, sollte angedeutet werden, daß die Welt mit Ablauf seiner Herrschaft ihr Ende finden würde.

TRITHEMIUS, DER HEXENMEISTER

Trithemius demonstrierte seine Fähigkeiten als Hexenmeister durch das Schicksal, das er dem deutschen Herrscher Maximilian I. 1482 vorhersagte. Der Tod seiner Frau Maria, der Tochter Karls des Kühnen, hatte Maximilian zu dieser Zeit tief getroffen. Er bat Trithemitus, ihren Geist zu beschwören. Trithemius gehorchte. Der Kaiser durfte zwar nicht mit der Erscheinung sprechen, die er sah, aber die Materialisation war so perfekt, daß er eine Warze an ihrem Hals erkennen konnte. So war er überzeugt, den Geist der Kaiserin vor sich zu haben. Diese Episode aus Trithemius' Leben ist Teil der Legenden geworden, die später auch mit »Faust« in Verbindung gebracht wurden.

Malachäus

Viele, die die Prophezeiungen des Malachäus als Spinnerei abgetan haben, wurden eines Besseren belehrt.

Kannte Bernhard von Clairvaux Malachäus' Geheimnisse?

Die Zeit hat die Zweifler an Malachäus inzwischen eines Besseren belehrt – seine Vorhersagen haben sich nämlich als erstaunlich genau herausgestellt. Er prophezeite sogar sein eigenes Todesdatum sehr präzise und wurde bestätigt. Seine Prophezeiungen beschäftigten sich im wesentlichen mit dem Papsttum, angefangen 1143 mit Papst Celestin II. Insgesamt werden 112 Päpste mit ihren Eigenheiten von 1143 »bis zum Ende der Welt« beschrieben!

Maelmhaedhoc O'Morgair (später in Malachäus latinisiert) wurde 1094 in Armagh geboren. 1132 wurde er Erzbischof von Armagh und er starb 1148 in den Armen des Franzosen Bernhard von Clairvaux.

Bei seinen Prophezeiungen verarbeitete Malachäus in der Regel den Namen des Papstes, seinen familiären Hintergrund und sein Wappen. Dieses Wappen gehörte entweder der Familie des Papstes, oder es war ihm verliehen worden, als er den Stuhl des Petrus bestieg.

Papst Alexander VII. (1655–67) hatte z.B. ein Familienwappen, auf dem drei von einem Stern beschienene Berge zu sehen waren: Malachäus nennt ihn »Montium Custos« (den Wächter der Berge). Das Wappen von Leo XIII. zeigte einen goldenen Kometen auf einer azurblauen Fläche, das Malachäus mit dem Begriff »Lumen in Coelo« (ein Licht am Himmel) beschrieb.

Malachäus' Mottos spiegeln zum Teil auch ein Stück persönlicher Geschichte der Päpste wider. Clemens XIII. (1758-69), der Verbindungen zur Regierung des italienischen Staates Umbrien pflegte und dessen Emblem eine Rose war, wurde von Malachäus

»Rosa Umbriae«, die Rose von Umbrien genannt.

In unserem Jahrhundert stand Benedikt XV. – von Malachäus als »Religio Depopulata« (entvölkerte Religion) charakterisiert – der Kirche in einer Zeit vor, als der Kommunismus Fuß faßte. Das war eine antireligiöse Bewegung, wie sie im Buche stand; der tiefe religöse Glauben nahm in dieser Zeit massiv ab. Sein Nachfolger, Pius XI. (1922-39), lebte gemäß dem Motto »Fides Intrepida« (unerschütterlicher Glaube) und wandte sich sowohl gegen Hitler und Mussolini als auch gegen den Kommunismus. »Pius Angelicus«, der Engelshirte, war eine Beschreibung, die sehr gut zu Eugenio Pacelli paßte, der dann Papst Pius XII. wurde.

Die Wahl des »Pastor et Nauta« (des Hirten und Seemannes) hatte den Anstrich eines billigen Schauspieles. Dürftigen Beweisen zufolge soll der New Yorker Kardinal Spellmann während des Konklaves in Rom ein Boot mit Schafen gemietet haben und damit auf dem Tiber hin- und hergefahren sein, um die Prophezeiung des Malachäus erfüllen zu helfen. Schließlich wurde Guiseppe Roncalli ernannt, dessen Erhebung vom Meer bei Venedig (als Symbol für den Seemann) auf den Stuhl des Papstes (das Symbol des Schäfers) Malachäus' Beschreibung in jeder Hinsicht rechtfertigte.

Diesem Papst folgte dann Paul VI. (1963-78), dessen Wappen drei Lilien zeigte, nach Malachäus »Flos Florum« (die Blume der Blumen). Der nächste Papst hieß Johannes Paul I., dessen wirklicher Name, Albino Luciani, soviel wie »bleiches Licht« bedeutet. Sein Geburtsort Belluno (der schöne Mond) wurde von Malachäus als »De Medietate Lunae« identifiziert, als »Hälfte (oder Mitte) des Mondes«.

Der derzeitige Amtsinhaber, Johannes Paul II., ist der frühere Erzbischof von Krakau, Karol Wojtyla. Er wurde am Tag einer Sonnenfinsternis geboren (18. 5. 1920) und lebte eine Zeit lang im Streit mit seiner Heimat Polen. Malachäus nennt ihn in seinen Prophezeiungen »De Labore Solis«.

Will man Malachäus Glauben schenken, dann wird es vor dem Ende der Welt nur noch zwei weitere Päpste geben. Bezeichnenderweise wird der letzte Papst den gleichen Namen führen wie der erste Hirte der römisch-katholischen Kirche, der Apostel Petrus. Malachäus nennt diesen zweiten Petrus »Petrus Romanus« (Peter aus Rom), und er hat über ihn viel mehr zu berichten als über irgendeinen der anderen Päpste. Seine Prophezeiung ist unmißverständlich.

Dieser Petrus »wird seine Herde durch manche Leiden führen, danach wird die Stadt der sieben Hügel (Rom) zerstört werden, und der schreckliche Richter wird über die Menschen zu Gericht sitzen«.

DER PAPST IN TRANCE

Papst Pius X. (1835–1914) erhielt 1909 in einer Vision weitere Hinweise auf das Ende der römisch-katholischen Kirche. Während einer Audienz mit dem Generalkapitel der Franziskaner fiel Pius in Trance und blieb mit dem Kopf auf der Brust sitzen. Nach ein paar Minuten kam er zu sich, öffnete die Augen und sah zu Tode erschreckt aus. Er rief mit lauter Stimme: »Ich habe Entsetzliches gesehen ... Werde ich es selbst sein? Wird es mein Nachfolger sein? Der Papst wird aus Rom fliehen, und bei seiner Flucht aus dem Vatikan wird er über die Leichen seiner Priester gehen. Sagt es niemand, solange ich noch am Leben bin.«

In Zeiten der Unruhe konnte der Papst sich aus dem Vatikan über einen Damm hoch über der Straße in die relative Sicherheit der Engelsburg flüchten. Dies war nicht Teil seiner Vision, deshalb ist es wahrscheinlich, daß Papst Pius Zeuge einer Flucht war, die nicht wegen einer vorübergehenden Gefahr geschah. Zu Lebzeiten von Pius galt der Kommunismus als der größte Feind des Katholizismus. Könnte seine Vision nicht auch mit dem Verschwinden des letzten Papstes zu tun haben, wie von Malachäus vorhergesagt?

Papst Pius X.

1666 – das Jahr der Bestie

1666 war ein Jahr, das für die Apokalypse wie geschaffen schien. Das rührt daher, daß diese Zahl die Summe des ersten Millenniums (= 1000) und der Zahl der Bestien (= 666) aus der Offenbarung des Johannes darstellte.

Die Bürger von London müssen geglaubt haben, sie wären tatsächlich Zeugen des Weltunterganges: 1665 wurden sie von einer Seuche heimgesucht, die mindestens 68 000 Leben forderte, und im darauffolgenden Jahr wurde der größte Teil ihrer Stadt durch ein Großfeuer zerstört.

Die Bibel blieb im 17. Jahrhundert die traditionelle Quelle für die Berechnungen der Propheten. Die bekannteste Fundgrube für die Prophetie war »Merlin Ambrosius«, eine Art Mischung aus Prophezeiungen von Merlin, dem Zauberer des Königs Artus, des walisischen Barden Myrddin und anderer Hellseher.

Die Prophezeiungen Merlins wurden im 14. Jahrhundert noch einmal veröffentlicht, um die Forderung Englands auf den französischen Thron zu unterstützen, und dann wieder im 15. Jahrhundert, um die Hoffnungen der Rivalen der Häuser York und Lancaster zu untermauern. Einige der Prophezeiungen des Walisers Merlin unterstützten die Rebellionen gegen Heinrich IV. Zur Zeit Heinrich VIII. waren Prophezeiungen und Rebellionen so eng miteinander verwoben, daß die Tudors Gesetze einbrachten, die ihren schädlichen Einfluß bannen sollten.

Viele der berühmten Propheten aus dem Jahrhundert vor dem englischen Bürgerkrieg sahen sich selbst als Beteiligte am Jüngsten Gericht. In dieser Zeit fehlte es nicht an Messiassen. Im späten 16. und im frühen 17. Jahrhundert wurde die erwartete Apokalypse oft zum Streitpunkt zwischen der römisch-katholischen Kirche und dem Protestantismus. Die Puritaner nannten die römische Kirche »Hure von Babylon«, die der Bibel zufolge zerstört werden würde. Unter der Herrschaft Jakobs I. erschien die Bibel in einer englischen Standardversion. Mit einem Mal konnten Menschen, die des Lateinischen nicht mächtig waren, die wunderbaren und aufregenden Passagen bei Daniel, Ezechiel und in der Offenbarung des Johannes selbst lesen, die seit Hunderten von Jahren und bis heute noch die Phantasie der prophetischen Deuter beflügeln.

Einige Menschen, die an das nahe Ende glaubten, berichteten von Besuchen prophetischer Boten. William Sedgwick, Prediger an der Kathedrale von Ely, glaubte, daß Christus selbst ihm mitgeteilt habe, daß »die Welt in vierzehn Tagen am Ende angekommen sei«, und er ging nach London, um den König zu informieren. Die meisten Aktivitäten im Zusammenhang mit

1666 wurde London von einer Feuersbrunst verwüstet

dem Jahrtausend waren in dem turbulenten Jahr vor der Machtergreifung Oliver Cromwell zu verzeichnen. Zu dieser Zeit zogen mehrere Pseudo-Messiasse ihre Gefolgschaft in Bann, unter ihnen zwei Weber, Richard Farnham und John Bull, die sich 1636 selbst zu »göttlichen Zeugen« ernannten. Sie behaupteten, Kenntnis von künftigen Ereignissen zu haben und imstande zu sein, ihren Feinden jegliche Art von Seuche aufzuerlegen. Sie zitierten die Offenbarung des Johannes (11,3): »Und ich werde meinen zwei (Auftrag) geben und sie werden 1 260 Tage lang weissagen«.

Die angebliche Ermächtigung durch den Herrn verhinderte aber weder ihre Gefangennahme noch ihre Exekution im Jahr 1642.

Edward Wightman war ein anderer Messias aus dieser Zeit. Er behauptete, Elias zu sein, den Maleachi im Kapitel 4, Vers 5 angekündigt hatte. 1612 wurde er zum Tode verurteilt; er war der letzte Mensch, der in England wegen Ketzerei verbrannt wurde. John Robbins wurde von seinen Anhängern verehrt; sie hielten seine Frau für die Jungfrau Maria und seinen Sohn für Jesus; seine heilige Mission war die Bekehrung der Juden und die Untersuchung Jerusalems.

Von der Mitte des 17. Jahrhunderts an schwand das Interesse an der Prophetie und der Jahrtausendwende allmählich. Meric Casuabon erklärte 1655 in seiner Schrift »Über den Enthusiasmus«, daß jeder Fall von religiöser Ekstase im Grunde nicht mehr sei, als »ein Grad und eine bestimmte Art von Epilepsie«. Dies von einem Mann, der vorher die Bücher von Dr. John Dee, einem der hartnäckigsten Sucher nach göttlicher Wahrheit und einem Kenner der Prophezeiungen von Engeln, verlegt hatte.

Im späteren 17. Jahrhundert war die Ansicht verbreitet, daß man die Bücher von Daniel und die Offenbarung nur metaphorisch und nicht wörtlich nehmen solle. Erst über ein Jahrhundert später begann man wieder, die Prophetie ernst zu nehmen.

DIE ALTE MUTTER SHIPTON UND ARMAGEDDON

Mutter Shipton, eine Hexe und Prophetin, standesgemäß unterwegs

Mutter Shipton gehörte zu den Propheten – darunter auch Nostradamus und der Astrologe William Lilly –, die für London eine große Feuersbrunst vorhersagten. Diese Voraussagungen wurden 1641, etwa 25 Jahre vor dem großen Feuer, veröffentlicht. Ihr richtiger Name war Ursula Southiel (1488–1561). Es hieß, sie sei das Ergebnis einer Vereinigung zwischen ihrer Mutter und einem Dämon ... Sie wurde in Knaresborough, Yorkshire geboren. Man sagt, sie sei sehr häßlich gewesen, und sie lebte vielleicht auch deshalb eine Zeitlang in einer Höhle. Ihre interessanteste Prophezeiung beschäftigt sich mit Armageddon:

»Es wird der Menschensohn kommen, mit einer schrecklichen Bestie in seinen Armen, dessen Königreich beim Mond liegt (Mittlerer Osten?), das überall schrecklich ist.

Mit einer Gruppe von Menschen wird er einige Meere überqueren und zum Land des Löwen (England) kommen. Er muß sich vor der Bestie dieses Landes hüten, und ein Adler [USA] wird die Schlösser an der Themse zerstören und es werden Kämpfe ausbrechen zwischen vielen Königreichen ... Dann wird der Menschensohn gekrönt ... und die Menschen werden die Adler lieben und unendlicher Friede wird auf der Welt sein.«

Das Buch der Prophezeiungen

Etwa 346 n. Chr. entstand eines der erstaunlichsten Bücher der Prophetie, das »Liber Vaticinationem Quodam Instinctumentis«. Es ist das einzige Buch mit Prophezeiungen, das genaue Daten enthält. Sein Verfasser ist unbekannt.

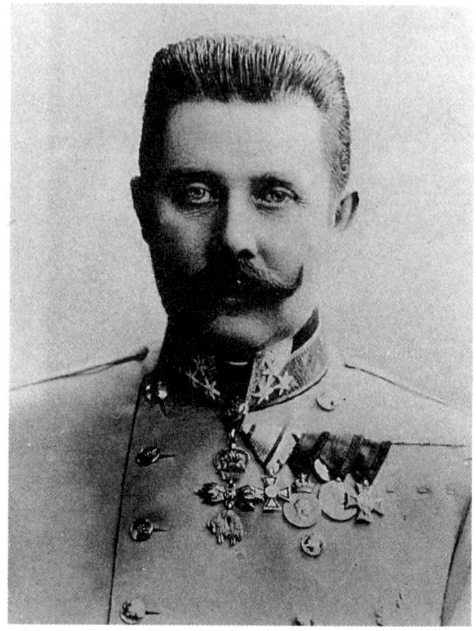

Erzherzog Ferdinand

Der Vatikan hat dieses Buch nach Kräften unterdrückt, und es scheint nur in ein oder zwei handschriftlichen Kopien erhalten zu sein. Das Manuskript stammt wahrscheinlich aus der zweiten Hälfte des 16. Jahrhunderts, und es ist vermutlich von einem viel älteren Exemplar kopiert worden. Der Haupttext ist in Lateinisch geschrieben. In dem Schriftstück wird die Geschichte in einander überlappende Perioden, »Norma« genannt, eingeteilt. Das bedeutet soviel wie Regel, Prinzip, Modell oder Muster. Diese Normen umfassen feste Zeiteinheiten, in der Regel 60 oder 144 Jahre, und die Prophezeiungen dazu sind tatsächlich sehr präzise.

»Liber Vaticinationem« deutet an, daß bestimmte Ereignisse andere Ereignisse hervorrufen. Wenn das erste sich verzögert, kann es sein, daß das zweite nicht stattfindet. Das Datum, an dem eine »Norma« beginnt, hängt von einer komplexen Rechung ab, die wiederum auf den Daten der Ereignisse basiert, die in der vorangegangenen »Norma« tatsächlich stattgefunden haben.

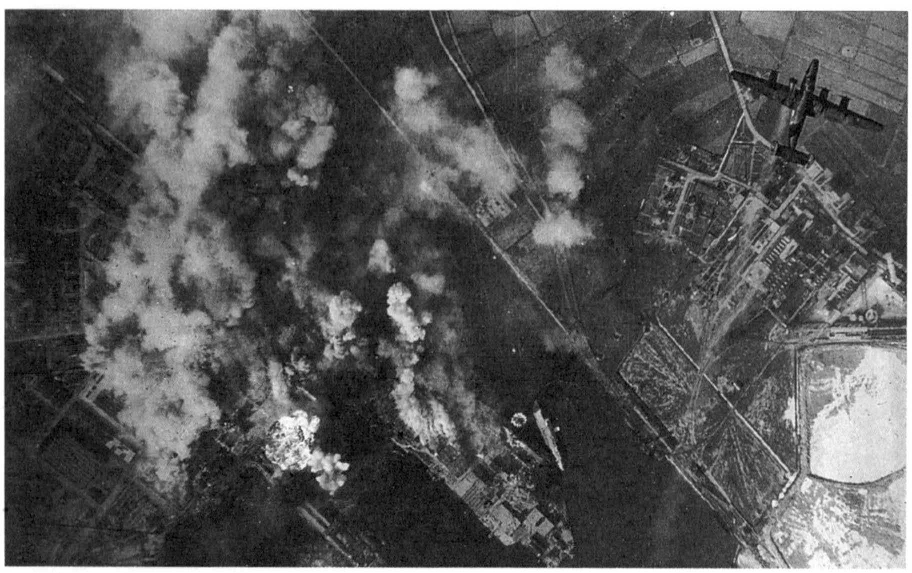

»Mächtige Töne erleuchten die Nächte« – der moderne Krieg?

Betrachten wir einmal eine bestimmte, nämlich die 63. Norma, und untersuchen wir ihre Prophezeiungen. Diese Norma heißt »Nullus Modus Caedibus Fuit«, was sinngemäß etwa »das Schlachten fand kein Ende« heißt. Folgendes ist darin zu lesen:

63,1: *»Diese Norma wird sich nur erneuern, wenn niemand in diesem Reich in den nächsten 100 Jahren, außer dem streitsüchtigen Wolf, die Hand gegeneinander erhebt.«*

Nach meinem Verständnis deckt dies die Periode von 1915 bis 2058 ab. Das Wort »Reich« zielt auf Europa, wie es durch das römische Reich definiert wurde. Die Prophezeiungen werden sich erst nach 100 Jahren relativen Friedens in Europa erfüllen (= die Wiedergeburt einer Norma).

Die »deutsche Bestie« greift Europa an

Der »streitsüchtige Wolf« ist Deutschland. Nachdem Europa 99 Jahre lang eine Periode relativen Friedens hatten – von der Niederlage Napoleons bei Waterloo 1815 bis 1915, ausgenommen den französisch-preussischen Krieg 1870 –, hätte diese Norma 1915 beginnen müssen:

63,4: *»Es wird kein Ende der Schlachten sein. Der Wolf aus dem Norden Roms zerrt dreimal am Körper des Imperiums, sogar das östliche Reich wird erbeben.«*

Damit sind anscheinend Krieg und Tod durch den Wolf (Deutschland) gemeint, der das Imperium (Europa) dreimal angreift. Es folgt eine Beschreibung jedes Krieges:

63,5: *»Zuerst wird ein Adliger auf den Straßen Illyriens zweimal angegriffen und er wird sterben. Der Wolf wird seine Augen zum Mond richten, und das Reich im Osten wird sein Haupt verlieren.«*

Dabei handelt es sich offensichtlich um den Ersten Weltkrieg (1914–1918). Der Adlige, der »zweimal angegriffen wird«, ist der österreichische Erzherzog Ferdinand, dessen Ermordung in Sarajewo am 28. 6. 1914 die Feindseligkeiten auslöste. An diesem Tag gab es zwei voneinander unabhängige Versuche, Ferdinand zu töten. »Der Wolf wird seine Augen zum Mond richten« bezieht sich auf Deutschlands Bündnis mit der Türkei. Rußland (das östliche Reich) wurde in den Krieg hineingezogen und setzte 1917 seinen Zaren ab (»es verlor sein Haupt«). Vers 63,14 stellt fest: *»Wenn zwei Jahre mal ihrer Monate vergangen sind ...«*. Daraus ergibt sich das Anfangsdatum des zweiten Krieges, nämlich 1915 (in diesem Jahr beginnt die nächste norma) plus 24 Jahre = 1939.

63,6: *»Beim zweiten Mal verbündet sich Rom mit dem Wolf, und gemeinsam nehmen sie das Imperium ein. Mächtige Töne erleuchten die Nächte, zahllose Massen sind auf der Flucht.«* Diese letzten Zeilen sind eine gute Beschreibung der Ergebnisse des Zweiten Weltkrieges: Flächenbombardements, Vertreibung und heimatlose Menschen.

63,7: *»Beim dritten Mal zittert die Erde, Galliens Kehle wird zerrissen sein. Viele werden auf der Flucht vor den schrecklichen Winden sterben, und die Sonne wird auf ihrem Weg über den Himmel anhalten.«* Bislang gibt es keinen Dritten Weltkrieg, aber in dieser Vorhersage erfahren wir, was wir zu erwarten haben.

DIE ZUKUNFT NACH DEM LIBER VATICINATIONEM

Die Suche nach der Datengrundlage der Prophezeiungen im Liber Vaticinationem ist einem sehr schwierigen Intelligenztest nicht unähnlich. Wenn die Berechnungen allerdings völlig korrekt sind, dann scheint dieses Buch sehr genaue Angaben darüber zu machen, was Jahrhunderte nach seinem Erscheinen tatsächlich geschehen ist.

Die erstaunlichen Vorhersagen aus dem 63. Kapitel des Manuskriptes sind dafür gute Belege. Wie sieht es aber mit unserer Zukunft aus? Es ist Zeit, die nächste Seite umzublättern und einen Blick auf die Vorhersagen zu werfen, die in der 64. Norma für die Jahre 1945–2089 gemacht werden. Überlegen Sie selbst, was das für Sie bedeuten könnte:

64,9: *»Die Götter der Antike werden auf die Straßen und in die Gaststätten des Reiches zurückkehren. Bäume werden im heißen Wind verkrüppeln und die Wasser von Florenz werden versiegen.*

Im Land hinter den Säulen des Herkules wird der Geist eines gehörnten Bildes erscheinen. Der Prophet (haruspex) wird an den Tisch zurückkehren, und die Wasser werden sich von den Bienenstöcken (?) zurückziehen.

Mit seinem Muhen wird das Vieh den Tiger anlocken, aber der Knüppel des Bauern wird in seinem Sack bleiben. Aus dem Land der Juden wird eilends ein Mann kommen, der durch das Füllhorn gerechtfertigt wird.«

Nostradamus, **KÖNIG** *der Propheten*

Kein anderer Prophet verband wie er die antike griechische Prophetie mit einer umfassenden Kenntnis der jüdischen Kabbala und den Erkenntnissen der Astronomie. Kein anderer Prophet beschäftigte sich mit einer so langen Zeit und lag mit seinen Aussagen dabei so konsequent richtig.

Die Visionen des Nostradamus

Der Prophet Nostradamus wurde am 14. 12. 1503 in der Provence als Sohn eines jüdischen Konvertiten geboren.

Der jüdische Prophet Michel de Notredame

Nostradamus' Ausbildung umfaßte die Klassik, Hebräisch, Astrologie und die Kabbala. Er las in alten Büchern, die er später verbrannte, über Magie und über griechische Prophetie, und er studierte Philosophie in Avignon und Medizin in Montpellier.

1555 veröffentlichte er die ersten Bücher seiner Reihe »Siècles« (Jahrhunderte). Das gesamte Werk, das 1568 erschien, enthielt zehn Sièles mit je ungefähr 100 Versen oder Vierzeilern. Sie umfaßten die Zeitspanne von 1555 bis zum Ende der Welt, das Nostradamus für 3797 n. Chr. voraussagte. In den Siècles werden viele Ereignisse prophezeit, manche davon mit erstaunlichen Details.

Nostradamus griff auf traditionelle Methoden der Prophezeiung zurück, wie sie schon von den Sibyllen und den Wahrsagerinnen im antiken Griechenland verwendet wurden.

In seinem berühmten Brief aus dem Jahr 1558 an Heinrich II. von Frankreich bestätigt er den Gebrauch eines »tripode aeneo«, also eines bronzenen Dreibeins. Seine Gabe der Prophetie beschreibt er auch als »ein Gefühl, das mich beschleicht ... ein inneres Streben, das ich von meinen Vorfahren geerbt habe«. »Große Ereignisse, traurig oder gewaltig« sieht er, als ob er »in einen brennenden Spiegel blicke, so als ob die Sicht vernebelt sei«.

Nostradamus machte seine Prophezeiungen in der Nacht, »zu ganz bestimmten Mußestunden«. Nachdem er ein Ereignis vorhergesehen hatte, versuchte er, das präzise Datum mit Hilfe astrologischer und astronomischer Methoden zu bestimmen. Nach diesen Berechnungen vermied Nostradamus es bewußt, das entsprechende Datum eines Ereignisses in seine Verse aufzunehmen, obwohl es ihm seiner Aussage nach möglich gewesen wäre: »Wenn ich gewollt hätte, wäre es ein leichtes gewesen, jedem Vierzeiler sein genaues Datum mitzugeben.« Es ist schon lästig für den Leser der »Siècles«, daß er sich mit ganz wenigen Daten bescheiden muß – neun in 1 000 Versen und acht in anderen Teilen seines Werkes. Auch in einigen anderen der Vierzeiler sind Daten enthalten, hier aber oft unter astrologischer Fachsprache vergraben.

Um Nostradamus' Datierung seiner apokalyptischen Prophezeiungen nachzuvollziehen, müssen wir uns zuerst mit seinem System der Datierung beschäftigen. Die meisten systematischen, erfolgreichen Prophezeiungen hängen von einer wiederkehrenden Zeitenfolge ab. Die Voraussagungen im »Liber Vaticinationem« beruhen beispielsweise auf »Normae«, Perioden von 60 Jahren.

Es ist zwar bis heute noch von keinem Interpreten seiner Prophezeiungen erwähnt worden, aber Nostradamus benutzte die Planetenbahnen um die Sonne, um künftige Ereignisse zu datieren. Die Bahnen von Saturn und Jupiter, bzw. die 29 458 und 11 862 Jahre, benutzte er am häufigsten. In Siècle IX,73 berechnet er die Regierungszeit eines Königs mit dieser Methode: »Er wird nicht solange regieren wie eine Umdrehung des Saturn benötigt.« Im vorangegangenen Vierzeiler heißt es: »Saturn hat 23 Kreise vollendet.« Nostradamus schätzte, daß ein in etwa gerades Vielfaches der Umlaufbahnen dieser beiden Planeten – nämlich 60 – die unmittelbare Ankunft bedeutsamer Ereignisse anzeige.

NOSTRADAMUS' GEHEIME UHR

Für die alten Griechen und Römer und für Nostradamus gab es weder Uranus noch Neptun oder Pluto neben den Planeten Saturn und Jupiter. Sie waren noch nicht entdeckt worden. Die Bahnen der anderen Himmelskörper (Merkur, Venus und Mars) waren zu schnell, um sie zum Maßstab kommender Jahrhunderte zu machen. Deshalb wurden Jupiter und Saturn für Nostradamus zu seiner »Zukunftsuhr«. Jupiter und Saturn treffen sich etwa alle 60 Jahre, nachdem Jupiter fünf und Saturn zwei Bahnen um die Sonne gezogen hat. Zwei »Saturnjahre« entsprechen 58,9, also knapp 60 Erdenjahren. Die Zahl 60 wiederum entspricht ziemlich genau fünf Umdrehungen des Jupiter (59,31 um genau zu sein). Der Russe Immanuel Velikovsky glaubte, daß Jupiter in der Vergangenheit an Masse verloren haben könnte; deshalb könnte es durchaus sein, daß fünf »alte Jupiterjahre« irgendwann einmal genau 60 Erdenjahre gewesen sind.

Die Zahl 60 bildet die Basis für viele alte Zählsysteme. Im Französischen ist dies besonders gut zu sehen – hier zählt man bis 60, »soixante«, und baut die folgenden Zahlen dann auf dieser Plattform auf. 70 erhält man hier z.B. durch die Addition von »60 + 10«. 60 ist auch für chinesische Astrologen eine magische Zahl; sie haben damit einen vollkommenen Zyklus gekennzeichnet.

Kopernikus bewies, daß Saturn und Jupiter sich um die Sonne drehen

Der Code des Nostradamus

Nostradamus benutzte eine Art »Planetenuhr« zur Datierung. In einem Brief an König Heinrich II. bestimmte er 1606 zum Schlüsseljahr für seine Vorhersagen.

Wenn wir unser Wissen aus dem Liber Vaticinationem einsetzen und dem Jahr 1606 60 Jahre hinzufügen, dann kommen wir in das Jahr 1666. Es war das Jahr des Londoner Feuers und ein Jahr, das für die Jahrtausendwende bedeutsam war; es war nämlich 1000 plus die Anzahl der Bestien aus der Apokalypse des Johannes. Weitere 60 Jahre führen uns in das Jahr 1726. Im Siècle III, Vers 77 nennt Nostradamus ein anderes Datum: *»Das dritte Klima unter dem Widder, im Oktober des Jahres 1727, wird der persische König von dem ägyptischen König gefangen genommen. Schlacht, Tod und Verlust – eine große Schande für das Kreuz.«*

Dieser Vierzeiler ist erstaunlich korrekt: es nennt nicht nur das Jahr, sondern auch dem Monat und den Ort des Geschehens. Im Oktober des Jahres 1727 wurde zwischen den Türken (hier durch die Ägypter symbolisiert) und den Persern Frieden geschlossen.

Vers 77 wird unter den vielen undatierten Vorhersagen, die in den meisten Arbeiten des Propheten enthalten sind, als Meilenstein angesehen. Hier finden wir auch die Bestätigung für seine 60-Jahres-Planetenuhr, die erste Zeile, das »dritte Klima unter dem Widder«, ist die dritte 60-Jahres-Periode.

Das große Feuer von London war Teil von Nostradamus' 60-Jahres-Zyklus, mit dem er die Zukunft bestimmte

Zum Jahr 1727 addieren wir weitere 60 Jahre und gelangen nach 1787, dem Jahr, in dem das Pariser Parlament die Einberufung der Staatsversammlung verlangte. König Louis XVI. machte Ausflüchte und wehrte sich, aber die Versammlung trat zwei Jahre später in Versailles zusammen. Der Pariser Mob stürmte die Bastille, 1792 wurde die königliche französische Familie gefangen genommen und die Französische Republik ausgerufen.

In seinem Brief an Heinrich II. nennt Nostradamus genau dieses Datum 1792, und sagt, daß das französische Volk es für einen »neuen Anfang in seiner Geschichte nehmen wird«. In diesem Jahr wurde der französische Revolutionskalender in Kraft gesetzt.

Zwischen unserem Schlüsseldatum 1727 und dem Ende der Welt – nach Nostradamus das Jahr 3797 – liegen 2 070 Jahre, das entspricht ziemlich genau 70 Umdrehungen des Jupiter. Eine weitere Bestätigung dafür, daß Nostradamus die Umlaufzeiten des Jupiter als feste Bezugsgröße in seinen astronomischen Berechnungen benutzt hat, mit denen er seinen Prophezeiungen die Daten hinzugefügt hat, die seine Deuter fast 450 Jahre lang vergeblich untersucht haben.

Nostradamus hinterließ verschiedene bedeutsame Daten in seinen Prophezeiungen als Hinweis, andere Vorhersagen richtig zu datieren, und als überzeugenden Beweis dafür, daß er in der Lage war, besonders wichtige Ereignisse auf das Jahr und sogar auf den Monat genau vorherzusagen.

Damit kann man auch die Ankunft des dritten Antichristen, die Kriege in dieser Zeit und die letzte Apokalypse genau datieren.

GEOGRAPHISCHE BEZÜGE DER VORHERSAGEN

In einem Brief an Heinrich II. räumt Nostradamus ein, prophetische Berechnungen anzustellen, die sich mit »Städten und Dörfern überall in Europa, Afrika und in Teilen von Asien« beschäftigen. Tatsächlich betreffen etwa 60 Prozent seiner Weissagungen Europa und hier wiederum in der Hauptsache seine Heimat Frankreich (28 Prozent seiner Vierzeiler beschäftigen sich nur mit Frankreich). Nur drei Prozent der Verse gelten dem islamischen Nordafrika, Teilen von Zentralasien und dem Mittleren Osten. Für den Rest gibt es keine spezifischen Ortsangaben, man kann also annehmen, daß sie auch mit Vorkommnissen in Frankreich zu tun haben.

Amerika sei angeblich oft in den Vorhersagen erwähnt worden. Auf »Americh« bezieht sich aber nur ein einziger Vierzeiler. Der Zusammenhang ist dabei aber völlig britisch, mit besonderen Hinweisen auf London und Schottland. Versuche, seine Prophezeiungen auch in Richtung Nord- oder Südamerikas, Australien, auf nichtislamische Länder oder Südostasien auszurichten, sind Spekulationen bzw. falsch.

Heinrich II. erhält den Schlüssel

Der Erstürmung der Bastille – Wendepunkt der Französischen Revolution

Eine bedrohte Monarchie?

Die britische Monarchie hatte in der letzten Zeit weitaus mehr Probleme, als man ihr hätte wünschen mögen.

Sarah, Herzogin von York

Ein schwerer Schlag traf die britische Königsfamilie, als ein großer Teil von Windsor Castle, dem Stammsitz der Queen, in Flammen aufging, ohne daß die offensichtlich machtlose Feuerwehr es verhindern konnte. Der Bau war nicht versichert, die Kosten des Wiederaufbaus werden auf 140 Millionen DM geschätzt.

Zum persönlichen Kummer kamen die Probleme mit der früheren Kolonie Australien, die in eine Republik umgewandelt werden soll.

Die größte Erschütterung hatte die Monarchie schließlich zu ertragen, als Gerüchte über eine mögliche Scheidungen von Prinz Andrew und Thronfolger Prinz Charles entstanden.

In Siècle VI,59 scheint Nostradamus schon vor dem Drama zwischen Prinz Andrew und seiner Frau Lady Sarah Ferguson gewarnt zu haben, das dann 1991 und 1992 in die Schlagzeilen geriet: *»Die Lady rast vor ehebrecherischer Wut. Sie wird sich gegen ihren Prinzen verschwören und kein Wort mehr mit ihm wechseln. Der Schuldige wird bald bekannt werden, und 17 werden ein Martyrium erleiden«.*

Windsor Castle, Sitz und Symbol des britischen Königshauses, in Flammen

Lady Sarah war wegen Zeitungsmeldungen über eine angebliche, ehebrecherische Beziehung zwischen ihr und dem texanischen Geschäftsmann Steve Wyatt so aufgebracht, daß sie ohne Prinz Andrew nach Indonesien reiste und zunächst mit ihm kein Wort wechselte. In den Zeitungen wurden Photos veröffentlicht, auf denen die Prinzessin mit Mr. Wyatt zu sehen war, offensichtlich der Beschuldigte, von dem im Vers die Rede ist. Die Identität der 17, die wegen ihrer Handlungen ein »Martyrium« zu erleiden haben, muß allerdings noch geklärt werden.

Ebenfalls 1991 wurden Spannungen zwischen Prinzessin Diana und Prinz Charles bekannt. Mehrere Zeitungen veröffentlichten Berichte über angebliche Telefonate zwischen der Prinzessin und James Gilbey, einem engen Freund. Ein Buch mit Einzelheiten über die beklagenswerte Ehe der Prinzessin und über ihre Zurückweisung durch Prinz Charles schürte das Feuer der Spekulationen weiter. Diese Ereignisse könnten durch den Siècle VI,74 vorweggenommen worden sein: *»Die Ausgestoßene wird zu den Herrschern zurückkehren, unter den Verrätern sind ihre Feinde. Ihre Herrschaft wird triumphaler sein als je zuvor, und ihr Tod wird mit Sicherheit mit 73 Jahren eintreten.«*

Dies scheint darauf hinzudeuten, daß die Popularität der Prinzessin ihre Rückkehr in das Zentrum der Monarchie sicherstellen wird, und daß sie vielleicht 73 Jahre alt werden wird.

Ein anderer Vierzeiler (VII, 83) könnte sich auch auf diese Vorgänge beziehen:

»Warmer Wind, Beratungen, Tränen und Furcht, / nachts verwundbar und ohne Waffen im Bett: / Großes Unglück durch Unterdrückung, / das Hochzeitslied wendet sich ins Gegenteil, Jammern und Tränen.«

Die anfängliche Zurückhaltung der königlichen Familie, die Angelegenheit über die Presse zu klären, wird hier auf Zaghaftigkeit zurückgeführt. Die zweite Zeile bezieht sich auf die ziemlich unrühmlichen und mit Vorwürfen gewürzten Beschimpfungen zwischen Prinz und Prinzessin. Diana fühlte sich bei der Ausübung ihrer öffentlichen Pflichten sowohl von Prinz Charles als auch durch die Belästigung der Presse in die Enge getrieben. Was sagt Nostradamus über das Ende all dieser Vorkommnisse? Ein isolierter Vers, VIII,2, der nur in einigen der früheren Ausgaben erscheint, könnte eine Antwort bieten: *»Einige werden kommen und über Frieden sprechen zwischen Königen und sehr mächtigen Lords. Eine Einigung wird aber so lange nicht erreicht werden, bis nicht einer von ihnen gehorsamer ist als die anderen.«*

Charles und Diana – wird die »Verstoßene« zurückkehren?

DIE ZUKUNFT

Der Vers, der das Ergebnis schließlich zusammenzufassen scheint, ist Siècle X,40: *»Der junge Erbe des britischen Reiches, / von seinem sterbenden Vater empfohlen: / nach dem Tod des letzteren wird LONOLE (London?) mit ihm streiten / und vom Sohn das Reich zurückfordern.«*

Dies ist oft als eine Voraussage der Abdankung Edwards VIII., 1936, verstanden worden. Unter Umständen paßt es aber besser zu der Lage, in der sich die britische Monarchie heute befindet.

Eine Deutung könnte sein, daß Prinz Charles, »der junge Erbe des britischen Reiches« von seinem Vater auf den Thron empfohlen wird. Während der Vater in dem Vierzeiler stirbt, scheint dies im Augenblick weniger wahrscheinlich zu sein. Es ist nicht klar, was »LONOLE« bedeutet, da es aber im französischen Original in Großbuchstaben erscheint, kann es sich hier auch um ein Anagramm oder ein Wortspiel handeln, vielleicht aber auch um einen Hinweis auf London oder auf das Parlament.

Schließlich fordert das Parlament in der letzten Zeile das Reich zurück und verlangt sogar, daß Charles abdankt. Um dieses Problem zu lösen, könnte die Regierung gezwungen sein, die Möglichkeit einer Republik durch eine Volksabstimmung klären zu lassen. Unklar ist, ob es in der letzten Zeile um eine Republik geht.

Der dritte Antichrist

Interpreten der Prophezeiungen des Nostradamus nennen Napoleon den ersten, Hitler den zweiten Antichrist. Wer ist der Dritte?

In seinem Brief vom 27. 6. 1558 an Heinrich II. von Frankreich erwähnt Nostradamus den dritten Antichristen. Dieses Wesen soll erscheinen, wenn die Deutschen »von der gesamten lateinischen Rasse geschlagen« worden sind. Zeit und äußere Umstände dieses Kommens können nur vermutet werden. Die Wortwahl deutet auf Krieg, es kann sich aber genauso gut um einige innere Anpassungen in der Europäischen Gemeinschaft handeln. Im gleichen Brief geht Nostradamus noch etwas näher auf die Ankunftszeit des Antichristen ein:

»Das große Reich des Antichristen wird dort beginnen, wo einst das Reich des Attila lag. Der neue Xerxes wird mit mächtigen und zahllosen Scharen erscheinen.«

Attila (etwa 406 bis 45), der Hunnenkönig, auch »Geißel Gottes« genannt, behauptete, von göttlicher Abstammung zu sein und einen Anspruch auf die Weltherrschaft zu haben. Für Nostradamus hat der Antichrist ähnliche Wesensmerkmale: eine Gestalt eben, die sich anmaßt, die Welt zu beherrschen und die in Deutschland an die Macht kommen wird. Außerdem bezeichnet er den Antichristen als einen neuen Xerxes. Der historische Xerxes (485–65 v. Chr.), König von Persien, wollte Griechenland erobern und legte Athen in Schutt und Asche. Die Passage unterstellt, daß der Antichrist die Basis der westlichen Demokratie, symbolisiert durch Athen, zerstören will. Seiner Ankunft *»wird eine Sonnenfinsternis vorausgehen, undurchsichtiger und dunkler als alle, die seit der Schöpfung zu sehen waren, außer der nach dem Tod und dem Leiden Jesu Christi«.*

Die nächsten drei totalen Sonnenfinsternisse, die in Großbritannien und Europa zu sehen sein werden, sind am 11. 8. 1999, am 23. 9. 2030 und am 7. 10. 2135.

Eine davon fällt mit der Ankunft des Antichristen zusammen. Im Siècle X,72 bezieht sich Nostradamus auf das erste dieser Daten, eine seiner wenigen genauen Jahresangaben:

Attila, die Geißel Gottes

»Im siebten Monat des Jahres 1999 wird der große König des Terrors vom Himmel steigen. / Er wird den großen Mongolenkönig wiedererwecken, / davor und danach wird Krieg herrschen.«

Wenn man den Wechsel vom julianischen zum gregorianischen Kalender im Jahr 1582 vernachlässigt, dann wird die Sonnenfinsternis am Ende des siebten Monats 1999 stattfinden.

Jeane Dixon, eine amerikanische Hellseherin, hatte die Vision von der Geburt des Antichristen am 5. 2. 1962, auch ein Tag mit einer Sonnenfinsternis. Wenn wir dies als wahr akzeptieren, dann wird er im Alter von 37, ebenfalls während einer Sonnenfinsternis, an die Macht kommen.

Nostradamus gibt uns einen weiteren zeitlichen Hinweis. Kurz vor der Zeit des Antichristen wird jemand vom »50. Längengrad erscheinen, der die gesamte christliche Kirche erneuern wird«. Da der 50. Längengrad fast genau durch Krakau in Polen führt, könnte Nostradamus den einzigen Papst gemeint haben, der aus dieser Stadt kommt – Johannes Paul II. Sein Papsttum wird dem Antichristen vorausgehen, was wiederum 1999 als richtiges Datum bestätigt.

Wer wird die Welt vor dem dritten Antichristen retten? Nostradamus schreibt über »das Kommen des Heiligen Geistes, ausgehend vom 48. Längengrad, der eine Seelenwanderung durchmachen und den gräßlichen Antichristen verjagen wird, der dem Papst und der christlichen Kirche den Krieg erklärt hat«.

Der Retter, der den Antichristen vom Thron stürzen wird, kommt vom 48. Längengrad; auf ihm liegen die Städte Le Mans, Orléans und Wien.

An anderer Stelle (VIII,77) deutet Nostradamus an, daß der Antichrist 27 Jahre lang leben wird:

»Der dritte Antichrist ist bald vernichtet, / sein blutiger Krieg wird 27 Jahre dauern: / Die Ketzer tot, die Gefangenen verstoßen, / und Menschenblut rötet das Land.«

Nach vielen Kriegen und großen Zerstörungen wird es »eine neue Herrschaft und ein goldenes Zeitalter des Saturn geben.« Saturn darf nicht mit Satan verwechselt werden. Wie wir wissen, mißt Nostradamus die Zeit an den Kreisläufen von Saturn und Jupiter, und für ihn ist Saturn, in alter griechischer Manier, Herrscher eines untergegangenen goldenen Zeitalters. In dieses Zeitalter kehren wir also, nach 25jähriger schlimmer Herrschaft des Antichristen, zurück, und zwar 2024, nahe bei Woldbens Berechnung vom Beginn des Wassermannzeitalters und bei Alice Baileys »Manifest der vierten Strahlen« im Jahr 2025.

DER ZWEITE ANTICHRIST IM 20. JAHRHUNDERT

In der Prophezeiung des dritten Antichristen sind Hinweise versteckt, die sich klar auf Hitler, den zweiten Antichristen sowie Kommunismus und Faschismus beziehen.

Die Abschnitte klingen verwirrt, weil der zweite und der dritte Antichrist aus Deutschland kommen. Nostradamus geht in seinem berühmten Brief an Heinrich II. auf den Aufschwung Hitlers ein: »... das mächtigste Land zwischen den zwei europäischen Strömen, bis 45 und andere bis 41,42 und 47.

Während dieser Zeit wird sich die teuflische Gewalt in diesen Ländern gegen die Kirche Jesu Christi wenden. Damit ist das Kommen des zweiten Antichristen gewiß.« Der Hinweis auf »45« bezieht sich auf das zu Ende gehende Jahr 1945. Nostradamus ist sich darüber im klaren, daß »die Herrschaft des genannten Antichristen nur bis zu seinem (Hitlers) Tod dauern wird, der kurz vor dem Ende des Jahrhunderts geboren wurde«. Hitler wurde im Jahr 1889 geboren.

Diesem Teil geht ein merkwürdiger Satz voraus: »... all dies wird begleitet von der Zeugung eines neuen Babylon, der elenden Hure, fett durch den abscheulichen, ersten Holocaust.« »Holocaust« bezieht sich auf Hitlers Judenvernichtung, und damit knüpft dieser Satz an eines seiner grausamsten Verbrechen an, die auch mit den Sünden in Zusammenhang steht, die der dritte Antichrist begehen wird.

Adolf Hitler, der zweite Antichrist, begeistert seine Gefolgschaft

Die islamische Expansion

Europa hat einen Teil seiner wirtschaftlichen Macht an die Ölstaaten des Nahen Ostens verloren.

Protestierende Lybier demonstrieren die Stärke der Fundamentalisten

Seit den Kreuzzügen, als das Heilige Land Palästina für das Christentum »gerettet« werden sollte, war das Interesse des Westens an dieser Region nicht mehr so groß wie heute. Nostradamus Voraussagen über das Schicksal dieses Gebietes sind erstaunlich detailliert (siehe Kasten).

Das Interesse der christlichen Länder an der moslemischen Welt wird oft mit der Jahrtausendwende in Zusammenhang gebracht. Die Rückkehr der Juden in ihre geistige Heimat ist z.B. auch von vielen Christen unterstützt worden, weil sie glaubten, daß diese Umsiedlung eine notwendige Voraussetzung für die zweite Wiederkehr Christi sei. Dieses Ziel wurde 1947 mit der Gründung des Staates Israel endlich erreicht, ein halbes Jahrhundert vor der Jahrtausendwende. Als Konsequenz daraus ergab sich ein verstärkter arabischer Widerstand. Im Vers VI,80 sagt Nostradamus zwei islamische Invasionen für die 90er Jahre voraus, eine von Marokko (repräsentiert durch die Stadt Fez) und die andere vom Iran (Persien) ausgehend: *»Von Fez wird sich das Königreich nach Europa ausdehnen, Städte werden brennen und Schwerter werden klingen. Ein großer Asiate wird mit riesigen Truppen zu Land und zu Wasser kommen und Persien ins Verderben reißen.«*

Nostradamus hatte viel über die Türken und Araber zu sagen, die in seiner Zeit drohten, ganz Europa zu umklammern. Muslimische Herrscher hatten Spanien angegriffen und waren dabei bis zu den Pyrenäen gekommen, und die Türken stießen vor bis zu den Stadtmauern von Wien. In Siècle VI,80 werden aber die Iraner (Perser) als diejenigen angegeben, die eine Bedrohung darstellen.

Ein asiatischer Führer ist ebenfalls in die Angelegenheit verwickelt, und der Angriff wird brennende Städte und viele Opfer fordern, die »durch das Schwert« umkommen werden. Das kann sich auf einen Heiligen Krieg (Jihad) beziehen, in dem muslimische Armeen aus Nordafrika und dem Iran zusammen gegen das christliche Europa vorgehen, wie damals bei dem islamischen Einmarsch in Spanien vor 700 Jahren. Es wird aber wohl eher einer der letzten Ausbrüche des islamischen Fundamentalismus von der Art sein, für die Oberst Gaddafi von Libyen berühmt ist. Eine andere Verszeile (I,73) scheint darauf hinzudeuten, daß die Iraner versuchen werden, Tunesien, Algerien und Marokko zur Teilnahme an dieser Aktion zu bewegen: *»Tunesien und Algerien werden von den Persern aufgewiegelt.«*

Den Franzosen wird vorgeworfen, sie hätten den Aufruhr durch Unachtsamkeit gefördert. Nostradamus scheint Frankreichs Kolonialinteressen in Nordafrika zu kennen, obwohl diese erst viele Jahre nach seinem Tod Bedeutung erlangt haben. In Siècle I,18 gibt es wieder einen sehr deutlichen Hinweis auf Frankreich: *»Wegen der gallischen [französischen] Zwietracht und Nachlässigkeit / wird sich für Mohammed ein Weg öffnen: / Das Land und die See bei Siena werden in Blut getränkt, / und Marseilles wird vor Segeln und Schiffen kaum zu sehen sein.«*

Der Weg, »der sich für Mohammed« öffnet, könnte ein Bild für erleichterte Einreisebedingungen gegenüber islamischen Einwanderern sein. Siena ist eine nicht ganz geglückte Übersetzung für »Senoise«. Das kann sich auf Einwanderer aus dem durch Krieg zerstörten Senegal handeln.

Siècle V,55 enthält den Hinweis, daß ein großer, islamischer Eroberer in »Arabia Felix« geboren werden wird, im südöstlichsten Teil von Arabien, der heute als Jemen bekannt ist. Dieser Teil der Welt ist mit westlicher Politik noch nicht so verwoben; ihr Interesse richtet sich in erster Linie auf Saudi-Arabien und später auf Ägypten:

»Im Lande Arabia Felix / wird ein mächtiger Mann unter dem Gesetz Mohammeds geboren: / Um Spanien zu quälen, um Grenada zu erobern / und um das ligurische Volk von See her anzugreifen.«

Die Ligurier sind das Volk von Genua in Italien, während Grenada (genauer Granada) in Spanien liegt. Der islamische Herrscher wird den Südteil Spaniens für den Islam zurückerobern. Für Europa wird es anscheinend noch weitere islamische Übergriffe geben.

SADDAM HUSSEIN UND DIE HURE BABYLON

Der jüngste Nahostkrieg, 1991 vom irakischen Führer Saddam Hussein angestiftet, wurde von Nostradamus ganz eindeutig vorhergesagt. Der Prophet beschreibt ihn in Siècle VIII,70 mit erstaunlicher Klarheit:

»Er wird einfallen, niederträchtig, widerlich und schändlich und Mesopotamien tyrannisieren. Die Freunde werden die der ehebrecherischen Frau sein, und das Land wird schrecklich und schwarz von Anblick sein.«

Kuwaitische Ölfelder brennen unkontrolliert

Saddams Überfall auf Kuwait war auf jeden Fall niederträchtig und heimtückisch. Mesopotamien, der alte griechische Name für den Irak, wird immer noch von ihm unterdrückt. Die »ehebrecherische Frau« könnte ein Freund und Verbündeter Husseins aus dem 20. Jahrhundert sein, es ist aber eher wahrscheinlich, daß es sich um einen Hinweis auf die Hure von Babylon handelt, die in der Apokalypse des Johannes vorhergesagt wurde. Die Stellung Babylons als Hauptstadt der Region wurde inzwischen von Bagdad übernommen. Die letzte Zeile ist eine perfekte Beschreibung der pechschwarzen Wolken, die über Kuwait lagen, nachdem Saddam Hussein die Ölquellen des Landes vorsätzlich in Brand gesetzt und dadurch eine Umweltkatastrophe ungeahnten Ausmaßes verursacht hatte.

Der Niedergang des Vatikan

Malachäus hat bereits das Ende der langen Papstreihe in Aussicht gestellt, es bleibt aber Nostradamus vorbehalten, uns zu berichten, wie es dazu kommen wird.

Sollten diese Kardinäle eine Verfolgung fürchten?

Im Absatz 50 seines berühmten Briefes vom 27. 6. 1558 an Heinrich II. von Frankreich stellt Nostradamus fest, daß »die Verfolgung der Priester von den Mächten der Könige von Aquilon (dem Norden)« ausgeht. Weiterhin wird »der Papst in seinen ursprünglichen Stand zurückgesetzt werden, und traurig und von allen verlassen wird er in seine Kirche zurückkommen, die von Heiden verwüstet wurde, nachdem Altes und Neues Testament hinausgeworfen und verbrannt wurden. Danach wird der Antichrist, der höllische Prinz, erscheinen. In dieser letzten Epoche werden alle christlichen Königreiche und die ungläubige Welt für eine Zeitspanne von 25 Jahren erschüttert.« Nachdem Satan gefesselt wurde, wird »zwischen Gott und den Menschen eine 1 000jährige Friedenszeit beginnen.« In Siècle X,70 kündigt er dem Papst eine Todesart an, die es bislang noch nicht gegeben hat, und er unterstellt dabei, daß es sich um einen der drei letzten Päpste handeln muß: *»Wegen eines Gegenstandes wird das Auge anschwellen, / es wird brennen, bis der Schnee fällt. / Die nassen Felder werden schrumpfen, / und der Primas wird in Reggio sterben.«*

Bisher ist kein Papst in Reggio gestorben, man kann daraus schließen, das es noch geschehen wird. Der Tod scheint mit einer Augenentzündung zusammenzuhängen, so schmerzhaft, daß »der Schnee fallen wird«, ein Satz der auf Blindheit oder auf grauen Star deutet.

In einem Vers (V,15) sagt Nostradamus voraus, daß der Papst gefangengenommen wird:

»Der große Pontifex wird gefangengenommen, während er das Schiff navigiert, / der große danach, um die Geistlichkeit in Aufruhr zu versetzen. / Der Zweite, außerhalb seines Reiches gewählt, lehnt ab, / sein Lieblingsbastard (uneheliches Kind) zerbrochen auf dem Rad.«

Dies ist eine sehr gewagte Prophezeiung, die sich bislang offensichtlich noch nicht bewahrheitet hat. Die einzigen Päpste, die seit 1555 in Gefangenschaft waren, sind Pius V. und Pius VII., beide vor 1814 von Napoleon in Fontainebleau festgesetzt. Manchmal wurden diese beiden Ereignisse im Zusammenhang gesehen. Die Passage kann aber auch andeuten, daß der dritte Antichrist die Kontrolle über das Papsttum übernehmen wird.

Die zweite Zeile legt die Vermutung nahe, daß der Papst flieht oder seine

Priester im Stich läßt und vielleicht Rom verläßt. Die dritte Zeile könnte sich auf seinen ängstlichen Nachfolger beziehen, der sich versteckt hält.

Die letzte Zeile paßt eher zu einem mittelalterlichen Papst; der letzte, der berühmt war für seine unehelichen Kinder, hieß Paul III. (1534–49). Der mittelalterliche Anstrich rührt auch vom »Rad« her.

Es wird nicht mehr als Folterinstrument verwendet, deshalb könnte dieser Hinweis vielleicht aus heutiger Sicht gesehen auch einem Autoreifen gelten

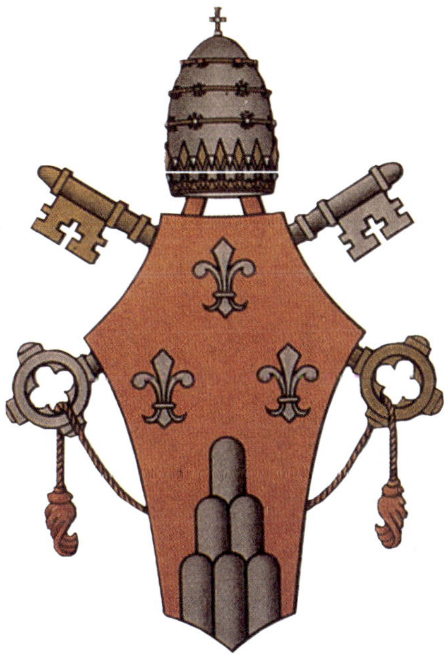

Das Wappen Papst Paul VI.

und damit einen Verkehrsunfall andeuten. In Siècle V,46 wird eine interessante Verbindung zu einer bevorstehenden Kirchenspaltung hergestellt: *»Streit und neue Programme der Rothüte, / wenn die Sabiner gewählt sind: / Sie werden viele Scheinbeweise gegen ihn zusammentragen / und Rom wird durch die aus Alba schwer verletzt werden.«*

Mit den »Rothüten« sind die Kardinäle gemeint. Ein Kardinal aus dem Sabinerland (nördlich von Rom) wird zum Papst gewählt werden. Ein Teil der Kardinäle wird sich aber gegen ihn wenden und seine Wahl nicht anerkennen.

Die letzte Zeile legt die Vermutung nahe, daß eher Rom als der Vatikan angegriffen werden soll, die Identität der »Albaner« ist aber schwer festzustellen. Einige Deuter vermuten, es könne sich um die Einwohner des Landes Albanien handeln. Eine wahrscheinlichere Lösung wäre die, daß es sich um eine Gruppe von Leuten handelt, deren Flagge oder Symbol weiß ist: »albus« heißt weiß. Noch plausibler wäre es, die »Albaner« als Hinweis auf die Albenser, die wahren Lateiner, zu verstehen. Wenn diese Interpretation akzeptiert wird, dann deutet Nostradamus hier einen Angriff aus dem inneren Zirkel des Vatikan an und unterstreicht damit die Möglichkeit einer Kirchenspaltung.

Welche Erklärung man auch nimmt – es scheint, daß innerhalb der Regentschaft der nächsten drei Päpste viele Probleme auf den Vatikan zukommen.

DIE BRITISCHE VERBINDUNG

Siècle VI,22 deutet auf eine interessante Verbindung zwischen Großbritannien und dem Papsttum: »Im Land des großen, himmlischen Tempel / wurde ein Neffe in London durch vorgetäuschten Frieden getötet. / Die Barke wird schismatisch werden, / und vorgetäuschte Freiheit wird überall verkündet.«

In diesem Vers wird das Wort »Barke« wieder als Metapher für das Papsttum verwendet. Das »Land des großen, himmlischen Tempels« dürfte England sein. Der Londoner Mord am Neffen eines Herrschers kann bereits geschehen sein, aber es gibt Gründe für eine andere Annahme, weil der andere übereinstimmende Faktor – das doktrinäre Schisma in der römisch-katholischen Kirche – nicht dabei ist.

Die englische Kirche hat vor nicht allzu langer Zeit wegen der Entscheidung, daß auch Frauen Priester sein können, eine Spaltung eigener Art erfahren. Konservative Mitglieder des Klerus drohten damit auszutreten. Nostradamus' Hinweis auf die Barke bezieht sich jedoch eindeutig auf die römisch-katholische Kirche. Die letzte Zeile könnte sich auf eine falsche Freiheit beziehen, die durch den dritten Antichristen ausgerufen werden wird.

Priesterinnen verursachten das Schisma

Die sieben Jahrtausende

Nostradamus zufolge wurde die Erde 4137 v. Chr. erschaffen, was dem Datum des Erzischofs Ussher nahekommt. Heute leben wir im Endstadium des 6. Jahrtausends.

Nostradamus' Vision von dem, was das siebte Jahrtausend vorsieht, ist für die christliche Kirche ziemlich düster. Er schildert dies Millennium als »die Zeit, in der sich die Gegner Christi und seiner Kirche mit großer Macht vervielfältigen werden.«

Der Beginn dieses Jahrtausends steht uns unmittelbar bevor. Siècle X,72 kündigt für 1999 Krieg an:

»Im siebten Monat des Jahres 1999 / wird der große König des Terrors vom Himmel kommen, / um den großen Mongolenkönig wieder zum Leben zu erwecken. / Vorher und nachher wird Mars regieren.«

Diese Voraussage scheint gut in die Zeit unmittelbar vor der Jahrtausendwende zu passen. Der siebte Monat wird der September sein, da der Jahresanfang für Nostradamus der 1. März ist. Die Herrschaft des Mars symbolisiert Krieg. Der vermutliche König des Terrors wird sehr wahrscheinlich der Antichrist sein, obwohl auch irgendeine grausame Waffe diesen Titel tragen könnte. Der nächste Vers spricht, mit einigen heidnischen Untertönen, vom Jüngsten Gericht:

»Gegenwart und Vergangenheit / werden vor dem großen Gott gerichtet: / die Welt hat sich zu spät von ihm abgewandt / und die kirchlichen Eide-Schwörer werden in Untreue abfallen.«

Die erste Zeile deutet ein Gericht über die Lebenden und die Toten an. Richter ist entweder »Jupiter« selbst, der Vater aller römischen Götter oder – was eher wahrscheinlich ist – der Antichrist, der heidnische Führer. Die Welt wird zu spät erkennen, wer er ist und seiner Herrschaft überdrüssig werden. Illoyale Kirchenfürsten leisten ihm einen Eid, anstatt ihrem Glauben treu zu bleiben. Auch der nächste Vierzeiler ist datiert (X,74); er bezieht sich auf weitere Entwicklungen in der gleichen Periode:

»Wenn das Jahr der großen sieben-ten Zahl beendet ist / wird es zur Zeit

Hekate, die Göttin der Hexenkunst

Werden bei den Olympischen Spielen 2000 heidnischer Sitten wiederbelebt?

der Spiele während der Hekatomben erscheinen: / kurz vor dem großen Jahrtausend, wenn die Begrabenen aus ihren Gräbern steigen.«

Das »Jahr der großen siebten Zahl« bezieht sich auf die Ankunft des siebten Jahrtausends im Jahr 2000. »Hekatombe« ist das Opfer der 100 Rinder während der antiken olympischen Spiele. Das Wort »Hekatombe« klingt auch nach dem Namen der Göttin Hekate, der Göttin der Nacht, der Magie und der Zauberei.

Nostradamus bekräftigt in seinem Vers und seinem Brief an Heinrich II. von Frankreich nachdrücklich, daß nach der Festsetzung des Satan »zwischen Gott und den Menschen ein Universalfrieden beginnen soll. Er soll 1000 Jahre dauern.«

Obwohl am Ende dieses Jahrhunderts apokalyptische Ereignisse stattfinden, wird die Erde bis zum Jahr 3797 überleben. Er sagt: »... vor dem Ende des 7. Jahrtausends ... wird sich die Erde einer großen Feuersbrunst nähern ... obwohl ihre Zeit nach meiner Voraussage damit noch nicht abgelaufen ist.«

Für diese Zeit prophezeit Nostradamus auch eine Klimaveränderung: »Es wird so wenig Regen geben und so viel Feuer und feurige Geschosse, die vom Himmel fallen, daß nichts diesen Holocaust überleben wird. Dies wird vor der letzten Verwüstung geschehen.«

Dies bestätigt er auch in einem Brief an seinen Sohn César: Die Verwüstung bringt »so viele Katastrophen und Aufruhr mit sich, daß kaum ein Land von den Wassermassen verschont bleiben wird. Dies wird andauern, bis alles außer der Geschichte und Geographie selbst umgekommen ist«

WIE ALT IST DIE WELT?

Hat Gott Adam um 4758 v. Chr. erschaffen?

Wenn wir mehr über das Ende der Welt wissen wollen, dann müssen wir uns zunächst mit ihrem Anfang beschäftigen. Das entsprechende Datum hat Nostradamus in seinem Brief an König Heinrich II. offensichtlich auf zwei verschiedene Arten berechnet. Im zehnten Absatz berechnet er die Zeit, die zwischen der Schöpfung Adams und der Geburt Christi verging mit 1 242 + 1 080 + 515 + (oder 516) + 570 + 1 350 = 4 757 (oder 4 758) Jahren. Daraus errechnet sich 2242 n. Chr. als das Ende des siebten Jahrtausends und der Beginn der Apokalypse.

Im gleichen Brief kommt er etwas später (Absätze 39–40) mit einer anderen Rechnung und bekundet ohne Skrupel, daß diese nicht mit der vorherigen übereinstimme. Von Adam bis Christus scheinen jetzt 1 506 + 600 + 1 + 295 + 100 + 60 + 130 + 430 + 480 + 490 = 4 092 Jahre und zwei Monate zu vergehen. Aus irgendeinem merkwürdigen Grund, vielleicht wegen eines fehlenden Satzes, berechnet Nostradamus diese Zahlen mit 4 173 Jahren und 8 Monaten.

Traditionelles christliches Wissen, wie durch Erzbischof James Ussher überliefert, besagt, die Welt sei 4004 v. Chr. erschaffen worden. Damit müßte das 7. Jahrtausend im Januar 1997 beginnen. Nach Siècle X,72 scheint das Jahr 2000 n. Chr. jedoch viel wahrscheinlicher zu sein. Die gesamte Lebensspanne der Welt von 4173 v. Chr. bis 3797 n. Chr. ergibt 7 970 Jahre, wenn man die Monate einmal außer acht läßt. Wenn wir mit dieser Zahl von 4758 aus rechnen, dann kommen wir zum Jahr 8555. Die erste Zahl scheint aber bedeutsamer zu sein, ihr fehlen lediglich 30 Jahre bis zum vollen 8. Jahrtausend.

Königreich der KULTE

Viele christliche Kulte haben einen eigenen Messias hervorgebracht, und zahlreiche Jünger folgten ihnen nur zu bereitwillig – von den Frauen des Hauses der Liebe, die ihre Toten aufrecht beerdigten, bis zu den modernen Kulten mit Millionen von Anhängern und mächtigen PR-Instrumenten.

Prophezeiungen auf Goldtafeln

Es gibt wohl keine amerikanische Sekte, die eine ähnlich farbige und faszinierende Geschichte hat wie die der Mormonen. Sie wurde im 19. Jahrhundert vom Propheten Joseph Smith gegründet.

Joseph Smith

Joseph Smith, in Vermont geboren, hatte seine erste Erscheinung im Frühling 1820, im zarten Alter von 14 Jahren. Er betete im Wald in der Nähe seines Heimes, als ihm plötzlich zwei Wesen erschienen. Einer zeigte auf den anderen und sagte: »Das ist mein geliebter Bruder, höre auf ihn!« Smith vermutete sofort, daß er Zeuge eines Besuches durch Gott selbst geworden sei. Darum verlor er keine Zeit und fragte, welcher Sekte oder Kirche er angehören müsse, um errettet zu werden. Das Wesen antwortete, daß »alle Glaubensrichtungen abscheuliche Verfehlungen seien«. Seine zweite Vision erlebte er zwei Jahre später, als ihn der Engel Moroni, ein »Botschafter Gottes« aufsuchte und ihm auftrug, das wahre Evangelium zu verkünden.

Joseph Smith erhält die Goldtafeln vom Engel Moroni

Der Engel sagte ihm, daß ein Buch, auf goldenen Platten geschrieben, bei den Hügeln in der Nähe von Smiths Heimatstadt läge. Es enthalte einen Bericht über die früheren Einwohner von Nordamerika und über »die Gesamtheit des ewigen Evangeliums«, wie sie den Ureinwohnern Nordamerikas vom Retter überbracht worden sei.

Zu diesen Tafeln gehörten Urim und Thummin, zwei Steine, die das prophetische Orakel und die Deutung von Gottes Wort enthielten und von den alten jüdischen Hohepriestern getragen würden.

Wie man sich denken kann, ging Smith am nächsten Tag zu der Stelle am Hügel Cumorah, die der Engel ihm genannt hatte. Dort fand er das Beschriebene in einem steinernen Kasten. Der Engel, der ihn auf dem Hügel besuchte, wies ihn an, den Inhalt nicht aus dem Kasten zu nehmen, sondern für die nächsten vier Jahre jährlich einmal zu dieser Stelle zurückzukehren. Schließlich, am 22. 9. 1827, während der Herbsttagundnachtgleiche, ver-

Mormonenführer Brigham Young

traute der Engel Smith die Tafeln und die anderen Gegenstände an.

Smith heiratete Emma Hale und zog mit ihr bei ihrem Vater ein, wo er begann, den Text auf den goldenen Tafeln zu übersetzen. Dieser Text war in einer seltsamen Sprache geschrieben. Um Martin Harris, einen möglichen Finanzier und Verleger des Buches zu beruhigen, zeigte Smith Beispiele dieser einzigartigen Sprache mit seiner Übersetzung. Harris brachte sie zu Professor Charles Anthon, der die Buchstaben als »reformiertes Ägyptisch«m, eine Mischung aus »Ägyptisch, Chaldäisch, Assyrisch und Arabisch« identifizierte.

Schwer zu sagen, wie ein völlig Ungebildeter wie Smith dies hätte übersetzen können. Anscheinend hat aber göttliche Inspiration über reines Buchwissen triumphiert, und so machte die Übersetzung Fortschritte.

1929 trafen Smith und Oliver Cowdery, ein Freund, bei ihren Gebeten im Wald einen weiteren himmlischen Botschafter. Dieser, er stellte sich als Johannes der Täufer vor, führte sie, wie Smith berichtet, in »die Priesterschaft des Aaron« ein. Aaron war der ältere Bruder von Moses und der erste in einer langen Reihe jüdischer Hohepriester, die nach der Flucht der Israeliten aus der ägyptischen Gefangenschaft in Erscheinung traten. Später erhielten sie eine noch höhere Auszeichnung, die der Priesterschaft von Melchisedek (siehe Kasten).

Smiths Übersetzung des Buches mit den goldenen Seiten wurde am 26. 3. 1830 veröffentlicht, nahe der Frühlingstagundnachtgleiche und zweieinhalb Jahre, nachdem er damit begonnen hatte. Einige Tage später wurde die »Kirche Jesu Christ der Heiligen der letzten Tage«, wie die Mormonen ihre Kirche nennen, offiziell in Fayette bei New York gegründet.

Die Mormonen ließen sich schließlich in Nauvoo nieder. Joseph Smith und sein Bruder wurden wegen der Zerstörung einer Druckerei verurteilt und im Gefängnis von einer Antimormomen-Bande getötet.

Brigham Young (1801–1877), der dem »Märtyrer« Smith nachfolgte, verlegte die Kolonie westwärts nach Salt Lake City in Utah, heute noch Sitz und Hauptquartier der Sekte.

DIE PRIESTERSCHAFT VON MELCHISEDEK

Melchisedek, ein Priester aus Kanaan und zur Zeit Abrahams möglicherweise König von Jerusalem, wurde »Priester des höchsten Gottes« genannt. Eine der gnostischen Sekten (frühe Christen, die behaupteten, gewisse mythische Kenntnisse zu haben, die anderen Menschen verborgen seien) hielt ihn für eine frühere Inkarnation Christi. Diese merkwürdige Ansicht, daß Gott mehr als eine Person habe wiederauferstehen lassen, wird in Paulus' Brief an die Hebräer (7,3) unterstützt, in Melchisedek als dem »Ebenbild des Gottessohnes« bezeichnet wird. Im gleichen Kapitel stellt Paulus sogar Christi Abstammung in Frage und deutet an, daß der judaische Zweig, von dem Christus abstammt, nicht dafür bekannt gewesen sei, große Priester oder Propheten hervorgebracht zu haben. Alle männlichen Mormonen eines bestimmten Alters, von gutem Ansehen und Charakter können entweder in die Priesterschaft des Aaron oder die des Melchisedek aufgenommen werden. Der Grund für die vielen männlichen Priester.

Melchisedek, dem Gottessohn ähnlich

Taufe für 80 Millionen Tote

Die »Himmlische Ehe« und die »Taufe für die Toten« gehören zu den Zeremonien der Mormonen. Ironischerweise hat ihre »Taufe der Toten« zu zwangsweisen Massentaufen von Gläubigen anderer Kirchen geführt.

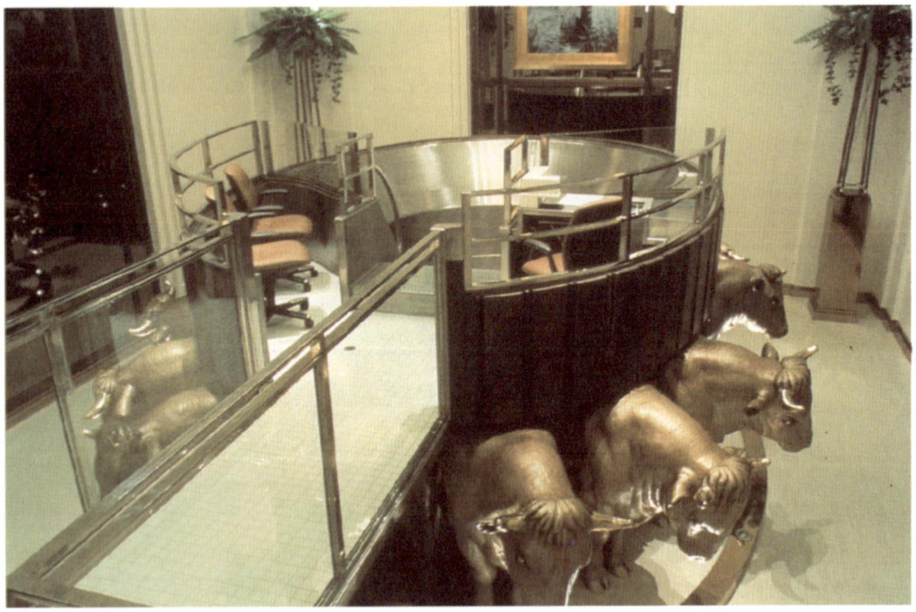

Der Londoner Mormonentempel – Taufe für Tausende

Die Mormonen glauben, daß sich die zehn jüdischen Stämme tatsächlich in Amerika vor der Rückkehr Christi versammeln. Christus wird dann persönlich die Herrschaft übernehmen. Dies soll kurz vor der Jahrtausendwende in drei Stufen geschehen:

1. Die Sammlung von Ephraim. Der Stamm Ephraim, von dem Joseph Smith behauptet abzustammen – vermutlich in geistiger Hinsicht –, wird sich zunächst in Zion, am Ort des neuen Jerusalems versammeln. Heute geht man davon aus, daß es sich dabei um einen Ort in der Nähe der Rocky Mountains handelt.

2. Sammlung der Juden. Die Sammlung der Abkömmlinge des Königreiches Juda (nicht der des Königreiches Israel) findet zur Zeit in Palästina statt, so wie es von den Propheten auch im Alten Testament vorausgesagt worden war. Diese Prophezeiung hat 1993 und 1994 noch einmal eine zusätzliche Bestätigung durch die Unterzeichnung der Friedensabkommen zwischen Israel und der PLO sowie Jordanien erfahren.

3. Die Versammlung der zehn verlorenen Stämme. Klar abgegrenzt von den derzeitigen Sammlungen wird es ein Zusammentreffen der zehn verlorenen Stämme Israels geben, die sich heute noch irgendwo »in den Ländern des Nordens« verstecken. Sie sollen sich zusammenfinden und auf den Weg nach Zion machen, wo sie von den Ephraimiten empfangen werden, die dort bereits eingetroffen sind.

Die Mormonen glauben, daß Christus zur Erde zurückkehren wird, wenn sich diese drei Stämme versammelt haben. Für sie ist das Millennium eine Zeitspanne von 1 000 Jahren, die etwa 2000 n. Chr. beginnen soll. Es wird zwei Auferstehungen geben: eine am Beginn und eine zum Ende dieser Periode.

Bei der ersten werden die gläubigen Toten auferstehen und in Entzücken durch die Luft dem herabkommenden Christus entgegenfliegen, um dann mit ihm gemeinsam auf der Erde zu landen. Großzügigerweise schließen die Mormonen die »guten Heiden« in diese Auferstehung ein. Die schlechten aber werden zu »Stoppeln verbrannt«, ohne daß ihnen eine zweite Chance geboten würde. Ihre Geister werden während des Millenniums in riesigen Gefängnissen gehalten.

Kurz nach dem Beginn des nächsten Jahrtausends im Jahr 2000 n. Chr. wird die »Stadt des Enoch« (oder das neue

Vorbereitung für die Jahrtausendwende

Jerusalem) vom Himmel steigen und sich am vorbereiteten Ort Zion materialisieren. Satan wird festgesetzt, und seine Macht, Böses zu tun, wird empfindlich geschmälert. Wer in dieser Zeit lebt und nicht bereut, wird sterben, sonst aber im Alter von 100 Jahren unsterblich werden. Nach seiner Rückkehr zur Erde wird Jesus leibhaftig über zwei Hauptstädte regieren: über Jerusalem in Palästina und über »Zion« in den USA. Danach wird sich die Erde weitere 1 000 himmlische Jahre von Kriegen erholen.

Am Ende dieser 1 000-Jahres-Periode wird es 3000 n. Chr. eine zweite Runde von Auferstehungen geben, Satan wird freigelassen, und eine kleine Zahl von denen, die ihm folgen, werden zu »Söhnen der ewigen Verdammnis«. Diese Unglückseligen sind dazu verurteilt, auf ewig in der Hölle zu bleiben. Mit seinen Anhängern wird Satan erfolglos versuchen, den Himmel zu stürmen. Nach seiner Niederlage wird die Erde »himmlisch« werden und ein geeignetes Heim für die restlichen Menschen bilden.

80 MILLIONEN TOTE IN COMPUTERN REGISTRIERT

Der mormonische Kreuzzug zur »Taufe der Toten« hat dazu geführt, daß diese Sekte ungeheure Mengen genealogischer Informationen zusammengetragen hat, und zwar Geburts-, Tauf- und Heiratsdaten von über 80 Millionen Toten!

Diese Informationen sind in Salt Lake City in Datenbanken gespeichert. Kopien davon werden in tiefen Tunneln aufbewahrt, die in die Berge getrieben wurden – eines der sichersten Datenlager weltweit.

Die über 80 Millionen, die auf diese Weise dokumentiert sind, waren nicht unbedingt Mormonen, meist aber anglo-amerikanischer Abstammung. Die meisten dürften auch ahnungslos gewesen sein, daß Einzelheiten ihres Lebens von einer Sekte gesammelt und bewahrt werden, von der sie vielleicht noch nie gehört hatten. Es gibt mehre »nicht-religiöse« Nebenprodukte dieser außerordentlichen Bemühung. So werden die Akten, einmal auf EDV gespeichert, über Mikrofiches an Mormonenzentren auf der ganzen Welt weitergegeben und von Genealogen und Familienforschern ausgewertet. Vor kurzem haben Forscher der »genetischen Epidemiologie« – das ist die Klärung der Häufigkeit, der Verteilung und der Kontrolle bzw. der Verbreitung von Krankheiten in der Gesamtbevölkerung – diese umfassende Sammlung dazu genutzt, Krankheiten über die Eltern und Großeltern bis zu den Urgroßeltern heutiger Patienten zurückzuverfolgen. Damit wurden die Forscher in die Lage versetzt, mit anderen Zweigen einer Familie in Kontakt zu kommen, um bestimmte Gene zu identifizieren. Es kann sein, daß einige Patienten so medizinische Hilfe statt der religiösen Errettung erhalten, wie ursprünglich gedacht.

Der imposante Mormonentempel in Salt Lake City, Utah

Charles Taze Russell (1852–1916)

Die Zeugen Jehovas

Charles Taze Russell (1852–1916), Gründer der Zeugen Jehovas, hat das Datum des Weltunterganges, Armageddon und der Rückkehr Christi – im Augenblick geht man vom Jahr 1999 aus – berechnet.

Russell hatte zunächst das Jahr 1874 als das festgelegt, in dem Gottes Reich errichtet werden sollte. Nachdem dies nicht eingetreten war, wählte er den 1. 10. 1914. Er wird einer der wenigen gewesen sein, die sich über den Beginn des Ersten Weltkrieges in diesem Sommer gefreut haben. Nachdem Christus sich nach diesem vielversprechenden Beginn doch nicht blicken ließ, sprach Russel davon, das ER unsichtbar und im Grunde eigentlich nur eine himmlische Transaktion auf höchster Ebene sei. Armageddon wurde dann auf 61 Jahre später (1975) in eine sichere Zeit verschoben, ein Datum, das danach allerdings noch mehrmals korrigiert werden mußte.

Armageddon wird Jehovas entscheidende (nicht die letzte) Schlacht gegen seine Feinde sein. Für die Zeugen Jehovas ist diese Schlacht notwendig, um Satan, den bisherigen Herrscher der Welt, seines Amtes zu entheben und daraufhin die glorreiche neue Welt zu begrüßen. Dafür muß ein hoher Preis gezahlt werden: mehr als zwei Milliarden Tote, von denen keiner in den Himmel aufsteigen wird. Am Ende der Schlacht wird Christus Satan und seine dämonische Brut in den Abgrund stürzen.

Durch Armageddon gereinigt wird die Erde zu einem schönen Garten und einem irdischen Paradies, das all die Paradiese ersetzt, die im Nebel der Geschichte verlorengingen. Bestien werden miteinander in Frieden leben, und die Menschen werden die Herrschaft über die »niedrigen Tiere« haben. Das »Millennium« wird buchstäblich eine 1000jährige Zeit der Herrschaft Christi werden, und es wird kein Altern geben, keine Krankheiten, keine Verbrechen, kein Laster und keinen Tod. Die Erde wird bewohnt sein von den Überlebenden des Armageddon.

Russell hat diese Daten mit Hilfe von Passagen aus der Bibel berechnet, die er aus dem Zusammenhang gerissen und so gewählt hat, wie sie ihm gerade passend erschienen. Die Mitglieder dieser Sekte benützen diese Technik auch heute noch.

Aus unerschöpflichen Fundgruben aller Deuter, dem »Buch Daniel«, Kapitel 7,14, schließt Russell, daß Christus ein Königreich erhalten soll, das Gott niemals zerstören wird.

Aber kehren wir zum Beginn der Zeugen Jehovas zurück: 1879 veröffentlichte Russell eine Zeitschrift mit dem Namen »Zions Wachtturm und Verkünder der Anwesenheit Christi«, die helfen sollte, die neue Bewegung

Die Hauptverwaltung in New York

bekanntzumachen. Fünf Jahre später war Russels Gesellschaft auch dem Gesetz entsprechend aufgebaut.

Der auf das Millennium gerichtete Schwerpunkt der Organisation war von Anfang an klar. In einer Buchreihe, »Die Dämmerung des Jahrtausends«, reizte Russell seine Jünger mit Versprechungen eines nahen Königreiches. Das erste Buch wurde über sechs Millionen mal verkauft.

1912 begann Russel mit einem seiner ehrgeizigsten Projekte: dem Photodrama über die Schöpfung. Mit einer Mischung aus Dias und Tonfilmen stellte Russell Ereignisse von der Schöpfungsgeschichte bis zum Ablauf von Christi voraussichtlicher 1 000jähriger Herrschaft dar.

Bis zu 35 000 Menschen sahen Russells Show täglich, nachdem sie 1914 eröffnet worden war. So wie die Zeugen Jehovas die Macht der Presse entdeckt hatten, so erkannten sie nun die Bedeutung des Kinos für die Verbreitung ihrer Nachrichten.

Russell überlebte seine Prophezeiung für das Jahr 1914 nur um zwei Jahre. Nach seinem Tod war die Führung der Organisation umstritten. Weitere Schwierigkeiten folgten 1918, als die kanadische Regierung den Besitz des Wachtturmes verbot. Acht Führungsmitglieder wurden, ebenfalls 1918, schuldig gesprochen, den Dienst beim amerikanischen Militär verweigert zu haben.

Wegen dieses Vergehens wurde ihr Führer zu 20 Jahren Gefängnis verurteilt. Im Jahr darauf waren aber alle Männer wieder in Freiheit. Um dieses Problem zu umgehen, das sich während des Zweiten Weltkrieges wieder stellte, wurden eine Reihe der Mitglieder zu Vollzeitpriestern ernannt, was wiederum dazu beitrug, die Bewegung zu vergrößern.

Aus dieser Sekte ist inzwischen eine riesige Organisation mit eigener Presse und einer anspruchsvollen Verwaltung geworden. Allein in New York besitzen die Zeugen sieben Fabriken und einen großen Bürokomplex. Die Zeugen Jehovas verneinen jede bewußte Existenz nach dem Tod. Nach ihrem Verständnis bleibt der Mensch bis zur Jahrtausendwende im Grab; nur einige wenige werden das Glück haben, in einem spirituellen Körper aufzuerstehen. Heute gibt es über 3,7 Millionen Zeugen Jehovas, ihrer eigenen Schrift zufolge wird es aber nur 144 000 Seelen geben, die als Auserwählte mit Christus im Himmel regieren werden.

DIE BERECHNUNG DER RÜCKKEHR CHRISTI

Die Zeugen Jehovas berechnen die Rückkehr Christi von 607 v. Chr. aus, dem Tag, an dem das Volk Israel durch Babylon unterworfen wurde. In Daniel 4,23 wird gesagt, daß Nebukadnezar auf den Stand eines Tieres auf dem Feld zurückfallen wird, bis »sieben Zeiten vorüber gegangen sind«. Das wurde als sieben Jahre aufgefaßt bzw. sieben mal 360 (die Tage eines Jahres, wenn man die damalige Zeitrechnung unterstellt), was 2520 ergibt. Die letzte Zahl wird als 2520 Jahre verstanden – wenn man die Regel »1 Tag = 1 Jahr« benutzt – und diese zum Jahr 607 v. Chr. addiert. Damit kommen wir zum Jahr 1914 als dem Datum, an dem Christus – unsichtbar – zurückkehren wird, um in seinem Reich zu herrschen. Nebukadnezars Wahnsinn wird als Art Bestrafung dafür angesehen, daß er die Juden in die Gefangenschaft geführt hat.

Nebukadnezars Irrsinn verschaffte Russell ein Schlüsseldatum

William Miller

Der Prophet William Miller

Die Geschichte der Adventisten des siebten Tages beginnt überraschenderweise mit einer präzisen Prophezeiung der zweiten Ankunft Christi und dadurch gleichzeitig mit der Ankündigung des Weltendes.

William Miller zufolge, einem der ersten Adventisten des siebten Tages, sollte Christus irgendwann zwischen dem 21. 3. 1843 und dem 21. 3. 1844 zurückkehren.

Der junge Miller, geboren 1782 in Pittsfield, Massachusetts, wurde bekehrt und kam nach mehreren Jahren intensiven Bibelstudiums zu dem Schluß, daß »in etwa 25 Jahren von der Zeit an (= 1818) alle Probleme unseres heutigen Gemeinwesens erledigt seien«. Miller hatte im Buch Daniel 9,24–26 einige Zahlen gefunden:

»24: Siebzig Wochen sind für dein Volk und deine heilige Stadt bestimmt ... bis das Allerheiligste gesalbt ist.

25: Nun mußt du wissen ... von der Zeit an, als das Kommando gegeben wurde, die Stadt Jerusalem wieder aufzubauen, bis zu einem gesalbten, einem Fürsten sind es sieben Wochen und 62 Wochen ...

26: nach den 62 Wochen wird ein Gesalbter getötet.«

Den Beginn dieser Prophezeiung datierte Miller auf 457 v. Chr., das Jahr von Artaxerxes' Dekret, das Esra erlaubte, nach Jerusalem zurückzukehren und den Gottesdienst im Tempel wiederaufzunehmen. In seiner Prophetensprache bedeutete 1 Tag = 1 Jahr. Damit wurden aus den im Text erwähnten 70 Wochen 490 Jahre. Miller addierte also einfach 490 zum Jahr 457 v. Chr. und war begeistert, als das Ergebnis 33 n. Chr. war, das Jahr der Kreuzigung Christi. Damit, so sagte er sich, war er bestimmt auf der richtigen Spur: In Daniel 8,14 las Miller dann: »Er antwortete ihm: Es geht 2300 Abend und Morgen, bis das Heilige wiederhergestellt ist.« Mit der gleichen Formel wie vorher berechnete er die in Frage kommende Zeit mit 2300 Jahren. Diese Spanne zählte er zum Jahr 457 v. Chr. dazu und erhielt 1843 n. Chr. als Ergebnis. Im Text fragt Daniel Gott dann nach der Bedeutung, und der Erzengel Gabriel erklärt, daß »es am Ende eine Vision geben wird.« Miller ging also davon aus, daß der Ausdruck »das Heilige ist wiederhergestellt« die Rückkehr Christi anzeige.

Eine moderne Taufe der Adventisten des siebten Tages

Als dieses Jahr kam und Christus nicht zurückkehrte, war die Enttäuschung groß. Man verlegte den Zeitpunkt nun auf das Jahr 1844, um die Anomalien der vor- und nachchristlichen Zeitrechnung auszugleichen (siehe Kasten). Wiederum kam es nicht zur Rückkehr Christi. Einer von Millers Anhängern verbreitete durch den Hinweis neue Hoffnung, daß die Rückkehr nicht zur Tagundnachtgleiche 1844 stattfinden würde, sondern im siebten Monat, genauer am 22. 10. 1844, weil dieser Tag in diesem Jahr genau mit dem jüdischen Sühnetag zusammenfalle. Miller akzeptierte diese neue Deutung.

Wieder warteten alle und wieder vergebens. Die Enttäuschung war dieses Mal überwältigend: Der 22. Oktober wird heute noch von den Adventisten des Siebten Tages als »die große Enttäuschung« bezeichnet. Viele Menschen verloren ihren Glauben, nur ein kleiner Kern Aufrechter blieb übrig.

Hiram Edison rettete die Bewegung schließlich vor der Auflösung. Er behauptete, eine Erscheinung gehabt zu haben, die erklärt habe, daß die prophezeiten Daten immer noch Gültigkeit hätten, daß sie aber die Verlegung der Bewegung aus einem Teil des Himmels in einen anderen bedeuteten! Joseph Bates, ein pensionierter Kapitän zur See, steuerte ein weiteres Detail bei. 1845 setzte sich bei ihm die Überzeugung fest, daß der siebte Tag der Woche – an dem Gott der Schöpfungsgeschichte nach ruhte – ein Samstag sei. Seit Jahrhunderten, so argumentierte er, hätten die Christen in Verdammnis gelebt, weil sie den (richtigen) siebten Tag nicht beachtet hätten. Sein Verständnis der Apokalypse des Johannes, Kapitel 7,4 war, daß nur die 144 000 Seelen am Ende der Welt gerettet werden würden, die die Gebote korrekt befolgt hätten. Die Gründung der Adventisten des Siebten Tages, so wie wir sie kennen, muß aber Ellen G. White (1827–1915) zugeschrieben werden. Sie hatte etwa 200 Visionen, die sich sowohl mit der zweiten Rückkehr Christi also auch mit den alltäglichen religiösen Problemen ihrer neuen Religion beschäftigten.

Der Glaube an die zweite Ankunft Christi ist bei den Adventisten unerschütterlich, wenn sie heute auch nicht mehr versuchen, ein genaues Datum dafür festzusetzen. In ihrer Literatur findet sich hin und wieder das Jahr 1999 als Jahr des Weltunterganges, der durch die Schlacht von Armageddon herbeigeführt wird. Alle Bösen werden in dieser Schlacht umkommen, und nur die Gerechten, von Gott auserwählt, werden in den Himmel aufsteigen, um mit Christus 1 000 Jahre lang zu herrschen. Am Ende dieser 1 000 Jahre wird Satan befreit werden; die Gottlosen können aus ihren Gräbern steigen, um die Welt wieder zu überrennen. Es wird eine weitere Schlacht (nicht Armageddon) zwischen Satan und seinen bösen Horden und Christus und seinem »Lager der Heiligen« im wiederaufgebauten neuen Jerusalem geben. Satan und seine Jünger werden am Ende völlig vernichtet werden.

DARAUF BERUHTE MILLERS RECHNUNG

Miller ging von zahlreichen Annahmen aus, die wahrscheinlich alle fehlerhaft waren:

1. Daß ein »Tag« in den prophetischen Schriften immer einem Jahr entspräche; 2 300 Tage können aber auch 6,3 statt 2 300 Jahre sein.

2. Daß die 70 »Wochen« und die 2 300 »Tage« im gleichen Moment begännen. Wenn z.B. die 2 300 »Tage« anno 33 n. Chr. beginnen, heißt das Datum der Zweiten Ankunft Christ 2333 n. Chr. und nicht 1843.

3. Daß das korrekte Basisdatum 457 v. Chr. sei. Man hätte genausogut 445 oder 444 v. Chr. wählen können, als nämlich die Erlaubnis erteilt wurde, die Mauern Jerusalems wiederaufzurichten. 457 v. Chr. erlaubte Artaxerxes lediglich Nehemia und Esra, nach Jerusalem zurückzukehren.

4. Daß die »Reinigung des Tempels« sich auf die Rückkehr Christi bezöge, statt auf irgendein vorapokalyptisches Ereignis.

5. Schließlich gibt es ein mathematisches Problem, das sich bei vielen Datumsberechnungen als Stolperstein erwiesen hat, die sich mit Zeitsprüngen beschäftigen: Da es das Jahr »1« zweimal gab (vor Christi Geburt und nach Christi Geburt), darf man nicht vergessen, vom ersten Ergebnis ein Jahr wieder abzuziehen.

Dieser Fehler findet sich in einer Reihe anderer Prophezeiungen, über die in diesem Buch gesprochen wird, unter anderem auch in den Berechnungen des Gerald Massey.

Die brennende Treppe

19. April 1993, mittags in Waco, Texas. David Koresh hält 85 seiner Jünger in Bann, bis sie durch seine Versprechung, unsterblich zu werden, im Feuer umkommen.

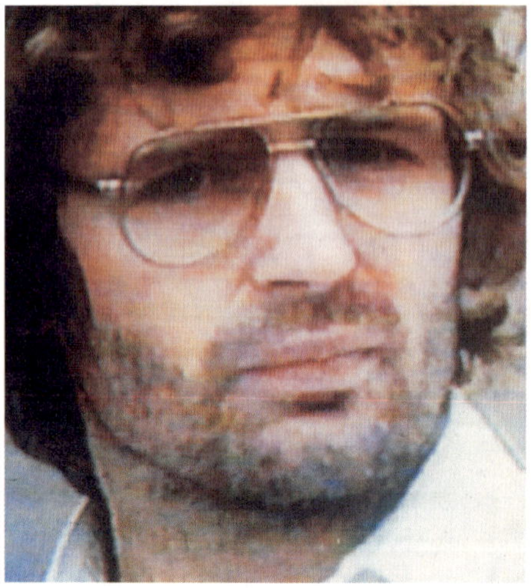

Der feuerbesessene David Koresh

Die Mount Carmel Ranch bei Waco

Die Männer, Frauen und Kinder, die mit ihrem verrückten »Messias« an diesem Tag in den Tod gingen, waren Opfer eines Glaubens, der vor 150 Jahren von William Miller begründet worden war. Miller führte 1844 seine Jünger feierlich auf die Hügel, um seinem Schöpfer entgegenzutreten. Wie wir wissen, kam Christus nicht und seine Herde mußte zurückmarschieren.

Etwa 90 Jahre später, 1931, richtete eine Splittergruppe der Adventisten des Siebten Tages, der selbsternannte Zweig Davids, in Waco ein Zentrum ein. Seit dieser Zeit hat die Sekte ihre Mitglieder hauptsächlich von den Adventisten rekrutiert. Die Witwe des Gründers führte seine Arbeit weiter, bis sie im Alter von 85 Jahren starb. In einem Glaubensrausch, der eines alttestamentarischen Propheten würdig gewesen wäre, exhumierte der Sohn ihren Körper und erklärte den zu ihrem Nachfolger, der sie wiedererwecken könne. David Koresh, ein Mitglied der Gruppe, zeigte den Sohn ganz pragmatisch bei den Behörden an. Er wurde nach einer Gefängnisstrafe für längere Zeit in einer Anstalt untergebracht. Für Koresh war der Weg an die Spitze der Sekte damit frei. Er führte eine Reihe von Lehrsätzen ein, die meist eine sehr starke sexuelle Betonung hatten.

Was er predigte, praktizierte er auch, und er bestand darauf, daß die von seinen Anhängern gewählten Frauen mit ihm und nicht mit ihren Männern schlafen sollten. Kinder seiner Anhänger »markierte« er auch als seine künftige Frauen; eine davon war Rachel Sylvia. Sie war 13, als sie in dem Inferno starb.

Seine Gefolgschaft sollte eine große, fröhliche Familie sein: er hatte zwei Kinder mit Nicole Gent, drei mit Michelle Jones, eins mit Lorraine Sylvia und zwei weitere mit seiner Frau Rachel – nicht zu vergessen die zahllosen Affären, die er mit anderen Frauen seiner Gruppe gehabt hatte. Theologische Drohungen mit Verdammnis wurden durch körperliche Züchtigungen und anhaltenden Erwartungsdruck verstärkt.

Koresh glaubte, daß die zweite Ankunft Christi 1993, genau 150 Jahre nach Millers ursprünglichem Datum, stattfinden würde. Er bereitete sich darauf vor, seine Anhänger vom Rest der Welt zu isolieren. Die Ranch wurde befestigt, geheime Tunnel wurden gegraben und auf dem Postwege besorgte man sich große Mengen halbautomatischer Waffen. Es waren genau diese umfangreichen Versandhaussendungen, durch die die ATF (Gun Law Enforcement Agency, die Behörde zur Einhaltung der Waffengesetze) auf die Sekte aufmerksam wurde.

Ein Versuch, das Anwesen zu durchsuchen, wurde mit einem Kugelhagel beantwortet, bei dem mehrere

Beamte starben. Die überstürzte Aktion brachte die ganze Macht des Staates gegen die Gemeinschaft in Stellung. Am 28. 2. 1993 begann eine Belagerung, bei der Koresh es ablehnte, die Gesetzesvertreter zu empfangen oder seinen Anhänger zu erlauben, die Festung zu verlassen.

Koresh hatte oft davon gesprochen, Gott zu Ehren im Feuer zu sterben. Das FBI »bombardierte« das Anwesen mit lauter Musik, leuchtete es mit Suchscheinwerfern aus und schleppte Koreshs Lieblingsauto ab.

Kinder, die die Festung »Mount Carmel« verlassen durften, erzählten erschütternde Einzelheiten von körperlichem und sexuellem Mißbrauch. Mädchen, von denen manche erst elf Jahre alt waren, trugen einen symbolischen Davidstern, der anzeigte, daß sie auserwählt waren, um mit Koresh zu schlafen, und die kein anderer Mann der Sektengemeinschaft deflorieren durfte. Am letzten Tag, 51 Tage nach Beginn der Belagerung, wurden Löcher in die Außenwand der Ranch gerammt. Koresh beruhigte seine Anhänger, die nun Gasmasken anlegten, während CS-Gas auf das Anwesen regnete. Wer zu fliehen versuchte, wurde erschossen. Fünf Stunden später wurden die 24 Kinder von ihren Eltern getrennt und unter Drogen gesetzt. Koresh las den Erwachsenen aus der Bibel vor. Die Apokalypse sei jetzt, sagte er, und sie würden durch die Kraft des reinigenden Feuers mit ihm in den Himmel aufsteigen.

Um 12.06 Uhr gab Koresh den Befehl, das Kerosin in Brand zu setzen, das um die Gebäude ausgeschüttet worden war, und augenblicklich stand das gesamte Anwesen in Flammen.

Bestens ausgerüstet: ein ATF-Polizist

DIE ZWEITE ANKUNFT DES CYRUS

»Koresh« bedeutet Sonne und ist die hebräische Schreibweise für Cyrus, den Eroberer von Babylon und König und Gründer von Persien, der im 6. Jahrhundert v. Chr. lebte.

Der wahre Cyrus war ein Polytheist, vielleicht auch ein Zoroaster oder Feuerverehrer. Am liebsten bestrafte er seine Gefangenen dadurch, daß er sie lebend verbrannte. König Cyrus erlaubte den Juden, Babylon zu verlassen und nach Palästina zurückzukehren, um den Tempel von Jerusalem wieder aufzubauen. Die Anerkennung, die Cyrus im Alten Testament fand, hatte wohl Koreshs Phantasie angeregt. Wenn sich das FBI besser in der Bibel ausgekannt hätte, dann hätte man das Inferno vielleicht vorhersehen können, das dieser Cyrus der Neuzeit für seine Anhänger bereithielt.

Joanna Southcott, Mutter Christi?

Schwanger mit dem Messias

Die Prophetin Joanna Southcott (1750–1814) erfuhr die Wiedergeburt Christi auf einzigartige Weise: sie behauptete, mit dem Messias schwanger zu sein.

Joanna Southcott, in Gittisham, Devon auf einer Farm in eine Pächterfamilie geboren, arbeitete als Milchmädchen und Verkaufsgehilfin bevor sie zu ihrer wahren Berufung als Prophetin fand. Eine zunehmende Vorliebe für religiöse Themen und für den Kirchgang ließ sie den fleischlichen Begierden entsagen und ihre Freier abweisen.

1792 machte sie ihre erste Prophezeiung: in einer Bibelstunde kündigte sie an, sie sollte das »Weib des Lammes« sein. Eines Tages fand Joanna ein kleines Abzeichen mit den Initialen »IC« und zwei Sternen darauf. Sie nahm sie für sich auf und deutete die Zeichen als die von Jesus Christus.

Joannas Durchbruch kam im Januar 1802, als sie William Sharp kennenlernte, einem reichen Graveur aus Chiswick, Westlondon, der einer ihrer Anhänger wurde. Sie zog nach London um, wo sie bald Aufmerksamkeit erregte. Die erste Southcottische Kapelle wurde in der Duke Street, Southwark, durch einen abweichlerischen Priester aus West Country eröffnet, einem gewissen William Tozer. Viele in ihrer wachsenden Zuhörerschaft kamen, »um sich zu amüsieren und blieben, um zu beten«, wie ein Beobachter notierte. Ewige Rettung würde es nur für 144 000 ihrer Anhänger geben, so erklärte Joanna. Außerdem war es unabdingbar für sie, die Markierung durch das »IC«-Siegel zu erhalten. Den Gläubigen wurde also ein Dokument angeboten, das dieses Siegel trug. Das Dokument bescheinigte dem Inhaber, »ein von Gott Gezeichneter zu sein ... der den Baum des Lebens erben sollte, um Erbe Gottes und Miterbe Jesu Christi zu werden«; kurz – er oder sie sollte einen Anteil am Paradies bekommen. Joanna gab mindestens 10 000 dieser Bescheinigungen aus; eines von ihnen wurde im Besitz einer Mörderin namens Mary Bateman gefunden.

Im Spätsommer 1813 schrieb Joanna jedem Bischof, jedem Peer und Mitglied des Parlamentes einen Brief, dazu offene Briefe an »The Times« und

Ein Cartoon von 1814: Joanna Southcott exkommuniziert die Bischöfe

andere Zeitungen mit der Ankündigung, sie würde in Kürze die »Mutter des Shiloh«. Kurze Zeit später zog sie sich aus dem öffentlichen Leben zurück. Im März 1814 riefen ihre Jünger neun berühmte Ärzte, um die 64jährige zu untersuchen. Alle waren sich darüber einig, daß die Frau unverkennbare Anzeichen einer Schwangerschaft zeigte, und sie schätzten das Datum der Niederkunft auf den Weihnachtstag. Die Neuigkeit sorgte für große Aufregung, und es häuften sich Geschenke für den kommenden zweiten Christus. Am Weihnachtstag aber wurde Joanna schwächer und spürte, daß sie, anstatt zu gebären, wahrscheinlich sterben würde. Sie gab ihre letzten Anweisungen, und zwei Tage später war sie tot. Die Autopsie brachte keine Hinweise auf organische Krankheiten oder auf einen Fötus.

Erstaunlich viele blieben ihr treu, und 50 Jahre nach ihrem Tod konnte mit Geschenken ihrer Anhänger aus der gerechten Stadt – Melbourne, Australien – in Yorkshire ein Landhaus errichtet werden.

Der Schüler, der dies organisiert hatte, war der bärtige und bucklige John Wroe. 1823 machte er zwei sehr publikumswirksame Versuche, auf dem Wasser zu gehen, die erwartungsgemäß verliefen.

Im gleichen Jahr ließ er sich öffentlich beschneiden. In den 40er Jahren des 19. Jahrhunderts erklärte Wroe nach sorgfältigen Berechnungen, daß die Jahrtausendwende 1863 beginnen würde. Für ihn zumindest war diese Vorhersage von Bedeutung – er starb in diesem Jahr.

DIE BÜCHSE DER PANDORA

Die geheime Kästchen bei der Röntgenuntersuchung 1927

Eines der Erbstücke, die Joanna Southcott der Welt hinterlassen hat, ist ein verschlossenes und versiegeltes Kästchen, das mit Schnüren umwickelt ist und heute noch mit großer Ehrfurcht in Südengland aufbewahrt wird. Ihre Anhänger glauben, daß sich darin das Geheimnis des Weltfriedens, der Glückseligkeit und der Apokalypse des Johannes befinde.

Das Kästchen kam nach dem Tod von Helen Exeter erstmals zum Vorschein, der damaligen Führerin der Southcottianer, die die Panacea-Gesellschaft gegründet hatte, um Joannas schriftlichen Nachlaß zu vermarkten. Wie John Wroe starb auch sie in dem von ihr selbst vorhergesagten Jahr der zweiten Ankunft, und zwar 1914 bei der Überfahrt über den Kanal, nachdem ihr Schiff von einem Torpedo getroffen wurde. Das Kästchen darf nur in der Anwesenheit aller Bischöfe der Kirche von England, 24 insgesamt, geöffnet werden, eine Bedingung, die wohl dafür sorgen wird, daß der Behälter auf ewig verschlossen bleibt.

Einer, der 1927 behauptete, den Inhalt zu kennen, war der Psychoanalytiker Harry Price. Unter dem seltsamen Stilleben, das er vorfand, waren eine alte Nachtmütze, eine Feuersteinpistole, einige Papiere und sonstiger Kleinkram. Die Panacea-Gesellschaft bleibt dabei, daß er das Kistchen der Joanna nicht geöffnet haben kann. Ende des 20. Jahrhunderts gibt es noch immer Gruppen von Anhängern der Southcott, die auf die Jahrtausendwende warten.

Die leuchtende Jungfrau Fatimas

Wer aus erster Quelle wissen möchte, was am Ende des Jahrtausends geschehen wird, der muß sich mit den Prophezeiungen der Jungfrau Maria beschäftigen.

Das Licht der Jungfrau

Am Himmelfahrtssonntag, dem 13. 5. des Jahres 1917, hüteten Lucia, Francisco und Jacinta, Kinder im Alter zwischen sieben und zehn, ihre Schafe in einer Mulde, genannt Cova da Iria, in der Nähe des Dorfes Fatima, 130 km nördlich von Lissabon. Plötzlich erschien ein aufsehenerregender Lichtblitz am klaren Himmel. Ein zweiter Blitz lenkte ihre Aufmerksamkeit auf einen Baum, vor dem eine wunderschöne Frau in einem strahlend weißen Umhang mit einen funkelnden Rosenkranz in der Hand stand. Sie beruhigte die Kinder und sagte, daß sie vom Himmel käme. Nachdem sie ihnen aufgetragen hatte, in den nächsten sechs Monaten jeweils am 13. wieder zur selben Zeit an diesen Platz zu kommen, stieg sie wieder in den Himmel auf und verschwand.

Einen Monat später gingen die Kinder, gefolgt von mehreren ungläubigen Dorfbewohnern, wieder zu diesem Platz zurück. Um die Mittagszeit kam eine kleine, weiße Lichtwolke vom Himmel, die über dem gleichen Baum schwebte. Nur die Kinder sahen die Frau, die dem ältesten Mädchen, Lucia Do Santos, ein langes Leben voraussagte, während die anderen beiden bald sterben sollten, eine Prophezeiung, die sich auch erfüllte.

Die Neuigkeit verbreitete sich schnell, und bei der dritten Erscheinung der Frau am 13. Juli waren bereits etwa 5 000 Zuschauer anwesend. Dieses Mal fragte Lucia die Frau, wer sie denn sei. Sie gab darauf keine direkte Antwort, versprach aber das rasche Ende des Ersten Weltkrieges und kündigte »einen weiteren, viel schlimmeren Krieg« an, der unter der Herrschaft Papst Pius XI. beginnen und durch ein unbekanntes Licht am Himmel angekündigt werden würde.

Diese merkwürdige Himmelsbeleuchtung war am 25. 1. 1938 zu sehen, als der Himmel auf der nördlichen Hemisphäre durch ein rötliches Licht

Den wundersamen Besuch vom 13. 10. 1917 beobachteten 70 000 Menschen

erleuchtet wurde. Papst Pius XI. geriet durch den deutschen und den italienischen Diktator unter starken Druck und starb 1939, kurz vor Ausbruch des Zweiten Weltkrieges. Die Frau sagte, die einzige Möglichkeit, den Krieg zu verhindern, sei Rußlands Rückkehr zum Christentum. Die nächste angekündigte Erscheinung der Frau am 13. 8. 1917 wurde von den Behörden unterbunden, indem sie die drei Kinder verhafteten. Etwa 15 000 Menschen hatten sich an dem Platz versammelt und beobachteten, wie die weiße Wolke vom Osten her erschien, eine Weile über dem Baum schwebte und schließlich wieder verschwand.

Zur Erscheinung am 13. Oktober kam die riesige Menge von 70 000 Menschen, das entsprach ungefähr 17 Prozent der damaligen Bevölkerung des Landes. Der Himmel war bedeckt, und um 10 Uhr begann ein heftiger Regen. Um 12.30 Uhr erhob sich eine Rauchsäule über den Köpfen der drei Kinder und verflüchtigte sich; das geschah dreimal. Die Wolken teilten sich, und es zeigte sich eine Scheibe, die wie mattes Silber schien. Man konnte diese Scheibe betrachten, ohne daß die Augen schmerzten oder daß die Gefahr bestand, blind zu werden. Sie begann sich wie rasend zu drehen, während sich helle Farbreihen auf ihrer Oberfläche zeigten. Die Farbe der Atmosphäre änderte sich in Purpur und dann in »die Farbe alten gelben Damastes«. War das ein Wunder oder ein Produkt der Phantasie? Den Aussagen der tausenden Zeugen nach zu urteilen muß etwas so Unglaubliches geschehen sein, daß es nicht als »Lichttrick«, als Schwindelei oder als einfache Wettererscheinung erklärt werden kann.

Die Pilger kamen zu Tausenden nach Fatima

DIE JUNGFRAU SPRICHT

Die dritte Prophezeiung der Jungfrau hat große Kontroversen ausgelöst. Als Lucia sie hörte, sei sie weiß geworden und habe vor Furcht geweint. Sie weigerte sich zunächst, den Inhalt preiszugeben, schrieb ihn dann aber nieder und ließ ihn dem Papst zuschicken. Papst Pius XII. veröffentlichte 1942 einen Teil der Prophezeiung, im wesentlichen den Teil, der sich mit dem Krieg beschäftigt. Der Rest ist bis heute nicht bekannt geworden. Es gibt ziemlich zwingende Gründe für die Annahme, daß dieser Teil die Verfolgung des Papstes und die endgültige Vernichtung der römisch-katholischen Kirche um das Jahr 2000 betrifft. Kein Wunder, daß er immer noch vom Vatikan zurückgehalten wird, obwohl die Frau angewiesen hatte, den Inhalt der Öffentlichkeit 1960 vollständig zugänglich zu machen.

Die Stuttgarter Zeitschrift »Neues Europa« druckte am 15. 10. 1963 den angeblichen Text der Prophezeiung: »Auch für die Kirche wird die Zeit der schlimmen Heimsuchungen kommen. Kardinäle werden sich gegen Kardinäle wenden und Bischöfe gegen Bischöfe. Satan wird in ihrer Mitte marschieren, und es wird in Rom zu großen Veränderungen kommen. Die Kirche wird in Dunkelheit sein, und die Erde wird durch Terror erschüttert. Die Zeit wird kommen, in der weder König noch Herrscher, weder Kardinal noch Bischof bereitstehen werden, Ihn zu empfangen. Er aber wird kommen, um nach den Vorschriften seines Vaters zu strafen.«

Mr. Donnellys Wahrheiten

Der Kongreßabgeordnete Ignatius Donnelly konnte nicht viele Menschen von seinen seltsamen und ketzerischen Theorien über verlorene Welten überzeugen, aber er wußte auf jeden Fall, wie man auf sie aufmerksam machte.

Donnelly wurde am 3. 11. 1831 in Philadelphia geboren. Er genoß eine Ausbildung als Rechtsanwalt, bevor er sich im Alter von 24 Jahren der Politik zuwandte. 1859 wurde er Gouverneur von Minnesota, obwohl er bei dem Versuch, eine Modellstadt zu gründen, Bankrott gemacht hatte. In der Öffentlichkeit gab er sich als großer Redner und Aufrührer, immer schnell dabei, wenn es darum ging, Skandale, Geschäftemacherei und Verschwörungen aufzudecken.

Außer durch politische Tätigkeit wurde Donnelly durch seine drei unwahrscheinlichen Theorien bekannt. Die erste betraf die Vernichtung der verlorenen Stadt Atlantis, die einige in den Tiefen des Atlantik wähnen. Seit Platos Zeiten hatte dieses Thema die Gemüter nicht mehr so bewegt. Es ist allerdings fraglich, ob Plato sein Thema noch erkannt hätte, nachdem es von Donnelly aufgewärmt worden war. Donnelly macht Atlantis zum Sitz solcher Orte wie dem Garten Eden, dem Garten der Hesperiden, den elysischen Feldern, dem Berg Olymp, Asgard und so ziemlich aller Paradiese, von denen die Menschheit je geträumt hat. Nach der Sintflut und nach der Zerstörung des irdischen Paradieses sollen Kolonisten aus Atlantis die Kulturen von Ägypten, Amerika und die der Arier und der Semiten begründet haben. Wie sonst, so argumentiert Donnelly, ließe sich der religiöse Gebrauch von Pyramiden sowohl in der Kultur der Inkas als auch der Kultur der Ägypter erklären?

Die angebliche Lage von Atlantis

Diese Kulturen müssen den gleichen mittelatlantischen Ursprung haben – mit einem Wort: Atlantis.

Donnellys Arbeit wurde nicht einfach als Faselei eines Verrückten abgetan. Kein Geringerer als der britische Premierminister Gladstone legte dem Unterhaus einen Antrag vor, ein Einsatzkommando der Royal Navy auf den Atlantik hinauszuschicken, um nach den Überresten von Atlantis zu suchen. Beamte aus dem Finanzministerium unterbanden das Vorhaben aus Kostengründen.

Donnelly mochte sich auf diesen Lorbeeren nicht ausruhen und beschäftigte sich nun mit den Theorien zum Untergang der Welt, die er in seinem Buch Regnarok veröffentlichte. Die London Daily News nannten den Autor einen »erstaunlichen Theoretiker der Lehre über die Weltenentstehung«. Nach seiner Vorstellung hätte ein gigantischer Komet beinahe Tod und Verderben über die Erde gebracht bzw. könne dies zu jeder Zeit tun. Immanuel Velikovsky sollte diese Theorie später auf einer wissenschaftlichen Basis weiterführen. Erstaunlicherweise kam er auf dieser Grundlage zu wissenschaftlichen Voraussagen, die sich später als korrekt herausstellten.

Nachdem Donnelly das Interesse an der Vergangenheit verloren hatte, versuchte er sich darin, Ereignisse der 1990er Jahre vorauszusagen, die er 1890 veröffentlichte. Er sagte genau voraus, daß das große Geschäft Vorrang bekommen würde vor Moral und Politik. Seine Idee aber, daß große Städte ihre Energie aus den Magnetströmen der Erde beziehen würden, scheint von ihrer Verwirklichung noch weit entfernt zu sein.

Die mexikanischen Pyramiden – ein Überbleibsel von Atlantis?

In den Restaurants würde jedes erdenkliche internationale Menü auf Knopfdruck hergestellt. Nachrichten aus allen Teilen der Welt würden auf Knopfdruck zur Verfügung stehen und könnten auf individuellen Bildschirmen abgerufen werden. Hier haben wir eine erstaunlich genaue Vorhersage der modernen Computertechnologie. Für das Ende des 20. Jahrhunderts sah Donnelly eine Abhängigkeit der Großstädte von Sklavenarbeit voraus. In seinem Buch revoltiert diese Unterklasse schließlich, sie vernichtet die Armeen der Länder durch ein Luftbombardement, und sie löscht die herrschende Klasse aus. Die Opfer dieses Aufstandes werden in einer riesigen Säule einbetoniert, um auf ewig an diese Revolution zu erinnern. Dann wendet sich der Mob gegen seine eigenen Anführer, die auch gelyncht werden. Der Held des Buches flieht in einem Luftschiff von New York nach Europa. Von dort geht er mit den Menschen nach Süden, die ihm helfen, in Uganda eine neue Zivilisation aufzubauen. Donnelly wurde von der Volkspartei der Vereinigten Staaten zum Vizepräsidenten gewählt. 1901 starb er.

SHAKESPEARES GEHEIMNISSE

Die Leistung, die sein Leben »krönte« – so sah Donnelly es wenigstens – war die »Entschlüsselung« Shakespeares. Er folgte hier einer älteren Landsmännin, Delia Bacon, die gehofft hatte, das Verdienst an William Shakespeares Dramen ihrem Namensvetter Francis Bacon zuschanzen zu können. Bei diesen Forschungen waren die unglaublichsten Anstrengungen notwendig, um den Text und die damit zusammenhängenden numerischen Angaben so zu manipulieren, daß man ihm »geheime« Botschaften entnehmen konnte, die man dann Bacon zuschrieb. Bacons Schwäche für Zahlen machte ihn wie selbstverständlich zum Anwärter auf die Autorenschaft an einer solch immensen und komplexen Dramensammlung, aus der man mit etwas Phantasie jede Art von Botschaften herauslesen kann. Donnellys Monumentalwerk darüber, »Das Große Kryptogramm«, umfaßt beinahe 1000 Seiten. Leider macht es auch zur Genüge klar, wie tief ein brillanter Kopf fallen kann. Sein zweiter Band machte Donnelly vollends zur Witzfigur in den intellektuellen Kreisen, was einen geringeren als ihn wohl für sein Leben gezeichnet hätte. Vielleicht dachte er sich: »Wer zuletzt lacht ... !« – sein Buch war nämlich bald vergriffen, dann gab es eine Neuauflage und sogar noch eine Fortsetzung.

Francis Bacon, der große Dichter

Die christlichen Israeliten

Es gab Zeiten, in denen man glaubte, das Datum der Jahrtausendwende dadurch vorziehen zu können, daß man die angekündigten Zeichen der Apokalypse erscheinen ließ.

Eines der wichtigsten Anzeichen für die kommende Apokalypse war die Rückkehr der versprengten Juden nach Israel und – so sehen es einige Deuter – ihr Übertritt zum Christentum.

Schon im 4. Jahrhundert n. Chr. prophezeite des Tibertinische Orakel, das erste der falschen sibyllinischen Orakel, daß die Juden Christus am Ende annehmen würden. Im mittelalterlichen Europa ging die Verfolgung der Juden, die den Übertritt verweigerten, oft Hand in Hand mit den Kreuzzügen zur Eroberung des Heiligen Landes. Papst Paul VI. errichtete 1555 das römische Judenghetto, um die anfangs gut gemeinten Konvertierungsbemühungen zu erleichtern.

Richard Brothers

Der Kult der Anglo-Israeliten entstand in England zusammen mit dem Puritanismus, der die Prophezeiung der Bibel über den Wiederaufbau Israels wörtlich nimmt und heute noch hauptsächlich in den Vereinigten Staaten besteht. Unter der Herrschaft des Puritaners Oliver Cromwell um 1650 wurden die Gesetze gegen die jüdische Einwanderung gelockert, aber nicht vollständig aufgehoben. Ein besonders fanatischer Puritaner, Praisegod Barebone, kämpfte 1653 – die eigene Abstammung fest im Blick – für die Anträge des Little Parliament (Kleines Parlament), die englische Verfassung aufzuheben und sie durch die jüdischen Gesetze des Moses zu ersetzen.

Im 18. Jahrhundert erreichten diese Bemühungen ihren Höhepunkt, als Richard Brothers (1757–1824), ein pensionierter Marineoffizier, sich selbst zum König der Juden ausrief. Er glaubte, daß er und seine Anhänger von Gott ausersehen seien, die Juden zurück ins Heilige Land zu führen. Brothers erzählte von visionären und höchst unwahrscheinlichen Erfahrungen, wie denen vom Teufel, der eine Londoner Straße entlangging, oder wie er zwei Engel in seiner Pension empfing. Schließlich wurde er in eine psychiatrische Anstalt eingewiesen.

Oliver Cromwell

Bevor die Juden nach Israel zurückgeführt werden konnten, mußte zunächst das Problem gelöst werden, wo denn die zehn verlorenen Stämme Israels zu finden waren. Diese Stämme waren von den Assyrern gefangengesetzt und im 8. Jahrhundert v. Chr. aus Palästina vertrieben worden, so daß nur die beiden Stämme des Königreiches Judäa zurückblieben. Einige Gelehrte, darunter auch Edward Hine (1801–85), »entdeckten«, daß diese zehn Stämme ihre Reise nach langer Wanderung in England beendet hatten.

Jesaja selbst verlieh dieser Vorstellung Glaubwürdigkeit, als er sagte, daß »der Herr die Reste dieses Volkes retten wird ... die aus Assyrien, Ägypten und den Inseln im Meer übrigbleiben« (11,11). Für Hine lag nahe, daß es sich hier um die britischen Inseln handeln müsse. Diese Idee wurde von Professor Piazzi Smyth, dem königlich-schottischen Astronomen unterstützt, der selber merkwürdige Vorstellungen von den großen Pyramiden hatte.

Anthony Cooper (1801–85), der 7. Earl von Shaftesbury, Präsident der Gesellschaft zur Förderung des Christentums unter den Juden, bemühte sich, die zweite Ankunft durch die Bekehrung der Juden zu beschleunigen. Beschrieben als »König der Wohltäter« war Cooper berühmt für die Verbesserung der Arbeitsbedingungen viktorianischer Kaminfeger.

Er organisierte sogar einen Auswanderungsdienst für führende Londoner Diebe. Mit seinem Bekehrungsplan hatte Cooper aber weniger Erfolg: In seinem besten Jahr gab es nur drei Übertritte. Seltsamerweise handelte es sich bei den meisten dieser Leute um Rabbiner!

Die nachfolgenden britischen Regierungen fühlten sich der Balfour-Declaration von 1917 verpflichtet, die eine neue Heimat für das jüdische Volk forderte. Im Mai 1948 manifestierte sich diese Forderung in der Gründung des Staates Israel. Interessanterweise ergibt die Quersumme dieses Jahres (1 + 9 + 4 + 8) die Zahl 22, die der Anzahl der hebräischen Buchstaben entspricht und die in der jüdischen Kabbala eine mystische Bedeutung hat.

BRITISCHE ISRAELITEN IN AMERIKA

Die puritanischen Siedler nahmen ihre Übereinstimmung mit den Juden nach Amerika mit. Im 19. Jahrhundert gehörte Edward Hine zu denen, die versuchten, die Botschaft mit Leben zu füllen und 1884 auf einer ausgedehnten Vortragsreise durch Amerika zogen. Nach mehreren Jahren der Wanderpredigerschaft machte er schwere Zeiten durch und mußte schließlich von seinen britischen Anhängern nach Hause zurückgebracht werden.

Das Thema der versprochenen Rückführung der Juden nach Palästina hing drohend über allen Konferenzen, die sich in den USA zwischen 1878 und 1918 mit Prophetie beschäftigten. Nach der Gründung des Staates Israel wurde Jesus jeden Moment erwartet. Die Einnahme von Jerusalems Altstadt während des Sechstagekrieges 1967 wurde mit einer ähnlichen Reaktion begrüßt, weil sich damit Jahrhunderte alte Prophezeiungen zu erfüllen schienen. Hal Lindseys Buch »Der letzte große Planet Erde«, das drei Jahre später erschien, wurde auf einer Welle wiedererwachten Interesses an der Jahrtausendwende in riesigen Mengen verkauft. James Lovell (von Kingdom Digest), Howard Rand (von Destiny Publishers) und Herbert W. Armstrong sind vielleicht die bekanntesten der amerikanischen Nachkriegsbefürworter des Anglo-Israelismus. Armstrong, Gründer der Radiostation »Kirche Gottes« und Veteran religiöser Fernsehprogramme, beschäftigte sich schwerpunktmäßig mit dem Anglo-Israelismus und den Prophezeiungen zur Jahrtausendwende.

Der Abzug der Puritaner aus Delft

Schwester Marie Gabriels Warnung

Am 19. 7. 1993 meldete sich Marie Gabriel Paprocski, eine »zivile, weltliche und religiöse Schwester«, die sich für Astronomie interessierte, mit der Warnung, daß ein riesiger Komet sich auf Kollisionskurs mit Jupiter befinde.

Den Berechnungen der polnischen Nonne zufolge sollte der Komet vor dem 25. Juli 1994 mit Jupiter zusammenstoßen. Ihre Voraussage kehrte Immanuel Velikovskys Hinweis ins Gegenteil, der davon gesprochen hatte, daß vor 3500 Jahren ein massiver Teil aus Jupiter herausgerissen worden sei.

Schwester Marie Gabriel hatte ihre Warnung auf dem Postweg an alle Führer dieser Welt geschickt, darunter an Papst Johannes Paul II., Präsident Bill Clinton und Präsident Jelzin in Rußland. Die großen Fernsehanstalten erhielten Pressenotizen, und in den großen internationalen Zeitung erschienen ganzseitige Anzeigen. Die gute Frau hatte sich wirklich alle erdenkliche Mühe gegeben, ihre Theorie in der Öffentlichkeit bekanntzumachen. Eine derartig präzise Vorhersage, die von keinem anderen Astronomen erwähnt wurde, verdient besondere Aufmerksamkeit. Schwester Marie Gabriel, die behauptete »Astronom Sophia« zu sein, gab ihre Prophezeiung erstmals im Juli 1986 bekannt. Der Zusammenstoß von Jupiter und dem Kometen sollte, so sagte sie, »die größte kosmische Explosion in der Geschichte der Menschheit« auslösen. Wenn ihre Kenntnis der Astronomie aber an ihrer Beschreibung des Kometen als »einem Feuerballasteroiden« gemessen werden kann, dann könnten wir sie vielleicht als eine publizitätssüchtige Verrückte abtun. Vorher wollen wir uns aber mit einigen weiteren Hinweisen beschäftigen. Der biblische Präzedenzfall für Schwester Marie Gabriels Prophezeiung steht bei Jesaja 24,1: »Siehe, Jahwe leert und verheert die Erde, er kehrt ihre Ansicht um und zerstreut ihre Bewohner.«

In Jesaja 24,18 gibt es eine Passage, die weitere Naturkatastrophen prophezeit: »Denn die Schleusen der Höhe öffnen sich, und die Grundfesten der Erde erbeben.« Das hört sich an, als würde etwas vom Himmel stürzen und die Erde aus ihrer Bahn werfen oder zumindest für schwere Erdbeben sorgen. Schließlich malt Jesaja in 24,19–20 die Szene nach der Katastrophe aus »es birst und zerbricht die Erde, es reißt und zerreißt die Erde. Wie ein Trunkener taumelt sie ...«

Hier wird uns deutlich vor Augen geführt, wie die Erde durch den Einschlag eines Kometen auf Jupiter aus

Der Halleysche Komet, ähnlich jenem Kometen, der 1994 mit Jupiter kollidierte

Sonnenfinsternis

ihrer Bahn geworfen wird. In der altehrwürdigen Art aller Propheten hatte Schwester Marie Gabriel diese Ereignisse als göttliche Warnung an alle Regierungen interpretiert. Um das Unglück zu verhindern, sollte die Regierungen rasch den Geboten des Herrn folgen und die folgenden acht Maßnahmen beschließen:

1. Die Kriminalitätsrate durch die Übernahme des saudi-arabischen Strafsystems dramatisch reduzieren.

2. Alles pornographische Material zerstören.

3. Verbrechen und Sex aus dem Fernsehen verbannen.

4. Besonders der britischen Regierung wird auferlegt, dafür zu sorgen, daß die nationalen Gesundheitsdienste keine alten Menschen mehr töten, um so Platz für mehr Patienten in den Krankenhäusern zu schaffen.

5. Jeden Alkohol verbieten.

6. Die Frauen werden gezwungen, eine fast muslimische Kleiderordnung zu wahren.

7. Verbrechen an Tieren unterbinden, besonders den Abschuß von Singvögeln in Italien, das Fallenstellen, den Stierkampf usw.

8. Alle Kriege werden beendet.

Der Zusammenhang zwischen einer geänderten menschlichen Moral und astronomischen Bewegungen wird von Schwester Marie nicht erklärt. Asteroiden und Kometen können eine Gefahr für die Erde darstellen, wenn sie groß genug sind, um das Eintauchen in die Erdatmosphäre zu überleben und die Erdoberfläche zu erreichen. Zwischen dem 16. und 22. 7. 1994 kollidierten die 21 großen Fragmente des zerbrochenen Kometen Shoemaker-Levy 9 mit dem Jupiter.

Die gewaltigen Explosionen, verbunden mit riesigen Feuerbällen, waren von der Erde aus gut zu beobachten. Glücklicherweise hatte diese kosmische Katastrophe keine negativen Auswirkungen auf die Erde.

1066 UND SONSTIGES

Lange Zeit hielt man das Erscheinen eines Kometen für einen Hinweis auf eine verheerende Katastrophe. Von allen Himmelserscheinungen ließen sich Kometen am leichtesten nach Sonnen- oder Mondfinsternissen beobachten, die auch selbst eine besondere Bedeutung für die Menschheit hatten. Vor der Invasion Wilhelm des Eroberers in England 1066 war ein Komet zu sehen, ein Umstand, dem auf dem Wandteppich von Bayeux Rechnung getragen wird. Es ist kein Wunder, daß der Schriftsteller Erich von Däniken dieses Bild benutzte, um seiner Theorie von fliegenden Untertassen Schwung zu verleihen; die Darstellung von Bayeux ist nämlich viel detaillierter, als die Kometen sonst erscheinen.

Vor dem 18. Jahrhundert und der Aufklärung nahm man eine Sonnen- oder Mondfinsternis ganz allgemein als Anzeichen für wichtige Ereignisse im Leben. Um was es dabei genau ging, blieb der Interpretation überlassen. So überrascht es nicht, daß paranoide Geister damit ihre Schwierigkeiten hatten. Papst Urban VIII. saß z.B. von der Mondfinsternis im Januar 1628 bis zu den Sonnenfinsternissen im Dezember 1628 und Juni 1630 auf heißen Kohlen, war er doch der Überzeugung, daß es sich bei diesen Ereignissen um die Ankündigung seines Todes gehandelt habe. Er versicherte sich sogar der Dienste von Tomasso Campanella, eines Ketzers und Hexenmeisters, der ihm helfen sollte, die eingebildete Gefahr abzuwenden.

Campanella war zu lebenslanger Haft verurteilt worden, nachdem er versucht hatte, ein Utopia einzurichten und das Millennium herbeizuzwingen.

Um die Sicherheit seines prominenten Kunden zu gewährleisten, führte Campanella Rituale der schwarzen Magie durch. Es ist eigentlich ganz amüsant, sich einen Papst vorzustellen, der so verzweifelt am Leben hängt, daß er für sich persönlich genau die gottlosen Praktiken gelten läßt, die er der Allgemeinheit verbietet.

Selbsternannte Messiasse

Einige Propheten der Neuzeit haben den schmalen Grat überschritten, der Prophetie von der Gotteserscheinung trennt, und behaupten, selbst der Messias zu sein.

Haile Selassie, Löwe von Juda

Propheten, die sich selbst zum Messias erklären, sind keine ungewöhnliche Erscheinung; im Mittelalter herrschte kein Mangel an christlichen, jüdischen und sogar moslemischen Ansprüchen auf diesen Titel.

Im 19. Jahrhundert gab es zwei außergewöhnliche Messiasse: Henry James Prince (1811–99) und John Hugh Smyth-Piggott (gest. 1927).

Prince war ein anglikanischer Priester mit einer großen Redebegabung, der auf Frauen eine besondere Anziehungskraft ausübte. Er begann, seine Predigten in freier Natur zu halten und verkündete bald, er sei die Wiedergeburt des Propheten Elia. In Brighton, einem englischen Badeort an der Südküste, errichtete er sich seine eigene Kapelle. Es gab genügend reiche Leute, die an Prince glaubten und ihm in Spraxton in Somerset einen Landsitz kauften. Dort gründete er 1846 die »Abode of Love« oder auch Agapemone. Die Gruppe wurde bald als die »Agapemoniten« bekannt. Prince gab sich den Titel »the Beloved One« (der Geliebte) und nannte sich Messias.

Da er sich als Gottes Wille auf Erden verstand, ließ er keine Klagen seiner Anhänger über den luxuriösen Lebensstil gelten, den er auf ihre Kosten führte. Mindestens einmal fuhr er in seiner Kutsche durch den Ort Bridgewater in Somerset, während sein Lakai mit der Trompete vorweglief und ihn als Messias ankündigte. Er begann auchdamit, Anhängerinnen als »Bräute des Lamms« zu nehmen, was andere Sektenführer übernahmen.

Prince »stand über der Sünde« und nahm sich deshalb jede Freiheit, so zu leben, wie es ihm gefiel. Für seine Gefolgsleute galt das natürlich nicht. Diese Doppelmoral schreckte die Gläubigen aber nicht ab, und sie sorgten bestens für die Bedürfnisse des Messias. Ein reicher Kaufmann stellte ihm

Die Revolution von Taiping sollte China zum Gelobten Land machen

weltliche Güter im Wert von etwa 30 000 DM zur Verfügung – eine Riesensumme für damalige Verhältnisse – und arbeitete selbst als Butler auf dem »Sitz der Liebe«.

Als man dem Ex-Anglikaner das Priesteramt entzog und er mit mehreren Gerichtsverfahren zu tun hatte, florierte »Abode of Love« trotzdem weiter. Man sammelte sogar die Mittel, um in Clapton bei London eine Kirche zu erreichten. Prince glaubte, das Ende der Welt sei nahe und versprach seinen Zöglingen die Unsterblichkeit. Wer (trotzdem) starb, war »der Sünde verfallen« und wurde aufrecht stehend unter den Rasen gebracht – ein Schicksal, das Prince 1899 schließlich selbst beschieden war.

Das geistige Vakuum, das durch Princes Tod entstanden war, wurde drei Jahre später von John Smyth-Pigott gefüllt, der sich in der Kirche von Clapton zum »Sohn des Herrn«, zum neuen Messias erklärte. Er führte Princes Praxis weiter und wählte sich »Soul Brides« (Bräute der Seele), die ihm auch Kinder gebaren, was später zum Entzug seiner anglikanischen Priesterschaft führte. Im Vergleich zu anderen »Messiassen« führten Prince und Smyth-Pigott vielleicht deshalb ein so komfortables Leben, weil sie von relativ wenig Leuten ernstgenommen wurden. Der chinesische Prophet Hung Hsui-Chaun stach in ein Wespennest, als er behauptete, der jüngere Bruder von Christus zu sein. Seine Erklärung beflügelte die Taiping-Revolution, die 1851 in Südchina begann und bis 1864 dauerte. Seine Anhänger glaubten, sie seien die Kinder Israels, und versuchten, die Manchu-Dynastie zu stürzen, um in China das Gelobte Land einzurichten.

Der britische General Gordon beendete den Aufstand, und 1880 widersetzte er sich im Sudan auch dem Mahdi, einem moslemischen Kandidaten für des Titel des Messias.

John Hugh Smyth-Pigott

DER LÖWE VON JUDA

Eine der erstaunlichsten messianischen Bewegungen unserer Zeit ist die der Rastafari, die von Jamaika in die USA und bis nach England vorgedrungen ist. Ihr unfreiwilliger Kandidat für den Posten des Messias war der Kaiser von Äthiopien, Haile Selassi (1891–1975).

Der Rastafarismus erhielt seinen Anschub während des Ersten Weltkrieges durch die Rhetorik des militanten Schwarzen Marcus Garvey. Garvey, der als jamaikanischer Einwanderer in den vereinigten Staaten lebte, wollte der politische Retter aller Farbigen sein, und er haßte die Weißen. Er vertrat den Standpunkt, Schwarze sollten sich auf Afrika konzentrieren, »dort wird ein schwarzer König gekrönt und die Erlösung ist nah«. Kurz darauf, 1930, wurde Ras Tafari Kaiser von Äthiopien, Haile Selassi, die Erfüllung von Garveys Prophezeiung. Haile Selassi, der den Titel »Löwe von Juda« annahm, war der letzte Kaiser in einer Reihe der – wie er behauptete – ältesten Monarchien in der Welt. Einige der extremeren Rastafari, wie z.B. der Niymen, befürworteten den Gebrauch von Marihuana (ganja), sie ließen sich »Dreadlocks« wachsen und pflegten eine militante, anti-weiße Haltung.

Die Rastafari haben die Enttäuschung und den Tod Haile Selassis 1975 überstanden. Wie die Juden aus vergangenen Generationen haben sie ein Heimatland, das von niemandem anerkannt wird. Visionen von der Rückkehr Haile Selassis oder eines anderen schwarzen Messias', verbunden mit der Möglichkeit eines Armageddon, das auch einen Rassenkampf auslösen könnte, halten die Erwartungen der Rastafari am Leben.

Die Vision eines Rassen-Armageddon sollte später auch Charles Manson bei seiner Mordserie in Kalifornien beflügeln.

ZEITALTER *des* Wassermanns

*Läutet in der Dämmerung dieses Zeitalters die Totenglocke für das Christentum, und befinden wir uns am Anfang eines neuen Zeitalters des Friedens, der Liebe und der Innerlichkeit?
Die Philosophie des neuen Zeitalters könnte unsere einzige Verteidigung vor dem Grauen der Apokalypse sein.*

Madame Blavatsky

Helena Petrowna Blavatsky, Begründerin der Theosophie, behauptete 1888, daß Lemuria die Heimat der »Rasse der dritten Wurzel« sei.

HPB, die russische Sphinx

HPB, wie ihre Anhängern sie nannten, wurde als Helena Petrovna von Hahn in der Ukraine als Tochter eines russischen Offiziers deutscher Abstammung geboren. 1849 heiratete sie General Blavatsky, den Vizegouverneur von Eriwan, zog aber kurz darauf auf Wanderschaft durch die Welt.

Lemuria war ein verlorener Kontinent, den man im Indischen Ozean oder im Pazifik vermutete und der durch einen Vulkanausbruch zerstört worden sein soll. Theosophen zufolge entwickelte sich die menschliche Rasse aus einer Reihe sogenannter »Wurzelrassen«. Zu diesen gehört die Rasse der Lemurier, die vor den Atlantern und der heutigen Menschheit (der »Rasse der fünften Wurzel«) lebten.

Der Name »Lemuria« stammt ursprünglich von den affenartigen Lemuren, die in Afrika, Südindien und in Malaysia leben. Die weite Verbreitung dieser Tiere veranlaßte bekannte Wissenschaftler wie Thomas Huxley und Ernst Häckel zu glauben, daß einst ein Kontinent diese Gebiete miteinander verbunden haben müßte. Diese Mutmaßung der Naturforscher aus dem 19. Jahrhundert, die nach einer Landverbindung zwischen Asien und Afrika suchten, wurde von einer Gruppe übernommen, die einen passenden Ort für eine sehr wackelige Theorie suchten. Ihr Lemuria war die Wiege menschlicher Zivilisation – nichts Geringeres als der Garten Eden. Die ursprünglichen Einwohner von Lemuria waren, wenn man Madame Blavatsky glauben will, Zwitter von affenartiger, gigantischer Gestalt, die Eier legten, vier Arme und – wie manche Hindugottheiten – drei Augen gehabt hätten. Zum Glück für uns boten sich Wesen von der Venus an, sie zu ersetzen, und vermischten sie mit den dort lebenden Affen – ein Hauch von Darwinismus.

Madame Blavatsky behauptet, die dritte Wurzel von Lemuria sei zwar vor über 40 Millionen Jahren ausgelöscht worden, Abkömmlinge würden aber heute noch in Gestalt der australischen Aboriginees, der Papuas und der Hottentotten weiterleben – eine Idee, die man einem modernen Anthropologen heute wahrscheinlich nicht so einfach verkaufen könnte.

Nach dem Tod der Madame Blavatsky im Jahr 1891 beschäftigte sich ihre Nachfolgerin Annie Besant, eine ruhelose Kämpferin für soziale Gerechtigkeit, weiter mit dem Thema. Zusammen mit W. Scott-Elliot arbeitete sie weiter an der Geschichte Lemurias, und sie legte sogar detaillierte Karten vor, die kritische Stufen bei der Entwicklung der Welt zeigten.

Eine Ähnlichkeit zwischen diesen Karten und den heutigen, auf denen Pangäa gezeigt wird – ein moderner Mythos, mit dem die Wissenschaftler von heute die Kontinentaldrift zu erklären versuchen –, ist durchaus gegeben.

Die vierte Wurzelrasse hat angeblich in Atlantis gelebt und dort Technologien entwickelt, die von konzentrierter

Willenskraft angetrieben wurden. Atlantis wurde schließlich zerstört, nach Plato möglicherweise durch den Ausbruch des Vulkans Santorini.

Die fünfte Wurzelrasse, die Arier, ging von Atlantis aus und ließ sich in Ägypten, Indien, Persien und Europa nieder. Von dort aus verteilten sie sich, so erzählt die Geschichte, während der letzten vier Jahrhunderte auf fast alle Teile der Welt.

Die sechste Wurzelrasse ist angeblich gerade dabei, sich im Gefolge eines neuen Weltlehrers oder Messias in Kalifornien zu entwickeln.

Diese Rasse wird sich ganz allmählich über viele tausend Jahre entwikkeln und schließlich die heutige Rasse ersetzen.

Mit der siebten Wurzelrasse wird auch das Leben auf der Erde enden und – so meint Madame Blavatsky – danach auf dem Planeten Merkur wieder von neuem beginnen.

Zeitgenössisches Bild (H. P. Blavatsky)

KRISHNAMURTI – MESSIAS EINES NEUEN ZEITALTERS

Theosophen haben den Grundsatz der Hindus übernommen, demzufolge Gott als Mensch wiedergeboren wird, wenn die Evolution dadurch vorangetrieben werden kann. 1908 beobachteten Mitglieder der theosophischen Gesellschaft einen Jungen, der ihnen beim Schwimmen im Fluß Adyar zuschaute. Zwei Mitglieder, Ernest Wood und der Reverend C. W. Leadbeater, bemerkten, daß der 13jährige von einer außerordentlichen Aura umgeben war. Nachdem sie, wie sie es nannten, seine vergangenen Leben begutachtet hatten, schlugen sie dem Vater des Jungen vor, daß die theosophische Gesellschaft sich um seine Erziehung kümmern solle.

Der Name des Jungen war Jiddu Krishnamurti. Nach einigem juristischen Streit mit Krishnamurti Senior – der ein orthodoxer Hindu war – begann die theosophische Gesellschaft damit, Krishnamurti als den neuen Weltenlehrer, also fast als Messias bekanntzumachen.

1911 erklärte die Gesellschaft öffentlich, Krishnamurti sei die fünfte und letzte Wiedergeburt von Buddha; sie bestimmten das Jahr 1911 als Beginn des Wassermannzeitalters.

Krishnamurti wurde nun auf eine Weltreise geschickt, um die Gläubigen zu treffen. In Sydney, Australien, machten sich die Theosophen sogar die Mühe, am Hafen ein riesiges Amphitheater zu errichten, von dem aus sie den neuen Messias oder Weltlehrer, wie sie ihn lieber nannten, begrüßen konnten.

1927 machte Krishnamurti eine tiefgehende Erfahrung, die sein Verhältnis zur theosophischen Gesellschaft änderte. Er meinte, er sei in den Rang eines »Geliebten« aufgestiegen, akzeptierte seine Berufung zum Lehrer und diese Erleuchtung führte dazu, daß er sich von der Gesellschaft trennte. 1929 lehnte Krishnamurti seine Rolle als theosophischer Guru ab, verzichtete auf den Titel Messias und gründete ein neues Zentrum in Kalifornien. Seine Vorlesungen über Philosophie und spirituelles Leben halfen, ein Bewußtsein zu entwickeln, das in das neue Zeitalter des Wassermanns überleitete, welches in den frühen 60er Jahren von den Hippies ausgerufen wurde.

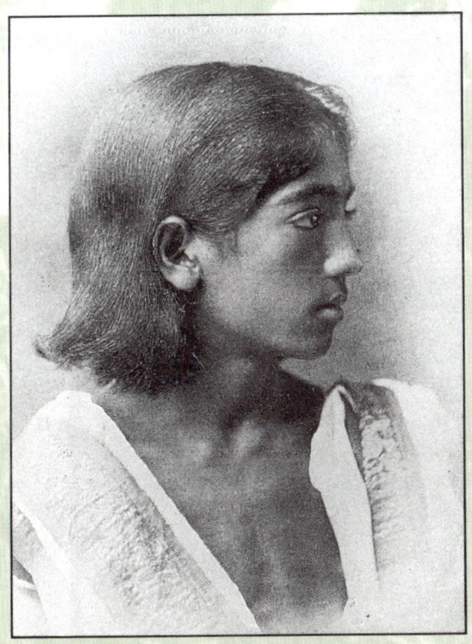

Krishnamurti, der Knabe am Fluß

Der Prophet des neuen Zeitalters

Der Ruf des Propheten Aleister Crowley geht auf die Veröffentlichung seines erfolgreichen Buches der Gesetze zurück, dessen Inhalt ihm von einem der alten ägyptischen Dämonen weitergegeben worden war.

Prophet, Magier und Dichter?

Das Wesen, das sich im Frühling 1904 bei Crowley und seiner Frau Rose in ihrer Kairoer Wohnung meldete, nannte sich Aiwass. Es sagte das Ende des Christentums und die Geburt eines neuen Zeitalters voraus, ein Übergang, der durch Gewalttätigkeit, durch Macht, Feuer und Verderben führen werde.

Crowley und das allsehende Auge

Das »Buch der Gesetze« oder auch »Liber Al vel Legis« erschien als ein kurzes Prosagedicht mit drei Kapiteln. Bei der Veröffentlichung wurde Crowley als der Prophet des neuen Zeitalters angekündigt, als »Äon des gekrönten Kindes der Eroberung« von Horus, dem ägyptischen Gott des Krieges.

Die Regel dieses neuen Äon war dem Ausspruch Rabelais' ähnlich: »Es gibt kein Gesetz, das deine Wünsche regelt.« Das war nicht als Freibrief dafür zu werten, sich nach Lust und Laune zu benehmen. Crowley meinte, jedes Individuum müsse selbst versuchen, dem Leben einen bestimmten Sinn zu geben, kurz, jeder solle für sich selbst seinen eigenen wahren Willen erkennen. Dann solle man sich nur noch darum kümmern und sich nicht durch die Fesseln konventioneller Moralvorstellungen binden lassen.

Als Crowley 1947 starb, trauerte nur ein kleines Häufchen seiner Anhänger. Zwanzig Jahre später wurden all seine Bücher wieder veröffentlicht, und sein Bild erhielt einen prominenten Platz auf dem Cover des Beatles-Albums »Sergeant Pepper's Lonely Hearts Club Band«.

Was war mit Crowleys Prophezeiungen? Er hatte behauptet, daß sein Buch der Gesetze nicht nur Krieg und Blutvergießen ankündige, sondern daß es diese Dinge sogar beschleunige. Mit jeder autorisierten Ausgabe seines Buches würde der Übergang in das neue Zeitalter einen Schritt näherrücken.

Im 46. Vers des dritten Kapitels stehen die prophetischen Worte: »Ich bin der Kriegsgott der Vierziger.« Crowley betonte, er habe den Sinn dieser Worte nicht verstanden, als er sie niederschrieb. Mit dem Wissen um den Zweiten Weltkrieg werden sie aber im Nachhinein erschreckend klar.

1910, während eines Aufenthaltes im Haus seines Freundes und Schülers Commander Marston, einem ehemaligen Offizier der Royal Navy, erklärte

Crowley sich bereit, Bartzabel, den Geist des Kriegsgottes Mars, anzurufen. Victor Neuberg fungierte als Medium, was bedeutete, daß er Bartzabel erlaubte, durch ihn Prophezeiungen zu machen und Fragen zu beantworten. Die Anrufung wurde nach einem von Crowley verfaßten Ritual ordnungsgemäß durchgeführt, und Victor begann, in der Stimme des Marsgeistes zu sprechen. Commander Marston fragte Bartzabel nach der Möglichkeit eines Kriegsausbruches in Europa.

Der Geist antwortete, daß es innerhalb von fünf Jahren (gerechnet ab 1910) zu zwei Konflikten kommen würde. Das Zentrum des einen wäre die Türkei, bei dem anderen stünde das Deutsche Reich im Mittelpunkt. Beide Prophezeiungen erfüllten sich mit dem Balkankrieg von 1912 und dem Ersten Weltkrieg auf den Buchstaben genau.

Crowleys Buch deutet einen europäischen Krieg für das Jahr 1997 an; mehrere seiner verschlüsselten Passagen deuten darauf hin, daß zu seinem Ursprungsjahr (1904) 93 Jahre zu addieren seien. Dieser Konflikt wird sich über Osteuropa oder die neuen, unabhängigen Staates der ehemaligen Sowjetunion ausbreiten. Für das Ende dieses Jahrhunderts ist das »schreckliche Gericht des Ra-Hoor-Khui zu erwarten, das die Welt erneuern wird«.

Das Buch der Gesetze sagt weiter: »Hrumachis wird aufstehen und der mit den zwei Feldherrnstäben wird meinen Thron und meinen Platz einnehmen. Ein anderer Prophet wird sich erheben und neues Fieber aus dem Himmel bringen ... ein neues Opfer wird das Grabmal beflecken; ein anderer König wird regieren.« (Hrumachis ist die aufgehende Sonne des neuen Äon. Der mit den zwei Feldherrnstäben ist der ägyptische Gott, von dem die Griechen Themis, ihre Göttin der Gerechtigkeit, ableiten.)» Ruft mich an unter meinen Sternen. Liebe ist das Gesetz, Liebe unter dem Wollen ... nehmt Wein und seltsame Drogen ... & seid betrunken davon! Ihr werdet keinen Schaden erleiden« – eine Passage, die all die psychedelischen Love-ins der 60er zusammenfaßt, was man sich 1904 wohl kaum vorstellen konnte! Crowleys Buch ist auf jeden Fall ein sehr machtvolles Stück Literatur, voll von Liebe und Haß.

Der ägyptische Kriegsgott Ra-Hoor-Khuit

DER GEHEIME SCHLÜSSEL

Buch 2, 76 des »Gesetzbuches« enthält eine Reihe scheinbar unzusammenhängender Buchstaben und Zahlen. Crowley erklärt ihren Zweck so: »Der nächste Teil scheint ein kabbalistischer Test ... für jede Person zu sein, die behauptet, magischer Erbe der Bestie zu sein.« Crowley hat den Titel der »Bestie 666« aus seinem Lieblingsteil der Bibel, der Apokalypse des Johannes, entnommen.

Bislang hat sich, trotz vieler Versuche, niemand mit einem Beweis dafür gemeldet, daß er fähig sei, diesen »Schlüssel« zu entwirren und sich als spiritueller Nachfolger Crowleys zu präsentieren. Charles Stansfield Jones behauptete, das Rätsel gelöst zu haben, aber Crowley entschied später, daß diese Erklärungen nicht ausreichend seien. Das Puzzle sieht so aus:

4 6 3 8 A B K 2 4 a L G M O R 3 Y
X 24 89 R P S T O V A L

Auf den ersten Blick ergibt sich kein Sinn, wendet man aber die Wort-Buchstaben-Äquvalenz der Kabbala an, dann ändert sich das. Es lohnt sich, darauf zu achten, daß ein »G« nicht unbedingt den Sinngehalt eines »G« hat, sondern etwas anderes symbolisiert. Vielleicht ergeben sich für den Propheten, der diese Nuß knacken kann, weitere Erklärungen für den Rest der Prophezeiungen aus Crowleys seltsamem Buch.

Der schlafende Prophet

Edgar Cayce, Heiler und Prophet

Edgar Cayce (1877-1945), der sogenannte »schlafende Prophet«, machte eine Reihe erstaunlich genauer Voraussagen und fast ebenso viele, die völlig verkehrt waren.

Cayce bemerkte schon in jungen Jahren, daß er psychische Kräfte besaß, aber erst Jahre später spezialisierte er sich auf die Trance-Diagnose, für die er dann berühmt wurde. Was Cayce von den meisten anderen Propheten unterschied, war der Umstand, daß seine Aussagen sorgfältig übertragen wurden, und heute noch existieren.

Während der Konsultationen mit seinen Patienten pflegte er auf einer bequemen Couch zu liegen und darauf zu warten, daß sein inneres Licht ihn mit seinem »Kommunikationskanal« verbindet. Dann »las« er die Diagnose und die Lösung der Situation oder des Problems »vor«. Nach dem Erwachen behauptete er, sich an nichts von dem erinnern zu können, was er gesagt hatte. Er hatte zwar eine im herkömmlichen Sinne eher dürftige Ausbildung genossen, in Trance konnte Cayce aber Krankheiten diagnostizieren und detaillierte Therapien und Medikamente in einer Sprache verschreiben, die einen speziell ausgebildeten Arzt vermuten ließ. Er hatte aber nicht immer recht und erstattete jedem sein Honorar, der mit seiner »Lesung« nicht zufrieden war.

Cayce sagte die Ätnaausbrüche 1991 und 1992 voraus

Cayce verschrieb einmal eine Medizin, die aus Scharlachkraut zubereitet wurde, aber niemand konnte sie finden. Schließlich fand James Andrews, der Patient, heraus, daß ein Pariser Arzt die Medizin bereits vor 60 Jahren verkauft hatte.

Einem anderen Patienten empfahl er den Einsatz eines Medikamentes namens »Codiron« und nannte auch Name und Adresse des Herstellers. Als der Patient die Firma in Chicago anrief, stellte er fest, daß die Mischungsformel für das Medikament gerade erst bestimmt und daß der Name nur eine Stunde vor dem Anruf ausgewählt worden war!

Cayces »Kommunikationskanal« sollte später das Augenlicht seines achtjährigen Sohnes retten, der seine Augen beim Spiel mit Streichhölzern verletzt hatte. Der Augenspezialist wollte ein Auge entfernen. Cayce untersagte die Operation und befragte einen eigenen Ratgeber. Man legte mit Gerbsäure getränkte Bandagen auf die Augen seines Sohnes, ein Rezept, das Cayce während einer seiner Trancen erhalten hatte. Zwei Wochen später konnte der Junge wieder sehen.

Im »normalen« Leben führte Cayce ein Fotogeschäft in Virginia Beach, Virginia. Cayce konnte den Menschen mit seinen psychischen Talenten nicht nur bei Krankheiten helfen, sondern er beriet sie auch in geschäftlichen Fragen. Diese Vorhersagen wurden von seinen Besuchern hoch geschätzt, und sie profitierten auch davon.

Cayce sagte das Ende des Kommunismus voraus, und er kündigte die Wiedergeburt Rußlands an. Er sah auch eine starke religiöse Bewegung aus Rußland kommen. Eine seiner weniger plausiblen Vorhersagen besagte, China würde die neue »Wiege des Christentums«.

1934 machte Cayce eine Reihe von Ankündigungen über größere geologische und klimatische Veränderungen (siehe Kasten). Ein Ausbruch des Ätna wurde vorhergesagt – sein letzter verheerender Ausbruch war 1991, als das Dorf Fornazzo zerstört wurde und dann nochmals im Jahr darauf. Er sagte ebenso einen Ausbruch des Vesuv, oder des Mount Pelée auf Martinique voraus. Letzterer ist übrigens Auslöser von Erdbeben in Südkalifornien. 1999 wird die Verschiebung der Erdachse, die nach Cayce 1936 begann, eine Reihe von Katastrophen auslösen. Das Jahr 2000 wird mit einem Knall beginnen, mit Erdbeben in der Türkei und auf dem Balkan, die dazu führen, daß Teile des Landes im Wasser versinken. Das einzige Positive scheint eine Klimaverbesserung in Großbritannien und Skandinavien zu sein, die sich aus einer Änderung des Golfstromes ergibt! Wie viele christliche Propheten, so behauptete auch Cayce, daß der »Tag der Abrechnung« nahe sei. Er sagte für 1999 einen Dritten Weltkrieg voraus, der von dem neuen Zeitalter und der zweiten Ankunft Christi gefolgt würde. Seine eigene Wiedergeburt sah Cayce im Jahr 2100 in Nebraska voraus.

Vorhergesagtes Erdbeben in der Türkei

GRÖSSERE UMWÄLZUNGEN AM ENDE DES JAHRHUNDERTS

1934 gab Cayce eine Lesung, während er in Trance war, und er beschrieb dabei eine Reihe ziemlich unvorstellbarer Naturkatastrophen, die am Ende des 20. Jahrhunderts geschehen würden. Darunter waren:

- eine Verschiebung der Erdachse um 2000, die bewirken würde, daß
- zahlreiche Küstenbereiche überschwemmt werden, weil sich die Landmasse um Meter senkt,
- beide Polbereiche schmelzen; dadurch wiederum würde
- Südengland überschwemmt
- Nordeuropa sehr schnell überschwemmt
- an der Stelle Grönlands Wasser erscheinen
- vor der Ostküste Nordamerikas neues Land entstehen
- die Gegend um Los Angeles und San Francisco zerstört, ebenso würden Manhattan und New York untergehen
- die Nord- und Südpolarregion sich aufwölben
- Vulkane in tropischen Gebieten ausbrechen, besonders am Rand des Pazifischen Beckens, hier wieder in Japan (schwerste Schäden), China, in Teilen von Südostasien, Ostaustralien und an der Pazifikküste Südamerikas
- eine Landbrücke zwischen Südamerika und der Antarktis entstehen lassen (wie man sie von den sehr alten Karten des Piri Reis her kennt)
- allgemeine Erwärmung von zur Zeit kühlen und eine Abkühlung von warmen Gebieten bedeuten.

Leo Taxil, der große Blender

Im Paris von 1890 tat sich Gabriel Jogand-Pages, auch unter dem Pseudonym Leo Taxil bekannt, mit einer Gruppe befreundeter »Freidenker« zusammen, um die römisch-katholische Kirche auf den Arm zu nehmen.

Jogand-Pages machte sich die Schwarze Kunst zunutze, um gegen die starke katholische Tradition in seinem Land anzugehen. Der vollendete Schwindler wurde in der Mitte des 19. Jahrhunderts in der Provence geboren und in einer Jesuitenschule erzogen. In dieser Zeit lernte er die Freimaurerei kennen, ein verbotenes Thema in einer katholischen Jungenschule. Jogand-Pages wurde Freimaurer, vollzog dann aber offensichtlich eine ideologische Kehrtwende und verfaßte eine Verurteilung der Freimaurerei. In Wahrheit waren Taxils Schreibereien nicht mehr als gut gemachte Streiche. Um das Maß vollzumachen, erfand er eine Ex-Satanistin namens Diana Vaughan, die angeblich von dem englischen Alchimisten Thomas Vaughan abstammte, den Taxil einer faszinierten Kirchenbürokratie als möglichen Konvertiten in Aussicht stellte. Diana, so sagte er, sei Mitglied in einer Organisation mit Namen Palladium, einem weltweiten Satanskult, der anscheinend von Freimaurern geführt würde und der auf einen Mann namens Albert Pike aus Charleston, USA, hörte. Um Diana Glaubwürdigkeit und etwas teuflische Würze zu verleihen, lieferte Taxil einen Stammbaum für sie und ihre Mitsatanisten.

Teil dieses Stammbaumes und eine von Taxils berühmtesten Schwindeleien war die Geburt und die Ahnenreihe des Antichristen (wie er in der Offenbarung des Johannes erwähnt wird). Eine der Priesterinnen von Palladium, Sophia Walder, wurde als echtes »Satanskind«, gezeugt von Luzifer, präsentiert. Nach Taxils Voraussage würde Sophia nach Jerusalem gehen, dort würde sie im Sommer 1896 mit dem Dämon Bitru (oder Sytry) Ge-

Der diabolische Monsieur Taxil

Die Riten von Taxils Satanskult ähnelten den mansonischen Riten des Mizraim

schlechtsverkehr haben und schließlich eine Tochter gebären. 33 Jahre später würde diese Tochter selbst eine Tochter vom Dämon Decarabia empfangen, die wiederum 33 Jahre später, 1962, den Antichristen gebären sollte.

In der Prophezeiung heißt es weiter, daß der Antichrist mit seiner Mission im Alter von 33 Jahren 1995 an die Öffentlichkeit gehen wird. Gleichzeitig wird er den Abfall des Papstes vom Katholizismus bewirken. Danach wird es ein Kriegsjahr geben, das mit der Zerstörung der katholischen Kirche und der Hinwendung vieler Seelen zum Antichristen enden wird.

Obwohl die ganze Angelegenheit ziemlich klar als »Ente« zu erkennen war, so gab es doch eine Anzahl realer Elemente. Albert Pike lebte z.B. tatsächlich; er war ein amerikanischer Freimaurer.

Die Vorhersage beeinflußte auch Jeane Dixon, eine Amerikanerin mit übersinnlicher Wahrnehmungskraft, die eine Vision von der Geburt des Antichristen am Freitag, dem 6. 2. 62, irgendwo im Nahen Osten hatte, dem selben Jahr übrigens, das auch Taxil angegeben hatte. In ihrer Vision waren die altägyptische Königin Nefertiti und Pharao Echnaton die Eltern.

Als symbolische Geste sollte der Antichrist in Galiläa oder in Jerusalem geboren werden, um ein Gegengewicht zur Geburt Christi zu bilden. Nicholas Campion, der eine Geschichte von der Geburt des Antichristen entworfen hat, glaubt, daß es am Tag vorher eine Sonnenfinsternis gegeben hat.

Diesen Zeitpunkt bestimmte Campion auf den 5. 2. 62 um 0.10 Uhr Greenwich Mean Time, um dem Antichristen ein Horoskop stellen zu können. Zusätzlich zur Sonnenfinsternis standen alle sieben traditionellen Planeten – Merkur, Venus, Sonne, Mond, Mars, Jupiter und Saturn – im Zeichen des Wassermanns, eine sehr seltene astrologische Konjunktion.

Die Vorstellung von einem Kind, das als Antichrist geboren wird, wurde 1976 von David Seltzer in seinem Roman »Das Omen« aufgegriffen. Damien, ganz offensichtlich der Antichrist, wächst in der Familie eines amerikanischen Karrierediplomaten auf. Aleister Crowley, der berühmteste Magier des 20. Jahrhunderts, erzählt in seinem Roman »Mondkind« von einem Kind mit ganz besonderen magischen Fähigkeiten.

DER ANTICHRIST

Wenn der Antichrist kommt, wird er behaupten, ein Gott zu sein, und er wird Wunder bewirken. Er wird die Toten auferstehen lassen, auf dem Wasser wandeln, Kranke heilen und wahrscheinlich auch wie Simon Magus fliegen. In der jüdischen Tradition wird die Kraft des Bösen als kahler Mensch dargestellt, dessen eines Auge größer ist als das andere und der auf dem rechten Ohr taub ist. Die frühen Christen übernahmen die jüdische Vorstellung von einem Krieg zwischen Gott und seinem Gegner. Eine historische Person, die als Antichrist angesehen wurde, war der syrische König Antiochus IV. Epiphanes, der 171 v. Chr. Jerusalem eroberte und den Tempel für heidnische Opfer mißbrauchte. Später ordnete er die Verfolgung der Juden an. Der berühmteste Bibelhinweis, der sich auf den Antichristen bezieht, steht in der Offenbarung des Johannes im Kapitel 13.

Der Antichrist wurde an anderer Stelle auch als der Prophet Mohammed oder als Napoleon gesehen – in Zeiten der Feindschaft ein ganz bequemes Schimpfwort! Oft wird der Begriff »Antichrist« auch von Protestanten mit dem Papst in Verbindung gebracht, hier handelt es sich aber um eine Verdrehung der ursprünglichen Bedeutung.

Eigentlich bedeutet es ja so viel wie »der Gegner« oder »der ungerechtfertigte Forderer des Thrones« Christi. Der Antichrist darf nicht mit Satan verwechselt werden: Er ist Satans menschlicher Repräsentant auf Erden.

Damien, der Antichrist aus »Omen II«

Das Zeitalter des Wassermanns

Von allen Daten und Vorhersagen, die in diesem Buch untersucht werden, ist der folgende Zeitplan für das Wassermannzeitalter besonders wichtig.

Der Wassermann (16. Jahrhundert)

Zigarettenwerbung von 1923

Die folgenden Daten sind die aussichtsreichsten Kandidaten für den Beginn des Wassermannzeitalters. Mit der Ankunft des Jahrtausends, mit der Wiederkehr Christi oder mit der Schlacht von Armageddon müssen sie nicht unbedingt etwas zu tun haben. Hier handelt es sich in der Regel um »sanfte« Daten der Vorsehung, die eine Periode des Friedens auf Erden einläuten sollen und nicht eine Zeit des Richtens, himmlischer Kriege, der Rettung und Verdammnis.

1904 Der Beginn des Äons von Horus, wie es Aleister Crowley im April 1904 in Kairo geweissagt worden war. Die Ankunft dieses Zeitalters wird im Buch der Gesetze angekündigt, dessen Text Crowley mit der Stimme von Aiwass diktiert worden war.

Dieses sogenannte »Äon des gekrönten und siegreichen Kindes« wird oft mit dem Zeitalter des Wassermanns gleichgestellt. Für Crowley war das neue Zeitalter gleichbedeutend mit dem Ende der christlichen Periode und ihrer Sklavenmentalität.

1905 Gerald Massey sah den Beginn des Wassermannzeitalters 2160 Jahre nach dem Jahr 255 v. Chr. Die mathematisch korrekte Rechnung hätte das Jahr 1906 ergeben.

Die Gründe, die zur Wahl des Jahres 255 v. Chr. führten, sind anzweifelbar, es handelt sich dabei um des Datum, als die Septuaginta, die Übersetzung des Alten Testamentes in die griechische Sprache, übertragen wurde.

1911 Die Theosophische Gesellschaft der Helena Petrovna Blavatsky wählte dieses Datum auf der Basis von Worten, die Krishnamurti diktiert wurden, der damals »Weltlehrer« der Gesellschaft war.

1914 Beginn des Ersten Weltkrieges

1936 Der Beginn der Erdachsenverschiebung, nach Edgar Cayce

1939 Beginn des Zweiten Weltkrieges

1943 Nach Edgar Cayce sollte nun ein neues spirituelles Zeitalter beginnen.

1962 Die Geburt des Antichristen, wenn man Leo Taxils Aussagen von 1880 und der amerikanischen Hellseherin Jeane Dixon glaubt, die übrigens den 6. Februar vorhergesehen hatte. Nicholas Campion wählte den 5. Februar, weil sich an diesem Tage alle Planeten um das Sternbild des Wassermann geschart hatten.

1963 Dem Autor des Liber Vaticinationem zufolge die Ankunft des Wassermannzeitalters. Gleichzeitig Beginn der Hippieära.

1989 Zusammenbruch des sowjetischen Kommunismus

1995 Max Toth gibt die Ankunft des Königreiches des Geistes bekannt. Das Jahr, in dem Leo Taxils Antichrist den Papst bekehrt.
1997 ist das Datum, das der Psychologe Carl Jung für die Ankunft des neuen Zeitalters bestimmt hat.
1999 Nostradamus sagt für den September die Ankunft des »Königs der Schrecken« voraus, das wahrscheinlich von Armageddon gefolgt wird.
2000 Viele christliche und nichtchristliche Propheten haben dieses Jahr als Schlüsseldatum gesehen.

Nostradamus (die zweite Ankunft), Malachäus (durch Rückschluß), Edgar Cayce, die Jungfrau Maria von Fatima (ebenfalls durch Rückschluß), dazu zahlreiche Christen, besonders die Fundamentalisten, die Schriftsteller und Prediger; man ist sicher: der 4. oder 5. Mai des Jahres 2000 wird eine bedeutende astronomische Formation mit sich bringen.

Orientalische Wassermann-Darstellung

2001 Aus mathematischer Sicht eine bessere Wahl als das vorhergehende Jahr, eine Sicht, die auch von den Adventisten des siebten Tages, von der hebräischen Geschichte und von Nostradamus unterstützt wird. Beide Daten haben aber mehr mit der Apokalypse und der zweiten Ankunft Christi zu tun als mit dem Zeitalter des Wassermanns.
2010 Viele Schriftsteller, die sich mit esoterischen Themen beschäftigen, ziehen dieses Datum vor.
2012 Nach José Arguelles ist dieses Jahr einem alten Maya-Kalender zufolge das Ende eines 396jährigen Zeitalters. Für Terrence und Dennis McKenna bedeutet dieses Datum den Höhepunkt vieler Zeitmaßstäbe.
2013 Das Ende des Inka-Kalenders. Nach Willaru Huayta wird der Beginn des neuen Zeitalters von einem riesigen Asteroiden begleitet werden, der die Erde in nächster Nähe passieren wird.
2020 Am 21. 12. diesen Jahres werden Jupiter und Saturn nach Adrian Duncan zum ersten Mal seit 1404 n. Chr. in Konjunktion zum Wassermann stehen. Für die antiken Juden war dieses besondere Zusammentreffen auf jeden Fall ein Zeichen für größere Veränderungen.
2023 Für Woldben das genaue Datum für den Beginn des Wassermannzeitalters.
2060 Dane Rudyar deutete bereits an, daß das Zeitalter der Fische 100 v. Chr. begonnen habe, deshalb würde das Wassermannzeitalter auch erst nach der üblichen Periode von 2 160 Jahren in diesem oder im nächsten Jahr beginnen.
2143 ergibt sich aus dem Geburtsjahr Christi plus 2 134 Jahre, +/– einige Jahre, da man das genaue Geburtsjahr nicht kennt.
2160 Christi Geburt plus die Standardzeit von 2160 Jahren, +/– einige Jahre aus dem erwähnten Grund; ein Vorschlag von Woldben und Gordon Strachan.
2233 Das früheste Datum für den Jüngsten Tag nach Johannes Trithemius, dem Mönch aus dem 15. Jahrhundert, und ein möglicher Zeitpunkt für den Beginn des Neuen Zeitalters.

WELCHES DATUM STIMMT?

Jeder, der sich zum möglichen Beginn des Wassermannzeitalters geäußert hat, scheint von einem Zeitpunkt um das Jahr 2000 herum auszugehen. Vernünftigerweise geht man davon aus, daß das Zeitalter der Fische vor Christi Geburt und frühestens im Jahr 200 v. Chr. begonnen hat. Wenn wir den Standardvorlauf von 2 160 Jahren unterstellen, wäre 1961 n. Chr. (= 200 v. Chr. + 2160) der wahrscheinlichste Beginn des Wassermannzeitalters. Nehmen wir Christi Geburt als spätestmöglichen Beginn des Zeitalters der Fische, dann würden wir 2160 n. Chr. als letztmöglichen Beginn des Wassermannzeitalters erhalten.

Es ist möglich, daß dieses Zeitalter schon im Jahr 1962 oder 1963 begonnen hat und daß die Bande des alten Zeitalters bis zum Jahr 2001 oder 2010 völlig von uns abgefallen sein werden.

Die Hippies und der Wassermann

Vor dem Musical Hair hatten die wenigsten eine Ahnung davon, daß es so etwas wie das Zeitalter des Wassermanns gibt. Die Astrologen wußten es schon viel früher.

Hair – Ära der Liebe oder von Sex, Drogen und Rock-'n'-Roll?

Hair, das vor 25 Jahren in der Blütezeit der Hippiekultur erstmals auf die Bühne kam, feierte mit Wort und Musik die Philosophie des »Anmachen, Einklinken, Abhauen«. Die Hippiebewegung verhalf dem Gedanken des Wassermannzeitalters zu breiter Bekanntheit und hat auf diese Weise vielleicht zur Rettung der Menschheit beigetragen. Die Welt hat sich immer noch nicht mit dieser Einstellung angefreundet, die ohne Wettbewerb, ohne Statussymbole und ohne Gewalt auskommt; es gibt aber Anzeichen dafür, daß ein neues Interesse daran besteht. Für viele Menschen hat sich das Tempo des Lebens im Vergleich zu den gemütlichen Tagen der 60er, als es hieß »Make Love not War« doch erheblich beschleunigt. Werfen wir einen Blick auf das, was sich seit den Tagen der Drogenkultur getan hat.

Der Vietnamkrieg ist weitgehend verarbeitet, Kalter Krieg und Kommunismus haben sich verabschiedet, die Bedrohung durch die Atombombe

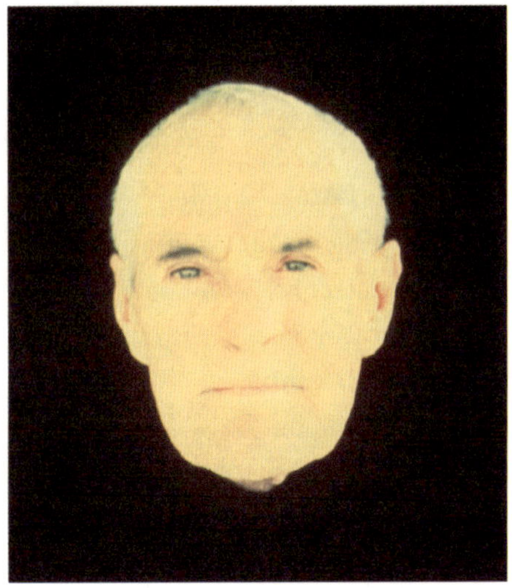

Timothy Leary, Harvards Drogenguru

(ein Bestandteil der Hippierhetorik) hat sich verringert; China öffnet sich immer mehr den Ideen der freien Marktwirtschaft, und die sexuelle Revolution, die sich so schnell und so weit entwickelt hat, bewegt sich wieder in die entgegengesetzte Richtung. Der LSD-Guru und Ex-Harvardprofessor Timothy Leary – einer der Führer der Hippiebewegung – hat sich nach seiner Entlassung aus dem Gefängnis mit Gordon Litty ausgesöhnt (das war der Polizist, der ihn festgenommen hatte) und den Computer entdeckt. Dieses Gerät war ursprünglich von zwei Hippies am Küchentisch zusammengeschraubt und von Bill Gates programmiert worden, dem Gründer und Eigentümer von Microsoft und wohl reichsten Aussteiger der Welt.

In Anbetracht der Tatsache, daß ihre wichtigste Zeit nur etwa fünf Jahre dauerte, hatten die Hippies einen sehr großen Einfluß. Für die Apokalypse hat das ganz interessante Auswirkungen. Die Hippies haben sich auf andere »Frequenzen« eingestimmt, sei es mit Hilfe von Drogen oder durch mystische Hilfsmittel, und sie haben auch wesentlich dazu beigetragen, unser Bewußtsein zu verändern und auf diese Weise vielleicht mit dazu beigetragen, der Welt ein anderes dunkles Schicksal zu ersparen.

Um das genaue Datum, an dem das Wassermannzeitalter beginnt bzw. beginnen soll, gibt es zwar viele Kontroversen, insgesamt scheint man aber darin übereinzustimmen, daß es sich ungefähr um das Jahr 2000 n. Chr. handeln muß. (Das Kapitel 2 geht auf den astronomischen Hintergrund des Zyklus der Tagundnachtgleiche durch die Sternzeichen ein, der auch als Vorrücken der Tagundnachtgleiche bezeichnet wird). Man muß nur wissen, daß so ein Zyklus 25 725 Jahre dauert. Für jedes Sternzeichen wird 1/12 davon (= 2 143 Jahre) benötigt. Man hat sich hier auf die Zahl 2 160 geeinigt. Diese Abfolge verläuft rückwärts, gerade so, als ob – im übertragenen Sinn – die »Kupplung«, die die Maschine des Universums kontrolliert, seit Anbeginn der Zeit »rutschte«.

Da wir die Dauer des Fischezeitalters kennen, brauchen wir nur den Beginn dieser Periode zu kennen, um das wahrscheinliche Ende berechnen zu können. Die meisten Kommentatoren benutzen die Standardvorlaufzeit von 2 160 Jahren, man kann aber auch die genauere Berechnung von 2 143 Jahren anlegen.

Gerald Massey nimmt das Jahr 255 v. Chr. als Ausgangspunkt und gelangt durch die Addition von 2 160 Jahren in das Jahr 1905 n. Chr. Eine etwas einleuchtendere Wahl wäre Christi Geburt gewesen, was nach dem Standardverfahren 2160 n. Chr. und nach der anderen Rechnung 2143 n. Chr. ergeben hätte.

Islamische Wassermann-Interpretation

Es gibt noch eine zweite Möglichkeit, den Beginn des Wassermannzeitalters zu berechnen: Man wählt ein Datum, das mit einem angeblich bedeutsamen Ereignis oder mit dem Empfang einer bestimmten Erleuchtung korrespondiert; die letzte Option wird von der Mehrheit nichtbiblischer Endzeitkommentatoren gewählt. Aleister Crowley empfing sein Buch der Gesetze z.B. im April 1904 in Kairo, und damit beginnt das neue Zeitalter für ihn an diesem Tag.

Ein roter Faden läuft durch die meisten dieser Voraussagen: Ein »Avatar« wird kommen, die Wiedergeburt Gottes, eines Propheten oder eines Guru, der die Menschheit durch den schwierigen Übergang führen soll. Während dieser Übergangszeit werden ganz sicher jede Menge falscher Propheten auftreten – ein Umstand übrigens, der als Zeichen zu werten ist.

DIE DREI ZEITALTER

Das Christentum ist auf diverse Weise mit dem Zeichen der Fische verbunden. Während der ersten 500 bis 600 Jahre wurde die christliche Religion nicht so sehr mit dem Kreuz, sondern mit dem Fisch in Beziehung gesetzt. Die ersten Jünger waren Fischer. Christliche und weniger orthodoxe Praktiker aus jüngster Zeit haben diesem Zeichen eine ganz neue Bedeutung gegeben. Der Sektenführer David Begg z.B. ermunterte seine weiblichen Anhänger, mit der »Flirt-Angel« zu fischen, was nichts anderes bedeutete, als daß die Frauen die männlichen Sektenmitglieder mit sexuellen Mitteln und durch Verführung bei der Stange halten sollten! Vor dem Zeitalter der Fische, etwa 2000 v. Chr. bis zu Christi Geburt, war der Widder vorherrschend. In dieser Zeit gab es im nahen Osten und anderswo viele Widder-Sekten.

Davor – 4000 bis 2000 v. Chr. – herrschte Taurus, der Stier, der auch Kultgegenstand war wie der ägyptische Gott Apis. Was vor dem Stierzeitalter lag, ist wegen der mangelnden Überlieferungen schwer zu sagen, vermutlich hat aber der Einfluß der Zwillinge vorgeherrscht.

Operation »Kraft des Gebetes« (1979)

Die Ätherius-Gesellschaft

An einem kalten Frühlingsmorgen 1954 hörte George King nach einem Experiment mit Yoga-Trance-Übungen eine Stimme, die ihm auftrug, sich darauf vorzubereiten, Sprecher des »Interplanetarischen Parlamentes« zu werden.

Nachdem George King 1954 von einer geheimnisvollen Stimme erfahren hatte, daß er zum Sprecher des »Interplanetarischen Parlamentes« gewählt worden sei, wurde er acht Tage später »bis ins Innerste erschüttert«, als ihm eine Gestalt erschien, die in weiße Kleider gehüllt war und aussah wie ein Heiliger aus dem Osten. Die Erscheinung sagte ihm, er sei auserwählt worden, den »kosmischen Herren« zu dienen. Das war die Geburtsstunde der Ätherius-Gesellschaft, obwohl King sie erst 1960 formell gründete.

Bald begann King damit, öffentliche Versammlungen abzuhalten. Dabei setzte er sich eine dunkle Brille auf und verfiel in Trance, um mit einer Einheit Verbindung aufzunehmen, die zur Venus oder auch zum Mars gehörte. Ein typischer Bericht, den King dabei erstattete, enthielt Informationen über Bewegungen von UFO-Flotten, aber auch über irdische Katastrophen wie kommende Hurrikane oder Erdbeben. Diese Naturereignisse wurden als Boten einer neuen geistigen Ordnung betrachtet, die Wesen wie Meister Ätherius zur Erde bringen wollten. (Das lateinische Wort »aetherius« bedeutet so viel wie »den Äther oder den Wohnort Gottes betreffend«.) Während ein oder zwei der ersten öffentlichen Versammlungen, die King 1955 abhielt, ließ sich Meister Ätherius die Auskunft entlocken, Jesus Christus

Vulkan auf der Venus, angeblicher Aufenthaltsort Christi

lebe auf der Venus mit anderen Religionsführern zusammen, wie z.B. Buddha und Rama-Krishna. Der Stern von Bethlehem sei eine fliegende Untertasse gewesen, die Jesus für seine erste Geburt auf die Erde gebracht habe. Pressespott sorgte jeweils für ausverkaufte Vorstellungen.

Die Gesellschaft, die auch eine Kirhe war, bot u.a. Kurse für Geistheilung oder Yoga an. Ihre Grundlage konzentriert sich auf den andauernden Empfang aus extraterrestrischen Quellen durch den Gründer der Gesellschaft und die Kraft, spirituelle Energie für den späteren Gebrauch zu »tanken«.

George King glaubt, daß wir der Apokalypse in jüngster Zeit schon mehrfach um Haaresbreite entkommen sind und daß wir nur durch die spirituellen Kämpfe gerettet worden seien, die er und seinesgleichen für uns auf sich nahmen.

Während dieser Kämpfe tragen die Mitglieder der Ätherius-Gesellschaft Waffen in Form spiritueller Energie, die sie unter anderem durch Gebete entstehen lassen. King, der im Besitz eines Titels des Theologischen Seminars von Van Nuys in Kalifornien ist, hat einen Spiritual-Akkumulator aus Kristall und Gold erfunden, der, wie er behauptet, die spirituelle Kraft Tausender Gebetsstunden speichert, die in Zeiten spiritueller Krisen wieder freigesetzt werden kann.

Venus, mit der Assoziation »Liebe«, nimmt in der Kosmologie der Ätherianer einen besonderen Platz ein. Sie glauben, daß die bevorstehende Ankunft eines Avatar, vielleicht des wiederkehrenden Christus oder des Buddha, vom spirituellen Gegenstück dieses Planeten aus erfolgen wird.

ANDERE BOTSCHAFTEN VON FLIEGENDEN UNTERTASSEN

In den 50er Jahren erhielten spirituelle Medien, die zuvor lediglich den Kontakt zu Toten und Geistern herstellten, eine zusätzliche Aufgabe: Sie begannen, Informationen aus fliegenden Untertassen, auch UFOs genannt, zu empfangen. Diese Nachrichten sind größtenteils ähnlich banal und bruchstückhaft wie die aus der Welt der Geister.

Die »Schule der universellen Philosophie und Heilung«, die Gladys Spearman-Cook in London leitete, wurde regelmäßig für die Weitergabe von Hinweisen auf eine anstehende »Interplanetarische Bruderschaft« benutzt. Eine andere spirituelle Londoner Gruppe, die White Eagle Lodge aus Kensington, widmete fast ihre ganze Energie dem Versuch, Kontakte zu fliegenden Untertassen herzustellen, hatte dem unvoreingenommenen Betrachter aber wenig Interessantes zu bieten. UFOs erfreuten sich in der Welt des Spiritualismus großer Beliebtheit, sogar die offizielle Zeitschrift der Bewegung, »Psychic News«, begann, den Berichten größerer UFO-Sichtungen breiten Raum zu widmen. Auch in Amerika begannen sich die Medien für dieses Thema zu interessieren. Der Spirituaismus, der bis dahin Magazine und Gazetten beherrschte, wurde durch Artikel über Kontakte aus dem All schnell uninteressant. Auch größere christliche Sekten infizierten sich mit dem UFO-Virus. Die Mormonen z.B. ordneten den nicht erlösten Seelen andere Planeten als nach-apokalyptische Ruhestätten zu. In das »Telestische Königreich« werden am Tag nach dem Jüngsten Gericht all die einziehen, die »unrein« waren. Dazu gehören z.B. Lügner, Ehebrecher und Hexer.

UFO oder fliegende Untertasse – ein neuer Götterbote?

Charles Manson

Mansons Apokalypse

In der Hippieära gab es nicht nur Liebe und Frieden; da war auch eine dunkle Seite. Charles Manson wollte die Schrecken des Abgrunds entfesseln.

Charles Manson, der auch als »Hippie, Autodieb, Sektenführer, Sexbesessener, Mistkerl und Schlachter« beschrieben wurde, seine »Familie« von mehr als 20 Mädchen (Satans Sklavinnen genannt), und dazu ein Haufen verschiedener Nichtstuer hatten sich Ende der 60er Jahre in der Nähe des Tals des Todes in Kalifornien auf einer Ranch ein Hauptquartier eingerichtet. Manson war früher Mitglied der Scientology-Sekte gewesen, mit Hilfe deren Techniken er, wie er dachte, alles sein und alles erreichen könnte.

Schon 1961 begann Manson, sich auf das Ende der westlichen Zivilisation vorzubereiten, weil er überzeugt war, daß sie bald in einer Art Armageddon untergehen würde. Er war von der Idee besessen, die Ankunft dieser Katastrophe zu beschleunigen. Seiner Meinung nach hätte man das Feuer durch einen provozierten Rassenaufstand schüren können.

Ein anderer Weg, die amerikanische Gesellschaft zu unterminieren, sei der Beginn einer Mordserie. Wegen dieser Morde, besonders wegen dem an der Schauspielerin Sharon Tate, der Frau des Regisseurs Roman Polanski, erinnert man sich heute noch an Manson. Sein Ziel war, die Berühmten umzubringen, aber auch die weniger Bekannten waren Teil seines Planes. Es ist bis heute ungeklärt, wie viele durch die »Familie« getötet wurden.

Mansons »Haß-Angst-Sex-und-Todes«-Kommune orientierte sich an einem Sammelsurium von Mythen.

Für seine Theologie benutzte er obskure Interpretationen von Versen aus Beatles-Songs (siehe Kasten) und aus

Regisseur Roman Polanski und seine Frau Sharon Tate

der Offenbarung des Johannes. Einige der Schlüsselideen erarbeitete sich Manson aus den Publikationen des »Process«. Darunter gab es Pamphlete wie »Satan über den Krieg«. Der Sektenführer Robert Sylvester DeGrimston Moor behauptete (wie später auch Manson), eine Wiedergeburt von Christus zu sein. Seine Frau Mary MacLean meinte, sie sei die Reinkarnation von Hekate, der Göttin der Magie, der Geister und der Hexerei. Im März 1974 führte der Verleger von Ed Sanders Buch über Manson »Die Familie«, über die Frage, ob der »Process« Manson beeinflußt habe, einen Gerichtsstreit mit dieser Organisation, die den Streit dann auch verlor.

Mansons Anhänger wurden ermutigt, Tierblut zu trinken, Schwarze zu hassen und an die Idee »Rassenkrieg Armageddon« zu glauben. Dies alles kam 1969 zum Ausbruch, nachdem Manson und seine »Familie« die Lunte angezündet und Morde begangen hatte, die den Schwarzen in die Schuhe geschoben werden sollten. Nachdem das Massenmorden erst einmal in Gang gesetzt war, wollte er mit seiner Gruppe in ein unterirdisches Paradies flüchten. Manson zufolge würde das Paradies rechtzeitig zur Verfügung stehen, wenn sich die »sieben Löcher auf sieben Flugzeugen« auf der gleichen Linie befänden. Die »Familie« sollte sich dann durch das »Loch auf die andere Seite des Universums quetschen«, das sich ganz in der Nähe ihres Geheimversteckes öffnen würde.

Manson war ein begieriger Leser der Bibel, dieser unermeßlichen Sammlung versteckter apokalyptischer Botschaften. Seine Johannes-Offenbarung war mit zahlreichen Hinweisen versehen, mit deren Hilfe er Parallelen zu seinem Leben mit der »Familie« zog. Die Sandflitzer, mit denen sie durch die Dünen rasten, waren die Pferde mit den »Brustpanzern aus Feuer« (Kapitel 9). Eine von Mansons Lieblingspassagen aus 9,21 war: »... auch bekehrten sie sich nicht von ihren Mordtaten noch von ihren Zaubereien noch von ihrer Unzucht noch von ihren Diebereien.« Gab es eine bessere Rechtfertigung für seine Lebensweise?

Er sah sich selbst als Engel der bodenlosen Tiefe, der zu gegebener Zeit mit seiner Familie durch das Loch in sein Königreich einziehen würde, um von dort, ähnlich einer Heuschrecke, nach Belieben herauszukriechen und die Menschheit heimzusuchen und zu verfolgen.

Der Engel, mit dem Manson sich identifizierte, hieß auf Hebräisch Abaddon, auf Griechisch Apollyon (»Zerstörer«) und auf lateinisch Exterminans, der Engel der Vernichtung.

Armageddon kam nicht wie gedacht; statt dessen umstellte die Polizei am 15. 10. 69 den Rest seiner »nackten und langhaarigen Bande« und brachte sie vor Gericht. Manson und seine Anhängerinnen Patricia Krenwinkel, Susan Atkins und Leslie Van Houten wurden der Morde an Tate und La Biance überführt und lebenslänglich hinter Gitter gebracht. Manson sagte: »Ich bin weder der König der Juden noch bin ich Führer einer Hippiesekte. Ich bin, was ihr aus mir gemacht habt. Vor meinen Augen bringen meine Gedanken Feuer in eure Städte.«

WAS DIE BEATLES NIE BEABSICHTIGTEN

In den Versen der Beatles-Songs las Manson persönliche Botschaften. Selbst harmlose Details, wie das schneeweiße Cover eines ihrer Alben, wurden zu Zeichen für einen bevorstehenden Rassenkrieg. Eines der Beatles-Lieder, »Helter Skelter«, nahm er, um seine Mission und das Ziel Armageddon zu erklären. Dabei bedeutete »Helter Skelter« für die Musiker nicht mehr als eine Rutschbahn auf einem Kinderspielplatz! Manson sah in den Beatles die vier Engel der Apokalypse (8,7–12). Das Lied »Blackbird« (die Amsel) war für ihn dann natürlich ein rassistisch gefärbter Hinweis. Der Song »Sexie Sadie« entzückte Susan Atkins, eine seiner Gespielinnen, die auch unter dem Namen Sadie Mae Glutz bekannt war. Mit »Revolution 9« war für Manson sowohl die Revolution als auch das 9. Kapitel der »Offenbarung« gemeint, in dem Johannes davon spricht, daß »die Menschen in dieser Zeit den Tod suchen, ihn aber nicht finden werden. Sie werden sich den Tod wünschen, und der Tod wird nicht bei ihnen sein«. Andere Songs mit einer deutlicheren Botschaft wurden auch wörtlich genommen, wie z.B. »Happiness is a Warm Gun«. »Piggies« könnte die Morde an einem dicklichen Paar mittleren Alters mit einem Tranchiermesser und einer Gabel provoziert haben.

Die großen Kriege

Kriege waren Gegenstand vieler Prophezeiungen. Die Französische Revolution wurde von zahlreichen Propheten angekündigt. Mindestens 20 von ihnen, darunter Nostradamus, sagten sie allein im 15. und 16. Jahrhundert voraus.

Britische Artillerie in der Schlacht an der Somme, 1916

Am Anfang des 20. Jahrhunderts haben viele Propheten den Ersten Weltkrieg als den Krieg vorhergesagt, der »alle anderen Kriege beenden« würde, wenn auch die meisten eher 1913 als 1914 als Jahr des Beginns ansahen. In Deutschland wurden die Kriegsjahre 1911 bis 1913 mit volkstümlichen Namen belegt: Glutjahr (1911), Flutjahr (1912) und Blutjahr (1913).

Das letzte davon wurde vielleicht aus zyklischen Gründen gewählt: vor genau 100 Jahren hatte Preußen Frankreich den Krieg erklärt, Napoleon hatte bei Lützen gesiegt, Österreich erklärte Frankreich den Krieg, Wellington schlug die Franzosen bei Vitoria und Napoleon wurde in der »Schlacht der Nationen« bei Leipzig geschlagen: 1813 war wirklich ein besonderes Blutjahr.

Der Physiker Rudolf Mewes, ein wenig bekannter Prophet, veröffentlichte 1896 ein Buch, in dem er ab 1904 Konflikte zwischen eurasischen und europäischen Ländern vorhersagte. Diese Voraussage erfüllte sich mit dem Krieg zwischen Rußland und Japan (1904–05). Das komplizierte System, das er für seine Vorhersagen entworfen hatte, basierte auf meteorologischen Schwankungen. Dieses System hat zwar Fehler, trotzdem ist es auch heute noch interessant, weil es Licht auf die zunehmend chaotischer werdenden Klimaveränderungen werfen kann, die wir in der letzten Dekade dieses Jahrhunderts beobachten.

Aufgrund seiner Beobachtungen der Schwankungen im irdischen Magnetfeld, der Sonnenflecken und der Intensität des Nordlichtes entwickelte Mewes die Idee von einem 111,3-Jahres-Zyklus. Jeder Zyklus, so schloß er aus seiner Untersuchung der Zeitspanne 2400 v. bis 2100 n. Chr., erfährt zwei Kriegsperioden und zwei Perioden des wissenschaftlichen und des künstlerischen Fortschrittes. Diese Spannen, oder Unterzyklen, dauern jeweils etwa 27,8 Jahre.

Mewes Studien schossen im großen und ganzen ziemlich weit am Ziel vor-

Die Schlacht von Leipzig

bei, ermutigten dafür aber andere, neue Theorien in einer ähnlichen Richtung zu entwickeln. Der ägyptische Sirius-Zyklus mit 1 461 Jahren ist vielleicht die älteste Zyklustheorie, die sich auf die Zeitenfolgen des Ersten Weltkrieges anwenden läßt.

Geht man vom Datum des Ersten Weltkriegs (1914–18) um 1 461 Jahre zurück, dann landet man bei 453–457, einer Zeit, in der das Römische Reich unter den Angriffen germanischer Stämme zu leiden hatte. Zählt man auf die gleiche Weise vom Zweiten Weltkrieg aus zurück, so kommt man ganz in die Nähe des Jahres 476 n. Chr., ein Datum, das für das Ende des Weströmischen Reiches steht.

Der Sirius-Zyklus ist zu lang, um damit künftige Kriege vorherzusagen. Der Historiker Arnold Toynbee (1889–1975) versuchte, einen kürzeren Frieden-Kriegs-Zyklus dadurch auszuarbeiten, daß er die Geschichte bis zurück in das Jahr 1495 untersuchte. Er fand vier »gleichmäßige« Kreisläufe; jeder von ihnen hatte ein »Vorspiel« (manchmal mit einem Krieg als Warnung), einen »allgemeinen Krieg«, eine »Atempause«, einen »ergänzenden Krieg« und schließlich einen »allgemeinen Frieden«. Die vier Kreisläufe dauerten von 1568–1672, 1672–1792, 1792–1914 und von 1914 bis 2118 oder 2026. Nach diesem System erleben wir gerade die Zeit des »allgemeinen Friedens«. Leider haben Toynbees vier Kreisläufe unterschiedliche Längen und eignen sich nicht als richtiges prophetisches System der Zeitmessung. Das Prinzip wechselnder Perioden von Krieg und Frieden könnte mit einem andern Zyklus zu tun haben, der hinter dem ganzen Geschehen liegt.

BIOLOGISCHE KREISLÄUFE – HERZSCHLAG DER WELT

Bekannte Zyklen wie Herzschlag, Menstruation, Gezeiten, Sonnenflecken und die Planetenbahnen haben oft die Frage aufgeworfen, ob es nicht noch weitere, bis jetzt unbekannte Kreisläufe gibt. In der Astrologie hat man sich schon immer bemüht, einen bekannten Kreislauf wie die Planetenbahnen zum Geschick des Menschen in Beziehung zu bringen. Diese Horoskope sind für manche immer noch die Gelegenheit, wiederkehrende Ereignisse im Leben eines Menschen und seine persönlichen Tendenzen deutlich zu machen. Das Studium der drei Biorythmen ist für manche ebenso populär wie die Horoskope selbst.

Ein bekannter Zyklus ist der metonische Zyklus (entdeckt etwa 432 v. Chr.), der nachweist, daß die Mondphasen alle 19 Jahre genau mit den Kalenderdaten übereinstimmen. Edward Dewey hat fast jedes bekannte Phänomen dokumentiert, das sich im Laufe der Zeit nach zyklischen Gesetzmäßigkeiten veränderte. So hat er z.B. entdeckt, daß die Aufzuchtphase verschiedener wilder Tiere wie Fuchs oder Wolf alle 9,6 Jahre ein Maximum erreicht. Dies wird wieder durch einen anderen Zyklus erklärt, den man bei der Schwankung beim Kaninchenfieber verfolgen kann und damit beim Nachschub für ihre Jäger. Wetterzyklen hängen in besonderem Maße von der Erwärmung der Erdoberfläche ab; bisher haben es die Meteorologen aber nicht geschafft, verläßliche Beziehungen zu finden, die bei Vorhersagen hilfreich sein könnten.

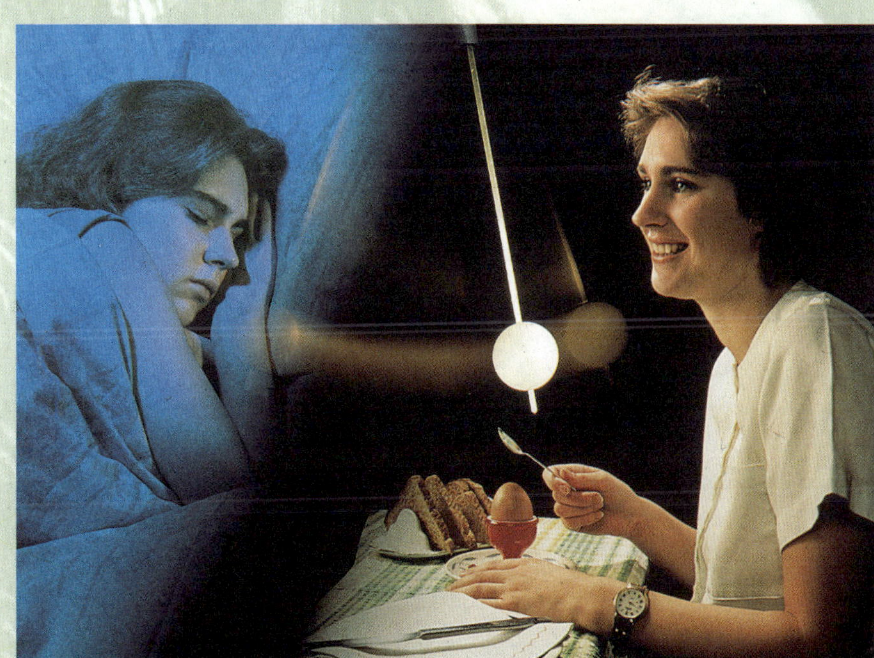

Biologische Zyklen steuern Schlafen und Wachen

Die ERDE WEHRT SICH

Die Erde hat lange gelitten. Ist sie es müde geworden, daß man ihre Reichtümer plündert? Wird sie die Apokalypse jetzt auf eine Weise beschleunigen, die sich die Propheten nicht einmal im Traum hätten vorstellen können?

Erdbeben an diversen Orten

Als Markus Christus fragte (Kapitel 13,8), welche Zeichen sein zweites Kommen ankündigen würden, antwortete der Herr: »An verschiedenen Orten wird es Erdbeben geben, es wird Hunger und Not herrschen.«

Erdbeben, Hunger und Not hat es bei uns schon immer gegeben, aber in der letzten Dekade haben die Erdbebenaktivitäten stark zugenommen. Im Alten Testament hat Jahwe seine Ablehnung traditionell mit einem Erdbeben kundgetan. Jesaja (29,6) schreibt, daß die verdammte Stadt Ariel »heimgesucht wird von Jahwe Zebaot mit Donner und Beben und mit lautem Krachen ... und mit verzehrenden Feuerflammen«.

Ein Erdbeben ist ein Naturereignis, gegen das sich der Mensch – wenn überhaupt – nur nach Vorhersagen schützen kann. Die Erdbebengürtel sind so umfangreich, daß das pazifische Becken, Südeuropa, der Nahe Osten und Südostasien eine »konzertierte Aktion« kaum überleben würden. Auch Großbritannien ist nicht immun: 1990 gab es hier ein Erdbeben, das 5,2 Punkte auf der Richterskala erreichte.

In den letzten Jahren hat es Erdbeben in Gebieten gegeben, die bislang als recht sicher angesehen worden waren. Liaoning, eine Provinz in der Mandschurei beispielsweise, hat vor dem 4. 2. 75 100 Jahre lang keine Erschütterung erlebt. Dieses Beben erreichte 4,8 Punkte auf der Richterskala – einer logarithmischen Energiemessung, bei der jeder Punkt aufwärts eine Verzehnfachung der Energie bedeutet.

Die Tiere im Gebiet von Liaoning begannen kurz vor dem Erdbeben, sich sehr seltsam zu verhalten. Andrew Robinson beschreibt: »Schlangen erwachten zu früh aus dem Winterschlaf und

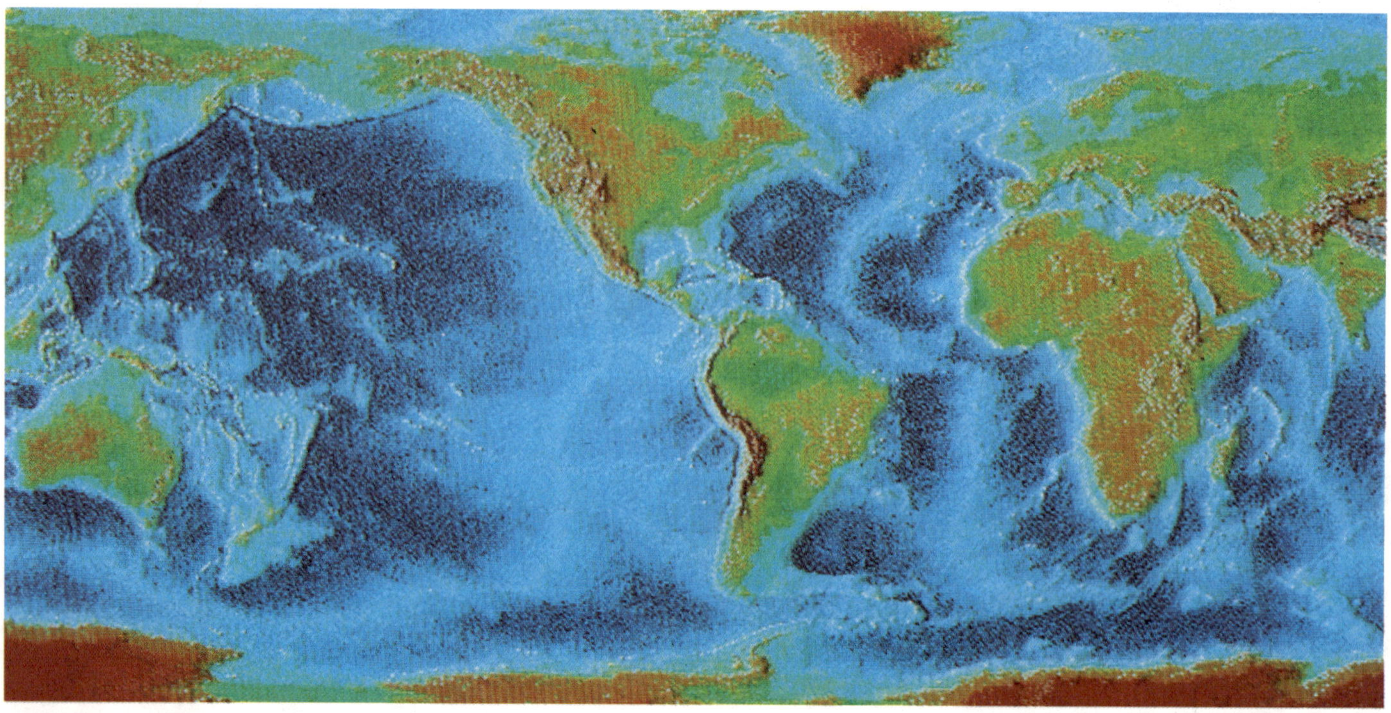

Die Erdoberfläche besteht aus beweglichen, tektonischen Platten, die sich ununterbrochen aneinander reiben

erfroren im Schnee; Ratten versammelten sich in aufgeregten Gruppen, die vor Menschen keine Angst mehr hatten; Ferkel bissen sich die Schwänze ab und fraßen sie.«

Während des Erdbebens zuckten Flächenblitze über den Himmel, Wasser- und Sandfontänen schossen in die Luft, Brücken wölbten sich und die meisten Gebäude in den größeren Provinzstädten wurden zerstört. Da die Bevölkerung rechtzeitig und umfassend gewarnt werden konnte, waren nur 300 Todesopfer zu beklagen.

Der größte Verlust, der auf ein Erdbeben zurückzuführen ist, wurde im Juli 1201 im Nahen Osten und im Mittelmeerraum dokumentiert. Fast jede Stadt in diesem Gebiet war betroffen, und man schätzte die Zahl der Opfer auf über 1,1 Millionen.

Die meisten Todesopfer bei einem Beben in moderner Zeit gab es in Tang-Shan in China (Richterskala: 7,9) am 28. 7. 76, als zwischen 600 000 und 750 000 Menschen ihr Leben verloren.

Das verheerendste Erdbeben – soweit es um materielle Schäden geht –, das die Welt je erlebte, entlud sich am 1. 9. 1923 auf der japanischen Kantoebene (8,2 auf der Richterskala). Es vernichtete zwei Drittel von Tokio, vier Fünftel von Jokohama und sorgte dafür, daß sich der Meeresboden in den nahegelegenen Buchten um erstaunliche 400 m senkte.

Die verstärkten Erdbebenaktivitäten in den letzten 20 Jahren könnten darauf hinweisen, daß unsere Zeitreise zum Ende des 2. Jahrtausends durchaus noch holpriger werden kann. Beben der jüngsten Vergangenheit von 6,7 auf der Richterskala an der indischnepalesischen Grenze sind schon wieder von einem Erdbeben mit einem Wert von 8,5 auf Hokkaido in Japan übertroffen worden.

Manche Beobachter sind überzeugt, daß sich die Zahl der Erdbeben seit 1950 alle zehn Jahre verdoppelt hat. Bei künftigen Beben könnte es auch zu nuklearen Verseuchungen kommen, da einige der osteuropäischen Reaktoren auf gefährdetem Gebiet liegen. Nach heutigem Wissen werden Erdbeben durch Spannungen zwischen den riesigen tektonischen Platten ausgelöst, die unsere Kontinente tragen. Eine andere Theorie geht davon aus, daß ihr Auftreten mit der Sonnenfleckenaktivität zu tun haben könnte, die Einfluß auf die Planetenstellung hat.

VORHERSAGEN FÜR KALIFORNIEN

Das Erdbeben in San Francisco zerstörte 1906 rund 13 km^2 der Stadt und war von der Entstehung eines gewaltigen Risses (430 km) begleitet. Das System der San-Andreas-Verwerfung – 100 km breit und 1 200 km lang – und die mit ihr verbundenen Systeme lassen die Erde immer wieder zittern, und alles zusammen verschiebt sich im Durchschnitt um etwa 2,5 bis 3 cm im Jahr. Im Oktober 1989 gab es im San-Andreas-Graben wieder ein ernstes Erdbeben (6,9 auf der Richterskala), das 300 Menschenleben forderte, viele Häuser beschädigte, eine Autobahn und einen Teil der Bay Bridge einstürzen ließ, die San Francisco mit Oakland verbindet. Diesem Beben folgten eine Feuersbrunst in den Hügeln von Oakland und ein neues Beben im Januar 1994.

Kalifornien, von Verwüstung bedroht

Die Verheerungen müssen die Kalifornier an die Vorhersagen des Edgar Cayce erinnert haben. Er hatte für die Zeit von 1980 bis 1990 Zerstörung und kleinere Unruheherde als Vorspiel für viel größere Verwüstungen vorhergesagt, die in Los Angeles und San Francisco in den letzten zehn Jahren dieses Jahrtausends zu erwarten seien.

Nostradamus scheint Erdbeben für Nizza, Monaco, Reims, Pisa, Genua, Savona, Siena, Capua, Modena und Malta in Aussicht gestellt zu haben. (X,60). Siècle IX,31 kündigt ein ganz bestimmtes Erdbeben für »Mortara« und das Absinken eines Teiles von England an. Nostradamus' Hinweis auf ein Erdbeben in Kalifornien ist nicht sehr deutlich.

Kometen auf Kollisionskurs

Der Wissenschaftler Immanuel Velikovsky (1895–1979) wurde in Vitebsk geboren. Als Sohn eines Hebräischlehrers und Verlegers lernte er früh die Geschichten von Unglück und Katastrophen im Alten Testament kennen.

Venus – Planet der Liebe, bärtiger Stern oder gefiederte Schlange?

Immanuel Velikovsky

Velikovsky war Physiker und Psychologe, der das Medvednikov-Gymnasium in Moskau mit Auszeichnung beendet und an den Universitäten von Moskau und Edinburgh studiert hatte. Er nahm danach seine Arbeit in Berlin auf, wo er einer der Gründer der Scripta Universitatis war. Hier lernte er Albert Einstein kennen, der mit der Herausgabe der physikalischen Programme seiner Organisation betraut war. In den 30er Jahren ging Velikovsky nach Wien, um dort Psychoanalyse zu studieren und die Ideen Freuds kennenzulernen. In dieser Zeit begann er auch, sich für antike Zivilisationen zu interessieren.
Das Konzept für sein erstes und wohl auch berühmtestes Buch »Worlds in Collision« (Welten auf Kollisionskurs) entstand hier. Er beschrieb darin ein folgenschweres Naturereignis, das einmal die Erde verwüstet hatte. Die wichtigsten antiken Zivilisationen hinterließen Berichte über dieses verheerende Ereignis, bei dem es sich nach Velikovskys Meinung um einen Kome-

teneinschlag gehandelt haben muß. Er begann zusammenzufügen, was ihm die antiken Schriftgelehrten an Beweisen hatten zukommen lassen, und kam schließlich zu dem Schluß, daß die Katastrophe vor 3500 Jahren geschehen sein mußte.

In der Bibel gibt es einen Hinweis auf dieses Ereignis: die Sonne stand unbeweglich am Himmel. Velikovsky datierte dies auf 1450 v. Chr. Andere Völker stellten auf der anderen Seite des Globus eine unglaublich lange Nacht fest. Im Nahen Osten machte man die gegenteilige Erfahrung – das gleiche Ereignis von verschiedenen Teilen der Erde aus beobachtet. Velikovsky interpretierte dies als die Annäherung eines riesigen Kometen, der im Endeffekt die Erdumdrehung zeitweilig gebremst hat.

Velikovsky behauptete, daß die Erde in einem Zeitraum von 52 Jahren zwischen 1502 v. Chr. und 1450 v. Chr. zweimal von dem Schweif dieses enormen Kometen getroffen worden sei, der sich von Jupiter, dem größten Planeten im Sonnensystem, gelöst hatte. Durch diesen Zusammenstoß wurden Sturmfluten, Erdbeben und auch Vulkanausbrüche ausgelöst, die die Geographie der Erde radikal verändert haben. So können ganze Kontinente wie z.B. Atlantis im Ozean versunken sein und neue Landmassen können sich vom Grund des Meeres erhoben haben. Vom Himmel kamen Feuer, Giftgase und weißglühende Steine. Die beiden Pole könnten sogar ihre Positionen getauscht oder sie zumindest verändert haben.

Velikovsky sagt, daß der Komet die Stabilität des Mars beim Vorbeiflug gefährdet habe, bis er schließlich zu dem Planeten geworden sei, den wir heute als Venus kennen. Nach seinen Worten sei Venus wegen ihrer Kometenvergangenheit extrem heiß, es gebe in ihrer Atmosphäre hohe Konzentrationen von Kohlenwasserstoffen und ihre Drehung sei ungleichmäßig. Diese Analysen wurden später bestätigt.

Velikovsky hatte die starke magnetische Aktivität des Mondes korrekt vorhergesagt, und er wußte, daß seine Oberfläche Karbid und aromatische Kohlenwasserstoffe aufweist, und daß Jupiter eine starke Quelle für Radiosignale ist. Man kann sich denken, welches Aufsehen seine Vorstellungen in wissenschaftlichen Kreisen erregten. »Wie soll das denn möglich sein?« – so oder ähnlich fragte man sich. Das wissenschaftliche Establishment versuchte, die Veröffentlichung seiner Arbeit zu behindern. Velikovsky überlistete seine Kritiker aber dadurch, daß er seine Ergebnisse durch Massenpublikationen wie Readers Digest und Harpers in Amerika veröffentlichen ließ und auf diese Weise weitreichende Aufmerksamkeit erhielt.

DIE GEBURT DER VENUS

Unsere Ahnen beschrieben den Planeten Venus als einen intensiven, hellen Himmelskörper und maßen ihm eine fast ebenso wichtige Rolle wie Sonne und Mond bei. Heute ist es nur noch ein kleiner Fleck am Himmel. Velikovsky glaubte, daß die Venus auf ziemlich spektakuläre Weise zum Leben erweckt wurde, ein Ereignis, das von vielen antiken Zivilisationen beschrieben worden ist. Die Azteken nannten Venus den »rauchenden Stern« und »Quetzalcoatl« (gefiederte Schlange). In ihren heiligen Büchern steht, wie einmal »die Sonne sich geweigert habe, zu scheinen und wie der Erde das Licht gestohlen wurde. Dann erschien ein großer Stern, der den Namen Quetzalcoatl erhielt ... und viele Menschen starben durch Hunger und Seuchen«. Die Griechen erzählen, wie Phaeton (der »lodernde Stern«) die Welt fast durch Feuer zerstört habe, bevor er in die Venus verwandelt wurde. Der Talmud beschreibt

Aztekische Götter geben Bestätigung

seine kometenhafte Erscheinung als »Feuer, das vom Planeten Venus herabhängt«, während der Midrasch vom »hellen Licht der Venus« spricht, das »von einem Ende des Kosmos bis zum anderen gereicht habe«. Die Assyrer nannten Venus den »schrecklichen Drachen«. In China, zu Zeiten des Kaiser Yao, »ging die Sonne zehn Tage lang nicht unter«, und »in der Konstellation Yin erschien ein heller Stern«.

Die Magnetfelder ändern sich

Unser Verständnis des Sonnensystems entwickelt sich langsam von der unveränderlich und präzise sich drehenden Spähre weg, die unsere Vorväter sich vorstellten, und hin zu einem dynamischeren und instabileren System.

Die Planetenachsen und ihre Umlaufbahnen können, so scheint es, von einer ganzen Reihe anderer Körper beeinflußt werden, die sich ohne Gesetzmäßigkeit durch das Sonnensystem bewegen.

Man hat beobachtet, daß Klimaveränderungen mit Veränderungen des irdischen Magnetfeldes einhergehen. Die Art dieser Beziehung ist unbekannt, aber das plötzliche Aussterben ganzer Tierarten – die Dinosaurier sind ein gutes Beispiel – könnte mit abrupten Veränderungen des Magnetfeldes unserer Erde zusammenhängen. Diese Veränderungen sind inzwischen nachgewiesen worden (siehe Kasten).

Es gibt inzwischen zwingende Beweise dafür, daß Nord- und Südpol sich früher an völlig anderen Stellen befunden haben müssen als heute, sie könnten sogar ihre Plätze getauscht haben. Die Änderungen der Magnetfeldrichtungen und die damit zusammenhängenden Umwälzungen sind erst in jüngerer Zeit geschehen.

Ein größere Verschiebung der Magnetpole könnte die Welt verändern

Eine plötzliche Umkehr der Magnetpole, wie in der Vergangenheit geschehen, könnte sowohl ernste Erdbeben entlang der bestehenden tektonischen Risikolinien als auch riesige Gezeitenwellen hervorrufen, die durch Bewegungen des Meeresgrundes entstehen. Dann kann man sich leicht vorstellen, daß Inseln versinken, Küstenbereiche und niedrig gelegene Gebiete im Inland überspült werden, ja sogar, daß sich der Meeresgrund hier und da über die Wasserlinie erhebt. Viele Gebiete würden eine zumindest ebenso gewaltige Überschwemmung erleben, wie jene, die Noahs Einfallsreichtum auf die Probe gestellt hat.

Wenn die Erde einen plötzlichen Stoß bekommen würde, dann würde sie von Hurrikanen und Flutwellen heimgesucht werden. Es gibt Beweise für die These, daß es in der Vergangenheit schon zu solchen Veränderungen gekommen ist. Die riesigen Kohlevorkommen in England sind ein Hinweis darauf, daß die kohlehaltige Gegend zum Zeitpunkt, als sich die Kohleablagerungen bildeten, zu den Tropen gehörte, ein Gebiet mit riesigen Farnwäldern und Sümpfen. Im Gegensatz dazu waren westliche Teile Australiens und Südafrika unter Tonnen von Eis begraben.

Eine mögliche Erklärung, die Alfred Wegener in den 20er Jahren anbot, ist die Kontinentaldrift. Diese Theorie unterstellt aber, daß große Landmassen Tausende von Kilometern von ihrer ursprünglichen Lage abgetrieben wurden. Im Szenario »jemand hat die Erdachse verrutschen lassen« erscheint es denkbar, daß Mammutherden an einem Tag noch zufrieden im warmen Sibirien ihres Wegs zogen und sich plötzlich in einem völlig neuen Klima wiederfanden. Die Kälte muß so abrupt eingesetzt haben, daß das Fleisch der Tiere, die im Eis gefangen waren, auch nach sehr langer Zeit genießbar geblieben ist. Im Magen eines Mammut fand man unverdaute Blumen. Die andere Möglichkeit wäre, daß Mammuts schon immer die Arktis bewohnt haben, aber das ist eher unwahrscheinlich. Eine derartig rauhe Umgebung hätte niemals genügend Vegetation gedeihen lassen, die nötig war, um diese Tiere so groß werden zu lassen.

Experimente mit Gyroskopen (Meßgeräten zum Nachweis der Erdachsendrehung mit schnelldrehenden Schwungrädern auf Spindeln) haben ergeben, daß sie bei einem bestimmten Schwung umschlagen und sofort eine neue, stabile Rotationslage einnehmen. Die Erde läßt sich als eine Art gyroskopisches System betrachten, das nur den Drall eines vorbeifliegenden Körpers – z.B. der Venus oder eines Asteroiden – benötigt, um den richtigen Schwerkraftanstoß zu bekommen, der sie umkippen läßt.

Der Elektroingenieur Hugh Brown deutete 1967 an, daß die Erdachse vor nur 7 000 Jahren um 90 Grad gekippt sein könnte. Browns Idee von einer echten Polverschiebung scheint unwahrscheinlich, ein gelegentlicher »Schlenker« der Erdachse liegt aber durchaus im Bereich des Möglichen.

Auch die Beiträge, die Peter Warlow im Journal of Physics 1978 veröffentlicht hat, verdienen Aufmerksamkeit. Warlow sieht eine Verschiebung der Erdachse um 180 Grad, das bedeutet nichts anderes, als daß Nord und Süd die Plätze tauschen. An einem Modell hat er diese Theorie erfolgreich demonstriert und sie außerdem mit zuverlässigen Berechnungen untermauert. Nach seiner Vorstellung gibt es diesen »Flip«, wie er es bezeichnet, ungefähr alle 2000 Jahre. Warlow behauptet, die Ägypter hätten vier einzelne dieser »Bäumchen-wechsel-dich-Aktionen« miterlebt, bei denen die Sonne anscheinend die Richtung ihrer Bahn am Himmel geändert habe.

Die jüngsten Beispiele hätten sich 700 v. Chr. und 1500 v. Chr. ereignet.

Das Magnetfeld der Erde

DER MAGNETISCHE BEWEIS

Die geologischen Aufzeichnungen beweisen, daß sich das Magnetfeld der Erde in Abständen umgekehrt hat, und zwar mit katastrophalen Folgen für die meisten Lebewesen, auch für den Menschen.

Der geologische Beweis für die komplette Polaritätsverschiebung ist in geschmolzenem Stein erhaltengeblieben, der in verschiedenen geologischen Perioden abgekühlt ist. Jedesmal, wenn sich so ein Stein verfestigt, »fängt« er ein schwaches magnetisches Feld ein, das durch die Schwerkraft der Erde induziert wurde. Aktive Vulkane, deren Lava erstarrt ist und sogar Dinge, die von Menschen hergestellt wurden, wie z.B. abkühlendes Roheisen, können dieses schwache Feld übernehmen.

Sogar Öfen nehmen dieses Feld im Laufe der Prozesse von Erhitzung und Abkühlung an. Man hat sowohl australische Feuerstellen von Aborigines als auch vorrömische Plätze in England daraufhin untersucht, in welchem Zustand sich das Magnetfeld der Erde zu bestimmten Zeiten befunden hat. Geologen haben den Meeresboden in der Nähe ausgedehnter, unterirdischer Höhenzüge untersucht und dabei Felsstreifen entdeckt, die zu unterschiedlichen Zeiten erstarrt sind. Dabei hat sich herausgestellt, daß die Steine, die am weitesten von den Gebirgen entfernt waren, auch das höchste Alter hatten. Die Geologen entdeckten bei der näheren Untersuchung der Gesteinsstreifen, daß das Magnetfeld der Erde sich in den Proben mehr als 20mal geändert hatte. Der letzte »Flip« bzw. die letzte Umkehrung blieb nur für 2 000 Jahre bestehen.

Seuchen und der Schwarze Tod

Neue Cholerabakterien entstehen in Indien, und in der ehemaligen Sowjetunion breitet sich Diphtherie aus.

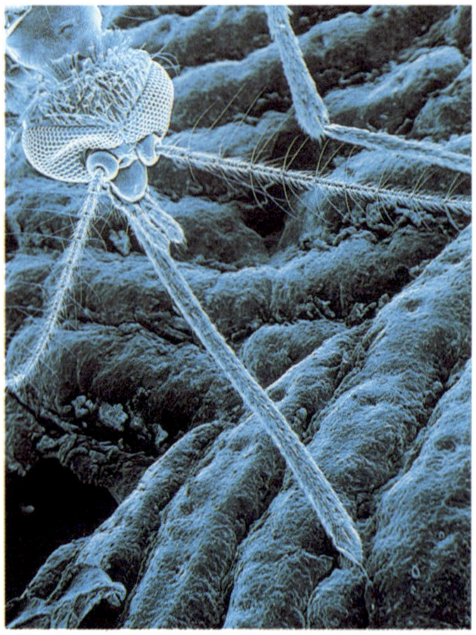

Malariafälle nehmen wieder zu

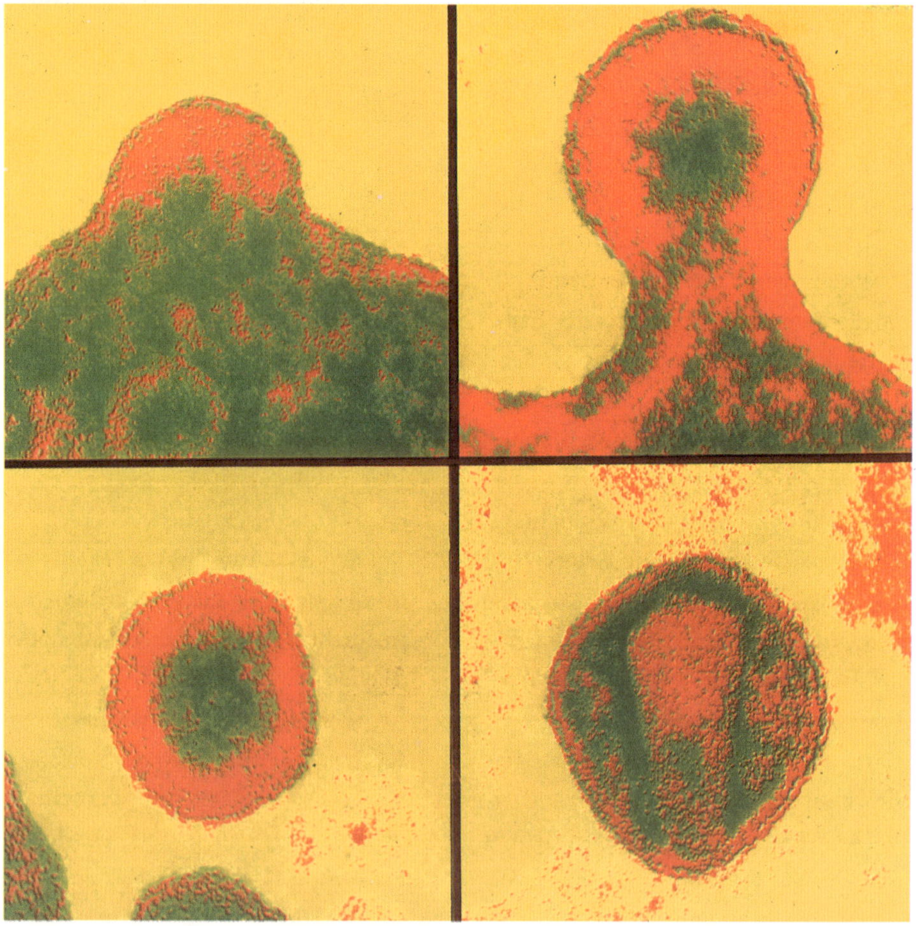

Wird AIDS der Schwarze Tod der Jahrtausendwende?

Die jüngsten Ausbrüche tödlicher Seuchen bestätigen einen Trend, der die Wissenschaftler schon seit mehreren Jahren beunruhigt. Langsam wächst die Erkenntnis, daß man den Triumph der Medizin über die Krankheiten nicht mehr als so selbstverständlich ansehen kann wie in den 50er Jahren. Die Krankheitserreger wehren sich dadurch, daß sie resistent werden – und das ist das Besorgniserregende.

Die Evolution steht auch hier auf der Seite der Erreger: die kräftigsten überleben. Tuberkulosebakterien, die weltweit für drei Millionen Todesfälle im Jahr verantwortlich sind, werden allmählich gegen Antibiotika resistent. In den USA hat sich eine gefährliche Partnerschaft zwischen AIDS und Tuberkulose entwickelt. Eine andere alte Geißel, die Malaria (2 Millionen Tote im Jahr), bereitet ihr Comeback vor. Der Abwehrkampf wird dadurch behindert, daß die mikroskopisch kleinen Parasiten, die für die Krankheit verantwortlich sind, gegen die Medikamente immer resistenter werden und ihre Überträger immer widerstandsfähiger gegenüber Insektengiften.

Man versucht, der wachsenden Gefahr dadurch zu begegnen, daß man die Medikamentenforschung intensiviert und immer stärkere Gifte entwickelt. Mit Medikamenten wird sich die Gefahr aber nicht bannen lassen.

Durch das Eindringen des Menschen in die tropischen Regenwälder

DER SCHWARZE TOD

Der Schwarze Tod oder die Beulenpest ist bis heute noch nicht völlig ausgerottet, sie tritt aber nur noch selten auf und bedeutet nur in den wenigsten Fällen den Tod. In Europa trat die Seuche erstmals 542 n. Chr. unter der Herrschaft des römischen Kaisers Justinian auf. Im Mittelalter suchte sie den Kontinent mehrfach heim und forderte Millionen von Todesopfern. Sie verlor aber mit jeder neuen Epidemie an Heftigkeit, da die Menschen inzwischen einen Immunschutz aufgebaut hatten.

Einer der wenigen dokumentierten Krankheitsausbrüche im westlichen Europa des 20. Jahrhunderts war in den 20er Jahren in England. Arbeiter, die für eine Eisenbahnlinie in Sussex einen Erddurchstich ausführten, trafen dabei auf ein Seuchennest, das seit Hunderten von Jahren ungestört geblieben war. In kürzester Zeit wurden die Männer von einer Krankheit befallen, die auf den ersten Blick als Lungenentzündung diagnostiziert worden war. Mehrere Arbeiter starben, ehe man die Seuche erkannte und alle gefährdeten Personen in Quarantäne nahm. Zwar hatte man die Krise am Ende unter Kontrolle, gleichwohl muß man bedenken, daß der Erreger Hunderte von Jahren in der Erde überleben kann.

ist er mit ganz neuen Infektionskrankheiten in Berührung gekommen, die von Tieren und Insekten ausgehen – eine weitere Herausforderung an den Erfindungsgeist der Wissenschaftler. Einige der anscheinend »neuen« Krankheiten werden möglicherweise durch alte Affenviren hervorgerufen, dazu gehören AIDS, Ebola und das Marburg-Fieber. Leider stimmt aber die naheliegende Überlegung nicht, außerhalb der tropischen Bereiche bestünde keine Gefahr, diese Krankheiten zu bekommen. Die rapide Zunahme der Lyme-Borreliose, einer durch Zecken übertragenen Gehirnentzündung, hat in erster Linie damit zu tun, daß neue Wohnbezirke in der Nähe von zeckenverseuchten Wäldern entstanden sind.

Neue Methoden in der Landwirtschaft und bei der Produktion von Nahrungsmitteln setzen uns ebenfalls dem Risiko von Viren und Bakterien aus. Man denke nur an Salmonellen, begünstigt durch die Massentierhaltung. Die Praxis der Futtermittelindustrie, auch kleinste Schlachtreste zu verarbeiten, bewirkt, daß gesundheitsschädliche Reste durch die Verfütterung an andere Tiere die Nahrungskette wieder erreichen. Die Fälle von BSE (Rinderwahnsinn), die sich in letzter Zeit häufen, sind dadurch entstanden, daß Gehirnmasse infizierter Tiere an Kälber verfüttert wurde. In der Natur ist so etwas undenkbar; Kühe, die man sich selbst überläßt, fressen kein Fleisch. Die einzige Parallele findet man in Neuguinea, wo man die Ansteckung mit der Creutzfeld-Jakob-Krankheit auf den kannibalischen Verzehr infizierter Gehirne zurückführt.

Durch genetische Veränderungen bei Bakterien und Viren können neue »Super-Erreger« entstehen. Im Süden Chinas mit seiner sehr konzentrierten Schweine- und Entenzucht wurden gefährliche Grippeerreger gefunden.

Viele Viren können ihr Erbmaterial mit furchterregendem Tempo verändern, um so auf Umwelteinflüsse zu reagieren. Als Ergebnis dieses genetischen »Treibhauses« sind schon einige sehr häßliche neue Viren und Bakterien entstanden. Das Zusammenspiel einiger weniger Faktoren, die ihr Wachstum unterstützen, könnte zu einer schrecklichen Epidemie führen. Zum Beispiel: AIDS: angenommen, das Virus würde nicht über Körperflüssigkeiten, sondern – wie bei der Grippe – durch die Luft über Tröpfcheninfektion von einer Person zur anderen übertragen. Man stelle sich einen mobilen Erreger wie bei der Grippe vor, der hoch ansteckend ist – die Pest oder die Grippeseuche von 1918 in Europa wären dagegen ein milder Schnupfen. Es wäre eine Art natürliche Gerechtigkeit, wenn die Apokalypse nicht vom Himmel fiele, sondern aus dem Boden und aus den Wäldern käme, die von den Menschen systematisch vernichtet worden sind.

Die Infektion tötet Kühe

Übernatürliches in der Natur

Ein antikes apokalyptisches Thema erhält am Ende des 20. Jahrhunderts eine neue Bedeutung: die zunehmende Zerstörung der Umwelt.

Erscheinungen wie diese Mondfinsternis wirken bedrohlich

Nukleare Unglücksfälle, Ölkatastrophen, die globale Erwärmung, das Waldsterben, das Vordringen der Wüste in riesigen Bereichen Afrikas, der Treibhauseffekt, das Ozonloch, die Sichtung von Kometen und Meteoren, neue Seuchen und die Verschiebung der gewohnten Klimamuster – diese Liste erinnert an ähnliche Umweltereignisse und Motive, die in der Bibel beschrieben wurden.

In der Apokalypse des Johannes wird davon gesprochen, daß sieben Siegel gebrochen werden. Die ersten vier befreien die Apokalyptischen Reiter: Seuche, Hunger, Krieg und Tod (6,1–8). Das fünfte Siegel zeigt die Heiligen und die Märtyrer, das sechste Natur- und Umweltkatastrophen (6,12–9,2): »Und ich sah, als es das sechste Siegel öffnete, da entstand ein großes Erdbeben, und die Sonne wurde schwarz wie ein härener Sack, und der Mond wurde ganz wie Blut.«

Himmel und Sonne zeigen manchmal vor einem Erdbeben seltsame Lichteffekte, und wenn der Mond eine blutige Schattierung annimmt, dann wurde das schon immer als Anzeichen und Beweis für eine Naturkatastrophe gesehen.

Möglicherweise wird im Kapitel 6,13 der Absturz eines Kometen oder eines Meteors angekündigt: »Und die Sterne des Himmels fielen auf die Erde, wie ein Feigenbaum seine unreifen Früchte abwirft, wenn er von einem starken Sturm geschüttelt wird.« Mit der Zerstörung der Ozonschicht, die »verschwand, wie eine zusammengehende Rolle«, ist die Menschheit gezwungen, wo immer möglich, Schutz zu suchen. Der nächste Vers (6,15) erzählt davon, wie sich in dieser schrecklichen Zeit jedermann, vom König und den Reichen bis hinunter zum einfachen freien Menschen, »in den Höhlen und Felsen der Berge« verstecken wird.

In der jüngsten Vergangenheit wurde dieser Vers so interpretiert, daß sich die Bevölkerung in unterirdischen Schutzräumen vor nuklearem Fallout in Sicherheit bringt. Da aber die Wahrscheinlichkeit für so ein Unglück zur Zeit eher abnimmt, ist es vielleicht angebrachter, an eine Umweltkatastrophe zu denken.

Im nächsten Kapitel »sieht« Johannes, wie »vier Engel an den vier Ecken der Welt stehen; sie hielten die vier Winde der Erde fest, auf daß kein Wind wehe über das Land noch über das Meer noch über irgendeinen Baum.« Diese Passage beschwört das unheimliche Bild von einem totenstillen Land, über dem sich kein Lüftchen rührt, diese unheilschwangere Ruhe, bevor das Unglück zuschlägt.

Bevor aber alle grausamen Mächte der Vernichtung losgelassen werden, befiehlt eine Stimme, daß die Diener Gottes durch ein Zeichen auf der Stirn gekennzeichnet werden, damit sie keinen Schaden nehmen. Interessanterweise benutzt auch die Bestie diese Markierungen, um so, wie Gott, seine Anhänger zu erkennen.

Bevor dies geschehen ist, haben die Racheengel den Auftrag, »weder Erde noch Wasser, noch Bäume zu schädigen« (7,3). Das klingt beinahe wie eine direkte Aufforderung an uns, den Raubbau an der Natur, die Verseuchung der Meere und den Holzschlag in den einst so großen Wäldern am Amazonas zu beenden. Nachdem das siebte Siegel schließlich geöffnet ist,

San Francisco nach einem Erdbeben

beginnt eine Zeit der Stille, bevor »es Donnerschläge und Stimmen und Blitze und Erdbeben« gibt (8,5). Das Erdbeben geht ausgedehnten Vulkanausbrüchen voran, die Feuer, Hagel und Blut auf die Erde regnen lassen. Dann wird ein »großer, feuerglühender Berg« (8,8) das Meer blutrot färben und ein Drittel aller Fische im Ozean vergiften. Die dritte Posaune kündigt noch größere Verwüstungen an: »Und es fiel vom Himmel ein großer Stern, brennend wie eine Fackel. Und er fiel auf den dritten Teil der Flüsse und auf die Wasserquellen.«

Mit dem Ton der vierten Posaune ergeben sich andere, kosmische Änderungen, die an Velikovskys Theorien von den kosmischen Verheerungen erinnern: »Da wurde der dritte Teil der Sonne und der dritte Teil des Mondes und der dritte Teil der Sterne geschlagen, auf daß der dritte Teil davon finster würde und der Tag während eines dritten Teiles nicht hell sei und die Nacht desgleichen.«

Damit endet der Teil der Apokalypse des Johannes, der man eine besondere ökologische Bedeutung beimessen könnte.

SELTSAME HEUSCHRECKEN

Die fünfte Posaune weckt eine merkwürdige Kreatur, die aus den Feuern der Vulkane kriecht: »... und aus dem Rauch gingen Heuschrecken hervor auf die Erde«. (9,3) Diese sollten alle Menschen töten, die nicht das Zeichen Gottes auf ihrer Stirn trugen. Sie sollten mit Stacheln so töten wie Skorpione, und ihre Opfer sollten langsam über fünf Monate hinweg sterben. Die Heuschrekken nehmen sich eher wie Dämonen als wie Tiere aus. Sie werden wie Pferde beschrieben, die eine Rüstung tragen; sie hatten Menschengesichter und trugen eiserne Brustpanzer und goldene Kronen auf den Köpfen. Man hätte sie für Dämonen aus dem Inneren der Erde halten können, vielleicht sogar direkt aus der Hölle. Trotzdem ist es nicht ausgeschlossen, daß sie genauso echt waren wie die Vulkane; ein Tier, dessen Biß eine Krankheit und nach fünfmonatigem Leiden schließlich den Tod bedeutet. Da Heuschrecken für die Bibelautoren bekannte Kreaturen waren, wäre es merkwürdig, wenn dieser Begriff irgendetwas anderem gelten sollte, als einer der fliegenden Insektenarten.

Apokalyptisches Wetter

Seit Beginn der 90er Jahre ist das Wetter merkwürdig. Die schlimmsten Klimakatastrophen in der amerkanischen Geschichte ereigneten sich in nur zwölf Monaten.

Der Hurrikan Diana vom September 1984

Im August/September 1992 wurde Florida durch den Hurrikan Andrew verwüstet. Im folgenden März fegte ein gigantischer Schneesturm von Florida bis nach Maine. Der amerikanische Wetterdienst nannte ihn »den schwersten Sturm des Jahrhunderts«, weil er mehr Schnee, Hagel, Regen und Graupel abgeladen hatte als irgendein anderer Sturm seit 1888. Erbarmungslose Regenfälle überfluteten den Mittleren Westen und richteten Schäden an, deren finanzielle Auswirkungen diese Unwetter zu den teuersten machen könnten, die es je gegeben hat.

Der Chef des Wetterdienstes, Albert Friday, fragt sich, ob wir es hier nur mit einer Änderung des Wetters zu tun haben oder ob es sich nicht doch um schwerwiegendere, klimatische Veränderungen handelt. Naturkatastrophen hat es immer gegeben, was wir aber in den letzten Jahren beobachtet haben, nähert sich – zahlenmäßig gesehen – apokalyptischen Maßstäben.

Sogar Stürme im Südosten Spaniens, über die in den Weltnachrichten nichts zu lesen war, verwandelten den Himmel in ein düsteres Grün, vertrieben die Fledermäuse aus ihren Wohngebieten und sorgten dafür, daß die Region Murcia zum Katastrophengebiet ausgerufen wurde.

Tropische Wirbelstürme, verschiedentlich auch Taifun (im Osten) oder Hurrikan (im Westen) genannt, gehören zu den machtvollsten und zerstörerischsten Phänomenen, die wir auf der Erde kennen. Sie bewegen sich mit Geschwindigkeiten von über 300 km pro Stunde und können bis zu 1 500 km^2 große Gebiete betreffen. Glücklicherweise entstehen diese Stürme über dem Meer, so daß die

Meteorologen ausreichend Zeit haben, ihre Bewegungsrichtung zu berechnen, und oft genug geht ihnen auch die Luft schon aus, ehe sie überhaupt das Land erreichen.

Im September 1989 erreichte der Hurrikan Hugo mit einem Tempo von 260 km pro Stunde die Ostküste der USA, er tötete 71 Menschen und verursachte einen Schaden von 15 Milliarden DM. Auf dem Höhepunkt seiner Kraft kann so ein Wind Energien entfesseln, die etwa 25 Hiroshima-Atombomben entsprechen.

Am 16. 10. 1987 wurde Südengland durch einen Sturm verwüstet, Telefonleitungen wurden gekappt und viele Zufahrtsstraßen in die Hauptstadt waren versperrt. Die Londoner Börse mußte wegen der Probleme frühzeitig geschlossen werden. Windgeschwindigkeiten wie diese hatte man in diesem Teil Englands in den 200 Jahren zuvor nie erlebt: einzelne Böen wurden mit 130 km/h gemessen. Innerhalb weniger Stunden wurden 19 Millionen Bäume entwurzelt, von denen einige mit solcher Gewalt auf eiserne Zäune stürzten, daß sich die Spitzen tief in das Holz gruben. All dies geschah, obwohl die Meteorologen noch Stunden, bevor der Sturm begann, mildes Wetter vorausgesagt hatten (siehe Kasten). Die endgültigen Kosten dieses Naturereignisses beliefen sich schließlich auf über 3,5 Milliarden DM.

Als am Montag, dem 19. 10. 1987, die Börse wieder öffnete, kam es zu einer Krise ganz anderer Art: Auf allen Märkten der Welt stürzten die Aktien in nahezu freiem Fall. Sie verloren in dieser Woche mehr Wert, als während der Weltwirtschaftskrise von 1929 in der gleichen Zeit. Hatte irgendein geheimnisvoller Kreislauf einen Höhepunkt erreicht, der sich auf ein Feld auswirkte, das die Preise für Aktien und Anteile bestimmt? Ein noch stärkerer Wind, der aber in den Nachrichten untergegangen ist, traf Großbritannien im Januar 1990 am Burns' Day (benannt nach dem schottischen Dichter Robert Burns), als die Böen tagsüber Geschwindigkeiten von über 170 km pro Stunde erreichten und mindestens 47 Menschenleben forderten. Diese und andere Katastrophen haben sich in einer so kurzen Zeitspanne gehäuft, daß Lloyds, wichtigster Versicherungsmarkt der Welt, durch die schiere Menge der Ansprüche in die Knie gezwungen wurde.

In der nächsten Dekade müssen wir uns auf zunehmend bösartige und zerstörerische Naturereignisse gefaßt machen, wenn sich die Klimaverhältnisse weiter destabilisieren.

MODERNE WETTERPROPHETEN

Obwohl die Meteorologen heute mit modernster Informationstechnologie ausgerüstet sind, scheinen ihre Vorhersagen nicht viel genauer zu sein, als die ihrer kaffeesatzlesenden Vorgänger.

Meteorologen und Astrologen haben vieles gemein. Beide haben eine lange Tradition darin, präzise Beobachtungen und Tabellen als Basiswerkzeug für ihre Interpretationen zu nutzen, und bei beiden Berufen braucht man immer noch eine extra Portion an Eingebung, um die Karten richtig deuten, und um die richtigen Schlußfolgerungen aus den Datenmassen ziehen zu können, die auf einen einstürzen.

Die britischen Kollegen haben für die Nacht des 16. 10. 1987 ganz offensichtlich die falschen Schlüsse aus ihren Karten abzogen. Genausogut können moderne Astrologen trotz Computerunterstützung mit ihren Ankündigungen danebenliegen. Im Gegensatz dazu vermochte der elisabethanische Astrologe Simon Fore-

Auch Supercomputer irren sich

man seinen Todestag vorauszusagen, ohne daß er auch nur einen Taschenrechner als Hilfsmittel hatte.

Die Meteorologie war im Grunde viele Jahrhunderte lang das Stiefkind der Astrologie. Für die großen Denker der Antike war es völlig klar, daß die Wetterbedingungen durch die Sterne diktiert würden. Es könnte neue Einblicke vermitteln, in diese Richtung weiterzudenken.

Vulkane – die Hölle auf Erden

Für den Menschen gehören Vulkane zu den Naturerscheinungen, die seiner Vorstellung von der Hölle am nächsten kommen. Eine Liste aktiver Vulkane, die zwischen 1950 und 1975 aufgestellt wurde, nennt nicht weniger als 700.

Die Liste der potentiell aktiven Vulkane ist bis 1981 auf über 1300 angewachsen. Vulkane sind als solche schon von großer Zerstörungskraft, es gibt aber eine noch hinterhältigere Seite an ihnen. Am 27. 8. 1883 sprengte sich die indonesische Insel Krakatau nach einem Vulkanausbruch buchstäblich selbst in die Luft; dabei starben mehr als 36 000 Menschen, und es wurden Tonnen an Bimsstein in die Atmosphäre geblasen. Diese Mengen waren so groß, daß die Sonnenwärme die Erde nicht mehr ungestört erreichen konnte und es auf der ganzen Welt in den folgenden Monaten deutlich kühler war. Und das war die Wirkung nur eines Vulkans! Eine Folge solcher Explosionen könnte in kürzester Zeit eine Kettenreaktion heraufbeschwören. Winzige Steinpartikel mit Glasresten, Bimsstein, superheißer Dampf und Schwefelsäuretröpfchen können sich erstaunlich schnell über große Gebiete verteilen.

Vulkane stellen die Verkörperung der Hölle dar

Es kann mehrere Monate dauern, bis sich die Staub- und Gesteinspartikel aus der Atmosphäre abgesetzt haben, die Schwefelsäuretröpfchen können noch Jahre später in der Luft schweben. Die zurückbleibende »Staubhülle« sorgt für wunderbare Sonnenuntergänge und merkwürdige optische Effekte.

Zurückgehende Temperaturen können auf der Erde andere apokalyptische Effekte auslösen. Die zusätzlichen Gase, die Schwefelsäure und die Staubteilchen, die bei diesen Ausbrüchen in die Atmosphäre geschleudert werden, können dafür sorgen, daß die Temperaturen in diesen Bereichen soweit sinken, daß sie für die Fluorchlorkohlenwasserstoffe als Katalysator dienen, die dann der Ozonschicht vollends den Garaus machen können.

Sollte sich dieses Szenario je verwirklichen, dann wird Armageddon im Vergleich dazu ein Kinderfest sein. Das Ökosystem der Erde ist sehr sorgfältig ausbalanciert. Andauernde vulkanische Aktivitäten können der Ozonschicht so zusetzen, daß es zu Ernteausfällen und zu einem erschreckenden Anstieg von Hautverbrennungen und Hautkrebs kommt.

In der Apokalypse des Johannes wird das Wort »Vulkan« nicht benutzt, es gibt darin aber eine Reihe sehr genauer Beschreibungen von Phänome-

Die Asche des Vulkans Krakatau

nen, die man als Vulkane gut erkennen kann. Sie werden von den Engeln in den letzten Tagen gerufen, um dabei zu helfen, die Menschheit zu vernichten. Die Engel müssen sieben Trompeten erschallen lassen, deren erste einen Feuersturm ankündigt »... und es entstand Hagel und Feuer, mit Blut gemischt und wurde auf die Erde geworfen und der dritte Teil der Bäume verbrannte und alles grüne Gras verbrannte.« (8,7) Dieser Feuersturm muß das Ergebnis weitreichender Vulkanausbrüche sein.

Die Vernichtung geht mit der zweiten Trompete weiter: »Und es wurde etwas wie ein großer, feuerglühender Berg ins Meer geworfen, und der dritte Teil des Meeres wurde zu Blut, und der dritte Teil aller Lebewesen im Meer starb, und der dritte Teil der Schiffe wurde vernichtet.« Diese Passage erinnert an den Ausbruch des Vesuvs im Jahr 79 n. Chr., als alle vernichtet wurden, die versuchten, aus dem Hafen von Herculaneum zu entkommen.

Die fünfte Posaune schließlich bewirkt eine merkwürdige Mischung aus natürlicher und übernatürlicher Katastrophe für den Menschen: »Da stieg aus dem Brunnen Rauch auf, wie der Rauch eines großen Ofens, und die Sonne und die Luft wurden verfinstert vom Rauch des Brunnens«. (9,3) Aus dieser feurigen Grube steigt eine seltsame, heuschreckenartige Kreatur.

ZERSTÖRUNG VON ATLANTIS

Der schlimmste Vulkanausbruch der Antike ist etwa 1645 v. Chr. vermutlich auf der ägäischen Insel Santorini (oder Thera) geschehen, ungefähr 113 km nördlich von Kreta. Wahrscheinlich war es sogar die größte Vulkanexplosion, die die Menschheit je erlebt hat. Santorini besteht heute aus drei Inseln, die um eine große Wasserfläche herumliegen, die den riesigen Krater gefüllt hat, der seit dem Ausbruch an der Stelle Santorinis liegt. Im Zentrum liegen zwei kleine, vulkanische Inselchen, von denen die jüngere periodisch aktiv wird.

Der Ausbruch begann mit einer Explosion, die eine Säule von Schutt 30 km hoch in den Himmel spuckte, die sich dann über das gesamte östliche Mittelmeer verteilte. Als dann Seewasser in den Krater lief, wurde es augenblicklich zu Dampf, explodierte mit unvorstellbarer Gewalt und schleuderte wieder Tausende von Tonnen an Dampf und Lavastücken in die Luft.

Der Krater mißt in der Nordsüdrichtung etwa elf Kilometer und von Ost nach West fast acht Kilometer. Er bedeckt ein Gebiet von 90 km^2 und erreicht eine Tiefe von bis zu 800 Metern. Das Volumen der Felsen, die bewegt wurden, wird auf 60 bis 65 km^3 geschätzt, eine unvorstellbar große Menge, die durch die Gewalt des Ausbruches pulverisiert und geschmolzen wurde und die zum Teil sogar verdampft ist.

Man hat sich vorgestellt, daß bei diesem monumentalen Geschehen die Zivilisation von »Atlantis« im nahen minoischen Kreta vernichtet wurde. Sollte so ein Ort tatsächlich existiert haben, dann wäre er innerhalb von einigen Stunden mit Asche und Bimsstein zugedeckt worden. Die Flutwelle, die durch die Riesenexplosion entstanden wäre, hätte die gesamte Küste von Kreta zerstört und sogar Knossos erreicht; »Atlantis« wäre versunken.

Santorini-Zerstörer von Atlantis

Bomben des Himmels

Jeden Augenblick kann ein Meteor niedergehen – es ist ein Wunder, daß es noch nicht so oft geschehen ist. Das Sonnensystem birgt immer wieder Gefahren für die Erde.

Der Halleysche Komet, einer der wenigen gut dokumentierten Kometen

Am frühen Morgen des 30. Juni 1908 erlebte Sibirien ein Ereignis apokalyptischen Ausmaßes. Ein Augenzeuge des schrecklichen Geschehens erinnert sich:»Als ich mich neben meinen Pflug zum Frühstück niedergelassen hatte, hörte ich plötzlich ein Knallen wie von Gewehrfeuer. Meine Pferde fielen auf die Knie. Auf der Nordseite schlugen über dem Wald Flammen empor. Dann sah ich, daß der Tannenwald vom Wind niedergedrückt worden war. Ich klammerte mich mit beiden Händen an meinen Pflug, um ihn festzuhalten. Der Wind war so stark, daß er die Erde vom Boden riß, und dann nahm der Sturm eine Wasserwand aus dem Fluß Angora mit.«

Der Farmer und sein Pferd waren etwa 200 km von dem Ort entfernt, wo die Katastrophe geschehen war. Er hatte die Auswirkung eines großen Naturereignisses gespürt: Ein Meteor hatte die Erde getroffen. Ein Felsbrokken, so groß wie vier oder fünf Supertanker, 40mal schneller als eine Kugel und weißglühend nach dem Ritt durch die Atmosphäre, kann mindestens soviel Schaden wie eine riesige Atombombe anrichten, wenn er sich in die Erde bohrt. Hätte dieser Meteor eine Großstadt getroffen statt der sibirischen Wildnis – sie wäre mit allem Leben darin vernichtet worden.

Was wäre, wenn der Meteor die Ausmaße eines der größeren Asteroiden hätte (Durchmesser 650 km), die im Sonnensystem auf unberechenbaren Bahnen kreisen? Könnte ein solcher Meteor nicht den größten Teil der heute bekannten Zivilisation auslöschen? Sie halten das für weit hergeholt? Der Bauer, dessen Frühstück auf so rohe Weise unterbrochen wurde, sah das sicherlich anders, ganz zu schweigen von den Unglücklichen, die dem Metor im Weg waren, und die nun nicht mehr berichten können.

Wissenschaftler des Dartmouth College in New Hampshire haben in einem Beitrag für das Magazin »Nature« behauptet, daß der Chixculub in Mexiko das Einschlagsgebiet des Meteors gewesen sei, der für die Ausrottung der Dinosaurier verantwortlich gemacht wird. Wahr oder nicht – ein Krater mit fast 200 km Durchmesser kann nur durch einen mehrere Kilometer großen Meteoriten entstanden sein. Der Einschlag warf Staub und Gestein mit solcher Macht auf, daß man Reste davon im 1600 km entfernten Haiti entdeckte. Wissenschaftler schließen daraus, daß die weltweite Abkühlung, die sich durch die Staub- und Trümmerwolke in der Atmosphäre ergeben hat, durchaus zum Aussterben der Dinosaurier geführt haben könnte.

Die Menschen sind, trotz ihrer Technologien, wahrscheinlich verwundbarer als die Dinosaurier, und Klimaverschiebungen, die durch ein solches Ereignis ausgelöst würden, würden sie wahrscheinlich schnell zum Opfer fallen.

Willaru Huayata zufolge markiert das Jahr 2013 das Ende des heutigen Inkakalenders. Er sagt für dieses Jahr voraus, daß ein riesiger Asteroid in die Nähe der Erdumlaufbahn geraten wird, und daß er durch den Einfluß seiner Schwerkraft eine Reihe von Katastrophen auslösen wird. Er behauptet, daß der Meteor dreimal größer als Jupiter sein wird. Interessanterweise wird Jupiter, vielleicht wegen seiner Größe, häufig mit irdischen Katastrophen in Verbindung gebracht. Wenn sich dieser Asteroid wieder von der Erde entfernt und wenn die Auswirkungen der Katastrophen sich gelegt haben, dann soll der übriggebliebene Teil der Menschheit genauso zum »Samen« werden wie Noahs Kinder, die dafür gesorgt hatten, daß die Erde wieder bevölkert wird. Sogar ein konzentrierter Regen aus kleinen Meteoriten auf ein dichtbesiedeltes Gebiet könnte größere Schäden anrichten als ein geballter Atomschlag. Man stelle sich nur einmal den Schaden vor, der entstehen würde, wenn unser Schutz, die Atmosphäre, dünner würde, wenn daraufhin die Temperaturen fielen und die ultravioletten und die kosmischen Strahlen zunehmen würden. Mit wenigen Ausnahmen, wie im Falle des Halleyschen Kometen, kann niemand die Bahn von Meteoren voraussagen. Auch der Weg des Halleyschen war, entgegen den Annahmen, nicht so präzise verlaufen wie in den 80er Jahren.

WARNUNGEN VOM ASTEROIDENGÜRTEL

Der Asteroidengürtel zwischen Mars und Jupiter

Beim Asteroidengürtel handelt es sich um eine Ansammlung von Fragmenten (manche davon mit einem Durchmesser von mehr als 600 km), die die Sonne zwischen den Bahnen von Jupiter und Mars umkreisen. Astronomen versuchen immer noch, ihre Gesetzmäßigkeiten zu verstehen. Man nimmt an, daß es sich bei den Asteroiden um die Reste eines zehnten Planeten handelt, der irgendwann in der Vergangenheit explodierte. Nach Dr. David Hughes aus dem englischen Sheffield gibt es vielleicht sogar 100 000 »kleine« Asteroiden, die wegen ihrer Größe unerkannt durch das Sonnensystem treiben. »Klein« heißt dabei für ihn ein Durchmesser bis etwa sechs km. Diese Asteroiden sind wichtig, weil auch ein »Streifschuß« eines Körpers dieser Größe einen Krater reißen könnte – groß genug, zwei durchschnittliche Städte zu verschlingen.

Bombe aus dem All – ein Meteorit

A

B

C

D

E

F

G

H